Breve historia de los documentos

José Ramón Cruz Mundet

Breve historia de los documentos

Alianza editorial
El libro de bolsillo

Diseño de colección: Estrada Design
Diseño de cubierta: Manuel Estrada
Ilustración de cubierta: © National Film Board of Canada/Getty Images
Selección de imagen: Carlos Caranci Sáez

PAPEL DE FIBRA
CERTIFICADA

© José Ramón Cruz Mundet, 2024
© Alianza Editorial, S. A., 2024
   Calle Valentín Beato, 21
   28037 Madrid
   www.alianzaeditorial.es

ISBN: 978-84-1148-814-3
Depósito legal: M. 15.874-2024
Printed in Spain

Si quiere recibir información periódica sobre las novedades de Alianza Editorial, envíe
un correo electrónico a la dirección: alianzaeditorial@anaya.es

Índice

Introducción

¡Y que conste en acta!

Cuántas veces habremos oído esta expresión a diputados, concejales, vecinos, en parlamentos, plenos y asambleas. Es muy probable que la hayamos pronunciado nosotros mismos en el fragor de una discusión, en exigencia de que las palabras pronunciadas fueran trasladadas literalmente para dejar constancia. Frente a lo dicho, que se lo lleva el viento o el olvido de la memoria, lo escrito permanece y nos da seguridad. Por eso mismo nuestros actos quedan registrados, el acta de nacimiento constata la llegada a este mundo, la de defunción, nuestra partida, y entre tanto las matrículas, los exámenes, las becas y las actas de calificaciones dejan constancia de la vida escolar, y los contratos de trabajo, de la laboral, y así en tantos otros aspectos del paso por este mundo que son indefectiblemente plasmados en documentos. Al igual que los individuos o más si cabe, las organizaciones dependen para casi todo de los documentos; al constituirse una asociación, una fundación o una sociedad, se fija en un acta fundacional. Las deliberaciones de sus órganos de gobierno se recogen en las actas; los ingresos y los gastos, en los libros de contabilidad; sus relaciones, en la correspondencia. Sus actividades se basan en procesos que se van documentando paso a paso, y como carecen de memoria y de conocimiento, una y otro se materializan en su archivo, que contiene la experiencia, los datos, la información, las pruebas.

Vivimos en un mundo archivodependiente, podríamos decir que nos pasamos el día colgados de un documento, sea el de identidad, el de conducir, la nómina, el correo, el último mensaje, la factura, el extracto de la cuenta, la garantía, el seguro, la multa de tráfico, el impuesto de circulación...; sin notarlo vivimos más pendientes de ellos que del menú o de nuestras relaciones; porque mientras que estos los elegimos o tenemos capacidad de decidir al respecto, lo que concluye por escrito no nos es dado elegirlo o influir demasiado; véase si no cualquiera de los ejemplos anteriores. Las administraciones, las empresas, en general las organizaciones tienen una dependencia aún mayor, porque los individuos disfrutamos de la facultad de decidir por nosotros mismos en muchos aspectos de la vida; es la capacidad de autodeterminación que nos asiste. Las organizaciones carecen de esa libertad, están obligadas a dar cuentas a sus miembros, asociados, accionistas, administrados...

¿Y cómo empezó todo, dónde está su origen? Esta es la primera pregunta que nos hicimos al plantearnos estas páginas y a la que tratamos de responder en el primer capítulo. Ahí podremos descubrir cómo las primitivas sociedades empezaron a tomar y a repartir, y a contar para controlarlo, de donde surgen los primeros signos que representan productos y cantidades; de ahí a la escritura hubo un paso, que tardó en darse varios miles de años. Sucedió en Mesopotamia, donde surgen las primeras ciudades, concretamente en Sumer, su primera cultura, y la inventaron los burócratas.

¿Cómo se hacen los documentos? Es la duda que nos surgió enseguida. De las tablillas de barro a la nube de servidores informáticos, la humanidad ha ido creando sucesivas técnicas y soportes: el papiro, la madera, la piedra, el pergamino, el papel, y así hasta los medios digitales. ¿Por qué los creamos? ¿Para qué sirven? Es la cuestión a la que tratamos de responder en el tercer capítulo. Los documentos nos proporcionan datos, información, son medios de prueba, soporte de derechos y con el tiempo materia para la historia.

Tablillas, pergaminos, papeles, discos... ¿qué hacemos con ellos? Como los necesitamos durante un tiempo indeterminado, los documentos se organizan y se conservan en los archivos. ¿Qué son y cómo funcionan? Grandes, pequeños, llenos de papeles y digitales, son el objeto del siguiente capítulo, donde veremos que no son cuartos oscuros, ni siquiera depósitos modernos, sino mucho más.

Una vez que los hemos utilizado, cuando pierden su valor, solemos destruirlos, la mayoría no sigue adelante; sin embargo, hay algunos que guardamos con la intención de que permanezcan por siempre, sirvan de testimonio y sean la materia de la que está hecha la historia. Aquí nos detendremos en los tesoros documentales que hemos ido acumulando con los siglos, y veremos qué hace falta saber para extraerlos.

Ahora que vamos despacio vamos a contar mentiras... cantábamos de niños en las excursiones escolares. Bulos, bolas, trolas y un sinfín de sinónimos que denotan esa capacidad humana de decir o manifestar lo contrario de lo que se sabe, cree o piensa. También cabe hacerlo por escrito y da lugar a los falsos, que hunden sus raíces en la historia y llegan hasta hoy. Unas veces, las falsificaciones han tenido una intencionalidad torcida, si no directamente delictiva, la mayoría; pero también ha habido falsarios que han actuado para ayudar a sus semejantes en los malos momentos, y a evocar su memoria dedicaremos parte del sexto capítulo.

El reto tecnológico que la obsolescencia digital representa nos ha llevado a centrar la mirada en un tema que pide solución y no puede demorarse, porque en tal caso no quedará una gota del diluvio informativo en el que vivimos.

Los documentos se crean y se conservan como fuentes de información para quienes los producen, y también para quienes se ven afectados por ella o se sienten concernidos o, simplemente, quieren averiguar hechos, de ahora o del pasado. Es la libertad de información que asiste a los ciudadanos y forma parte de la tercera generación de los derechos humanos, difícil de ejercer en muchas ocasiones. Con ello concluimos este ensayo, haciendo un balance de cómo se resuelve en los países democráticos esa tensión entre el Estado y los ciudadanos, entre la inercia secretista y la necesidad de información obtenida en sus fuentes, y del importante papel que juegan los archivos.

Transcurridos cuarenta años de ejercicio, como profesional, docente e investigador, he querido compartir de la forma más amplia y divulgativa posible mi pasión por algo tan presente en nuestras vidas que pasa desapercibido. Nos los dan, los creamos, y nos valemos de ellos, son los fundamentos de la sociedad y los pilares de la historia. Los documentos y los archivos.

La historia empieza en Sumer

La historia empieza en Sumer...

La historia empieza en Sumer es el título del célebre libro de Samuel Noah Kramer, *History Begins at Sumer: Thirty-Nine «Firsts» in Recorded History* (1956), donde dibujó aspectos de la vida cotidiana de Sumeria, la primera cultura de la Antigüedad, a través de treinta y nueve documentos, tablillas de barro transcritas y comentadas. Así vamos conociendo cómo era la vida en los albores de la historia de la humanidad, que comienza con la aparición de los primeros asentamientos urbanos, en un inicio poblados, más tarde ciudades trazadas a base de edificios construidos para dar cobijo a personas, animales, cosechas, enseres...

Vamos a tratar de resumir, en unos pocos párrafos, las transformaciones experimentadas por las comunidades humanas asentadas en lo que conocemos como Próximo Oriente, en un lapso de cinco mil años, entre el 8000 y el

3000 a. C. aproximadamente. El mismo tiempo transcurrido entre los inicios de la Antigüedad y hoy, es decir, lo que conocemos como Historia.

Hubo un momento, hacia el año 8000 a. C., en que aquellas comunidades empezaron a dejar la caza, la pesca y la recolección, como formas de vida en trashumancia, para asentarse en parajes adecuados donde prosperar. A medida que desarrollaron técnicas de cultivo de plantas y de árboles se dedicaron a la agricultura, logrando cosechas regulares, más o menos abundantes, que les proporcionaron sustento y excedentes. Tras domesticar las especies animales más a propósito, se dedicaron también a la ganadería, de la que obtenían alimento, vestido y otras materias. Las cuevas y los abrigos naturales ya no valían para alojar a esos nuevos grupos grandes y sus actividades, ni siquiera las chozas de los campamentos fáciles de levantar en pos de la caza y del alimento. Por ello, las comunidades se ubicaron junto a las tierras de cultivo y los pastos, cerca de fuentes y cursos de agua; primero, en cabañas de madera y barro, que pronto se revelaron insuficientes, al menos para quienes desempeñaban actividades diferentes a las del campo. Por eso, tan necesario como producir alimentos era transformarlos, asegurar su conservación, su traslado, como también lo era fabricar aperos, herramientas, vestidos, calzado; a lo que se dedicaron alfareros, cesteros, tejedores, zapateros, sastres, metalúrgicos... Dentro de la localidad se desarrollaban actividades y prosperaban personas que preferían construcciones mayores, más sólidas y seguras, levantadas con materiales elaborados exprofeso, y por especialistas que garantizaran la continuidad de los edificios con el paso del tiempo, fabricantes de adobes y ladrillos, canteros, albañiles, capataces... Y así es como las comunidades prosperan, crecen en número y diversidad.

Según crecían de tamaño, las sociedades se hacían más complejas, y en ellas ni todos hacían lo mismo ni valían por igual. Las actividades se diversificaron y con ellas los niveles de conocimiento, básico y repetitivo para la mayoría pero que en ocasiones requerían un saber experto, el que faculta para un ejercicio profesional que, en función de su aprecio y de su demanda, procuraba la prosperidad de sus titulares. El arrojo personal, la capacidad de emprendimiento, los vínculos de todo tipo favorecieron el enriquecimiento de los menos y la aparición de propietarios de tierra, de ganado, de minas, de esclavos, mercaderes, banqueros y todas las combinaciones que pueden darse de la unión de varias de estas condiciones.

Conscientes de lo limitado de la existencia, de la incertidumbre que la rodea, los grupos humanos, desde la noche de los tiempos, vienen desarrollando creencias, formas de trascender y de mantener la esperanza de un más allá de la muerte. Primero revistiendo de dotes sobrenaturales a seres y objetos del entorno, como árboles, ríos y animales, unas veces, y otras a los astros más cercanos, como el sol, la luna y la misma tierra. Después, creando abstracciones derivadas de potencias y virtudes como la fuerza, el amor, la justicia... con representaciones humanizadas, y la condición de superiores, de sobrehumanos, a los que confiar las cuitas, invocar ayuda o protección ante lo que supera y está fuera del alcance de la fuerza humana. Los dioses, representados mediante una imaginería elaborada que permite ver lo que no es dado percibir con los sentidos, requieren intérpretes pues no articulan palabra. Mediadores de lo inexistente, y por eso mismo imprescindibles para hacerlo comprensible, especializados por deidades, con sus jerarquías y desempeños diferenciados: sacerdotes, orantes, curanderos, arúspices...; y con sus asistentes, como recitadores, cantantes y bailarines. Deidades a las que se dedican grandes edificios, y se les obsequia con altares, imaginería y exvotos, elaborados con los materiales más preciados: oro, lapislázuli, marfil, esmeraldas... Al tiempo que se configuran como fuente de poder y de influencia sobre la comunidad, derivada de la conexión con los superiores intangibles. Y en algunas de esas sociedades, además del poder espiritual, será el templo, o el principal de ellos, el centro de poder terrenal al mismo tiempo.

La mayoría de las veces ambos poderes permanecieron separados, aunque en comunión estrecha. El terrenal procedía en origen del liderazgo del grupo, obtenido a base de facultades individuales, de capacidad de concitar, de atraer a los demás en torno a su persona, lo que, unido a ciertas dotes de audacia y astucia, permitía situarse en una posición indiscutida de preminencia. El mando facilita el control y hasta el monopolio de la violencia física, proporciona seguridad al grupo frente a amenazas reales y potenciales, permite administrar lo común, mediar entre partes y hacer justicia. Su ejercicio continuado favorece la prosperidad personal y la de los distinguidos por consanguineidad (familia), por utilidad (servidores) o por anuencia (aliados). En la cúspide se sitúa el rey, del que por delegación se distribuyen en sentido descendente: príncipes, generales, gobernadores, jueces, oficiales, administradores... encargados de mantener el *statu quo,* la seguridad y el orden.

Y es así como en el transcurso de unos cinco mil años, parte de la humanidad deja de perseguir animales y de recoger los frutos que encuentra en su camino para subsistir, y se instala allí donde la tierra es fértil y abunda el agua. El escenario, una franja entre el Mediterráneo y el golfo Pérsico, conocida como Mesopotamia, atravesada por los ríos Tigris y Éufrates y sus redes de afluentes, cuya parte sur alumbró la civilización sumeria, tenida por primera.

... y la escritura la inventaron los burócratas

Los autores que han tratado de la historia de la escritura —nos referimos a los trabajos generales sobre la materia— han ofrecido la imagen de una realidad mundial que se ha dado por todas partes. De este modo se habla de la escritura en China, Japón, India y, en general, el Lejano Oriente. Igualmente, de las formas de expresión en América y sus civilizaciones en ambos subcontinentes, incluidos los indios del Norte. También en Europa, especialmente en el área de los Balcanes, Centroeuropa, península griega, e incluso la etrusca en la Itálica. Por supuesto, las escrituras surgidas en Mesopotamia, Egipto... De estos trabajos se puede concluir que la escritura ha simultaneado sus inicios en prácticamente todo el mundo e, incluso, se tiene la sensación de que algunos autores pugnan por ver quién eleva a la categoría de escritura signos gráficos vagos e imprecisos, aunque se desconozca si fueron hechos con esa finalidad y si alguna vez llegaron a ser entendidos como tales por sus propios coetáneos.

Una de las características esenciales de la escritura es que sus signos constituyan un código interpretado de forma indudable por parte de la sociedad en cuyo seno se ha creado y que, tras su aprendizaje, sea inteligible para otras ajenas, con independencia de que posean el suyo propio. Además, la escritura debe tener continuidad en el tiempo, equivalencia con otras con las que entre en contacto y transcender de ese modo, como un código comprensible, a la posteridad. Todo lo demás puede quedar en las categorías de símbolos intencionados e incluso de escrituras incomprensibles —véase el caso de la ibérica— y a todos los efectos incompletas, por el momento al menos.

Respecto de los distintos espacios escriturarios, el Lejano Oriente, el continente americano, el africano, el europeo, en el mejor de los casos, tuvieron un alcance local, muchas veces se limitaron a símbolos complementarios de manifestaciones aparentemente religiosas y en todo caso o no tuvieron intercambios o lo hicieron de forma imperceptible; y los que alcanzaron una expresión alfabética nos resultan aún ignotos y sin equivalencias (íbero y etrusco). Nos referimos a los orígenes de la escritura, no a manifestaciones posteriores, desarrolladas e históricas de la misma.

A diferencia de todos ellos, sí hubo un espacio y un tiempo en los que la escritura, por vez primera en la historia, se inició, evolucionó, diversificó y se mantuvo continua. Y todo sucedió en Mesopotamia, una región que se extiende por parte de los actuales territorios de Siria, Irak, Irán y Turquía. La etimología de la voz griega «Mesopotamia» es 'entre ríos', por referencia a los cauces del Tigris y el Éufrates que atraviesan la región desde su nacimiento en las montañas del sur de Turquía hasta su desembocadura en el golfo Pérsico. Es aquí donde aparecieron los primeros núcleos urbanos, también conocidos como ciudades-Estado en referencia a su condición originaria de entidades independientes. Con el transcurso del tiempo unas incorporaron a otras por la fuerza de las armas, por federación de intereses o de etnias y constituyeron reinos e imperios, que a su vez se aliaron y enfrentaron en una sucesión imparable: sumerios, acadios, babilonios, persas, hititas, casitas, principalmente.

Conocidos en conjunto como los primeros Estados, se desarrollaron en un lapso de tiempo comprendido entre el año 3000 y el 330 a. C. entre el reinado de Mebarage-si, primer rey sumerio del que se tiene noticia, y la caída del Imperio Persa en tiempos de Darío III a manos de Alejandro Magno:

Este desarrollo comenzó a principios del tercer milenio, cuando los sumerios irrumpieron en la historia y fundaron grandes centros culturales como Uruk, Ur, Kish y Lagash. El dominio sumerio se derrumbó primero cuando las tribus semíticas de Akkad aparecieron en escena bajo el liderazgo de Sargón I (alrededor de 2475 a. C.), y cayó definitivamente —después de un corto período de renacimiento sumerio, la era neo-sumeria— cuando Hammurabi (ca. 1792 -1750 a. C.), un genio político y militar de primer orden, estableció la hegemonía de Babilonia. Éste, el período de la Antigua Babilonia, fue seguido por el gobierno de los invasores casitas y por el de los mitanis en el noroeste, una era llamada Edad Media. Entonces, en el siglo XIV a. C. toda Asia occidental comenzó a caer en manos de los asirios, quienes avanzaron sistemáticamente desde sus núcleos originales en Assur, Calah (ahora Nimrod) y Nínive hasta el Mediterráneo, y bajo Asurbanipal (668-626 a. C.) hasta el Alto Egipto. Pero el dominio asirio tampoco estaba destinado a durar. En 612 a. C. Babilonia triunfó una vez más, hasta que finalmente los aqueménidas de Persia –Ciro y su hijo Cambises– conquistaron toda Asia Menor, Babilonia y Egipto, y Darío (521-485 a. C.) creó su gigantesco imperio (Posner, 2003, 25).

¿Cómo se creó la escritura en estos tiempos primigenios? ¿Es posible saberlo con precisión? Para tratar de responder estas preguntas vamos a seguir a la profesora Denise Schmandt-Besserat (1996), probablemente la mayor experta en la materia y autora de una completa y verosímil teoría al respecto, basada en evidencias arqueológicas. Los primeros signos gráficos se remontan al Paleolítico: se trata de unos huesos con muescas que parecen constituir una forma de contar el tiempo, pero que no tuvieron continuidad y quedaron para siempre en las brumas de la Prehistoria (Schmandt-Besserat, 1979). Uno de los más famosos es el hueso de Ishango, el peroné de un babuino con un fragmento puntiagudo de cuarzo en su extremo superior, que apareció en 1960 en el transcurso de unas excavaciones junto a las fuentes del Nilo. Datado hacia el 20000 a. C., muestra una serie de muescas distribuidas en tres columnas longitudinales. Para unos expertos se trata de un sistema de conteo, para otros implica un cierto conocimiento matemático por la distribución de las muescas, y los hay que lo consideran una suerte de calendario lunar (González y otros, 2010; León, 2018).

Parece que los inicios se produjeron en ese espacio de tiempo impreciso entre las comunidades recolectoras-cazadoras, tribus de cierta entidad numérica, y las sedentarias, entre el 12000 y el 8000 antes de nuestra era. Muy probablemente están ligados a la organización de los rituales de las festividades. Las fiestas constituyen una característica importante de las sociedades primitivas porque combinan diferentes resortes culturales. Son religiosas, lo que les transmite solemnidad y el carácter de obligatorias. Son sociales y fortalecen los vínculos entre individuos del grupo y pueden llegar a incluir a otros grupos vecinos. Son económicas, porque implican el consumo de grandes cantidades de alimentos, lo que incita a su producción, acopio y distribución. También tienen un aspecto político, porque confieren prestigio y poder al liderazgo. Dirigir, organizar e inaugurar los ceremoniales rituales es privilegio de los líderes desde las sociedades primitivas.

La organización de las festividades, sobre todo cuando se daban a nivel regional y suponían la participación de distintos grupos humanos, implicaba una logística basada en la contribución diferenciada de especies (alimentos, bebidas, materiales...), una planificación en el tiempo, la centralización de las decisiones y de la coordinación; en definitiva, compromisos que no podían dejarse al albur de la memoria y reclamaban formas estables de registro. Es así como empezaron a utilizarse unas figurillas de barro cocido, pequeñas fichas: esferas, discos, conos, tetraedros, óvalos, cilindros, triángulos, rectángulos, taus y cabezas de animales. Las formas eran abstractas excepto el cono rematado por una cabeza de animal. Solo la T era compuesta y exigía unir un vástago y un travesaño. Cada una representaba especies y productos:

La aparición de los primeros contadores, en forma de fichas de arcilla, coincide en el tiempo y el espacio con las primeras manifestaciones de la vida sedentaria y la agricultura en el suroeste de Asia. Por lo tanto, no cabe duda de que la necesidad de registrar estaba relacionada con aspectos de la adaptación humana a la producción de alimentos en esa región. La incipiente economía de la redistribución por medio del ritual aparece como un estímulo plausible para iniciar el registro. La preparación de fiestas, que requiere la agrupación de grandes cantidades de alimentos, puede haber representado una motivación convincente para la productividad del grupo y explica la función económica intrínseca de los contadores. La diversidad de productos consumidos en un banquete proporciona una lógica explicación de la complejidad del sistema en sus inicios. El simbolismo de las fichas tenía que ser compartido por todos los miembros de la comunidad y la necesidad de comunicación intergrupal puede explicar una rápida propagación de la idea de registrar de un grupo a otro. Finalmente, el surgimiento de una organización de toma de decisiones suprafamiliar, que acompañó el almacenamiento comunitario de alimentos y el crecimiento de la población, proporcionó la autoridad necesaria para implementar un sistema de registro (Schmandt-Besserat, 1982).

El reducido tamaño de estas piezas, como la incomprensión de su utilidad, hicieron que durante mucho tiempo pasaran desapercibidas en las excavaciones, y que fueran marginadas en las colecciones de los museos como objetos inconexos. En realidad, cada una poseía un significado distinto; así, un cono representaba una medida pequeña de grano, y una esfera, representaba una medida grande de grano. Su simplicidad no puede ocultarnos su valor como primer código creado con la sola intención de comunicar.

Cuatro milenios después, las fichas evolucionaron hacia un sistema contable más complejo compuesto de unas 300 formas diferentes, algunas con agujeros, incisiones y otras marcas que representan muchos tipos de productos, tanto materias primas (áridos, ganado, metales...) como elaborados (comidas, textiles, útiles...). Hacia el 3500 a. C. administradores y comerciantes de las ciudades-Estado de Mesopotamia comenzaron a colocar fichas en envoltorios para mantenerlas agrupadas y a prueba de manipulaciones. Eran unas bolas de arcilla huecas del tamaño de una pelota de tenis donde se introducían las fichas. En los casos de transacciones comerciales, se marcaban por fuera con las impresiones de las fichas que contenían para saber su número sin necesidad de abrirlas; una vez cerradas, se marcaban con los sellos de los intervinientes, de modo que en destino se podía comprobar si la mercancía recibida coincidía con la manifestada por el emisor. Este fue el primer paso hacia la escritura, los símbolos tridimensionales eran representados mediante signos bidimensionales.

Hacia el 3300 a. C. se produjo una simplificación sustancial de este sistema. En lugar de poner fichas dentro de los envoltorios, los registradores hicieron impresiones con ellas sobre bolas de arcilla aplanadas. Así se crearon las primeras tablillas, que no eran planas, como tiende a pensarse, sino convexas como resultado del aplastamiento, y de un tamaño pequeño, inferior a la palma de la mano. Así es como se pasó de las fichas tridimensionales a los signos escritos, incisos sobre la arcilla blanda para representar bienes o productos en una relación de uno a uno. Tres medidas pequeñas de grano seguían representándose mediante tres impresiones de cono.

Dos siglos después, los contables, en lugar de impresionar las fichas, empezaron a utilizar punzones o estilos (de hueso, caña, madera, metal o marfil) para dibujarlas sobre la superficie de las tablillas, pero ya no de una en una, sino empleando una abstracción, los números, que representaban la cantidad de cualquier objeto; para ello emplearon signos antiguos a los que dieron un significado nuevo. Por ejemplo, el cono que representaba una medida pequeña de grano pasaba a significar 1, y la esfera, que representaba una medida grande de grano, pasó a significar 10. Ahora para expresar diez tinajas de aceite (representadas por un signo ovoide) se precedía con una esfera, y 33 tinajas de aceite se representaban como 10+10+10+1+1+1 y aceite, en lugar de 33 veces aceite (Schmandt-Besserat, 1998).

También las marcas dejaron de ser meras representaciones de fichas para convertirse en signos independientes que representaban granos, ovejas, aceite o alfombras. Los primitivos escribas sumerios empleaban no menos de 1.500 signos, la mayor parte ideogramas enteramente abstractos, algunos de los cuales aún nos son desconocidos (Schmandt-Besserat, 1978). El conjunto de textos más antiguo del que se tiene noticia, unas cuatro mil tablillas desenterradas en la mítica ciudad sumeria de Uruk, cubre alrededor de dos siglos y contiene las primeras etapas de la evolución paleográfica de la escritura cuneiforme. La comparación con grafemas cuneiformes de épocas históricas posteriores ha permitido descifrar alrededor del 75 %

de esos signos del periodo arcaico temprano (Green, 1998, 47). El nombre de esta escritura (cuneiforme) deriva de la forma de cuña que tienen los rasgos con los que se componían los signos gráficos.

A partir de entonces, los símbolos que representaban números y los que representaban objetos siguieron caminos separados:

Para finales del cuarto milenio a. C. los nombres de las personas que dieron o recibieron bienes comenzaron a ser enumerados en inventarios. Esto significa que se idearon signos que representaban sonidos, es decir el nombre de la persona tal y como se pronunciaba en lengua sumeria. Estos nuevos signos o fonogramas eran bocetos de cosas fáciles de dibujar que representaban la palabra que evocaban. La figura de un hombre representaba el sonido «lu» y la de una boca el sonido «ka», que eran las palabras para hombre y boca en sumerio... Con la invención de los fonogramas la escritura se conectó con los sonidos del habla.

En el 2800 a. C. la escritura todavía se ocupa exclusivamente de la contabilidad. Los textos enumeraban mercancías recibidas o dispensadas por la administración estatal, estipulaban donaciones de tierras o recopilaban signos (una especie de diccionarios) para ayuda de los escribas. Pero entonces se produjo un desarrollo extraordinario entre el 2700 y el 2600 a. C. en la corte de los reyes sumerios de Ur. Los escribas reales comenzaron a escribir sobre objetos de oro, plata y lapislázuli destinados a ser depositados en las tumbas. Las inscripciones consistían en nombres de personas —«Meskalamdug»— grabados en un cuenco de oro, o el nombre más el título —«Puabi, reina»— en un sello de lapislázuli.

Por primera vez en la historia, los escribas de Ur pusieron la escritura al servicio de una función distinta al conteo. Este nuevo propósito era funerario. Los sumerios creían que el nombre de un individuo fallecido debía ser pronunciado en voz alta para mantenerlo en el otro mundo. Escribir el nombre de Meskalamdug en un cuenco de oro destinado a ser enterrado con él sugiere que escribir los sonidos de un nombre se consideraba equivalente a pronunciarlo en voz alta. Así que, tras 5.000 años de tedioso trabajo contable, la escritura comenzó a ser usada en la más dignificada tarea de asegurar la pervivencia del muerto (Schmandt-Besserat, 2002).

Hacia el 2500 a. C. asistimos al nacimiento de la sintaxis; de estas fechas datan las primeras estatuas de orantes en las que se añadió al nombre del difunto, la súplica de una larga vida en el otro mundo usando frases con sujetos, verbos y complementos siguiendo las formas de la lengua hablada. De aquí a la literatura hay un paso. Hacia el 2400 a. C. en tiempos de Eanatum, rey de Lugash, se escribió el que posiblemente fuera primer texto largo para describir sus victorias. Para el 2000 a. C. la escritura se usaba para textos históricos, religiosos, legales, científicos y literarios.

Nuestra investigadora de referencia (2002) concluyó que «el origen de la escritura ya no es un misterio... y tiene las raíces más profundas en la prehistoria, en el noveno milenio a. C. Nadie hubiera adivinado que la escritura derivara del contar. Al final, parece claro que nuestra forma de expresión más poderosa estaba conectada con nuestra mortalidad».

Los orígenes de la escritura pertenecen a los sumerios, un pueblo dotado con un destacado talento para la organización y sentido del orden. Constructores de verdaderas ciudades, grandes unidades socioeconómicas con templos y palacios, una extensa red de canales, que una vez construidos exigían un cuidadoso mantenimiento. Fue una sociedad que funcionaba con un alto nivel de complejidad, que inventó la escritura para servir a la administración. No se originó con el propósito de glorificar a los reyes o alabar a los dioses, sino como resultado de las necesidades económicas cotidianas de un pueblo trabajador y de gran talento. Por eso los documentos son mayoritariamente largas listas de raciones entregadas a hombres, mujeres y, en ocasiones, niños; contratos con trabajadores temporales; registros de acuerdos fiscales de todo tipo; documentos relacionados con el alquiler de tierras; referentes al manejo de productos básicos dentro de grandes organizaciones, y similares (Posner, 2003, 23-24). En Mesopotamia la escritura se utilizó ante todo para documentar los asuntos de una vasta red burocrática que controlaba los recursos de subsistencia, trabajo y materiales. La invención de la escritura cuneiforme fue una innovación tecnológica destinada a funciones administrativas. (Green, 1998, 47).

Las cifras acuden en apoyo de nuestro punto de vista. Si en el mundo se conservan entre 700.000 y un millón de tablillas en museos, universidades... solo el 10% son textos literarios (Báez, 2013, 37-38). Estas civilizaciones primigenias poseían una robusta administración burocrática, que dependía de la escritura registrada en documentos, un clamoroso 90%, cuya gestión, agrupados en archivos, resultaba vital para su existencia. En efecto, la escritura nació en Sumer y la inventaron los burócratas.

El escriba sentado

Es prácticamente imposible saber qué proporción de los habitantes de Mesopotamia sabía leer y escribir, aunque es lógico suponer que una ínfima parte, siquiera porque resultaba de nula utilidad para la mayoría de los pobladores, campesinos, obreros, manufactureros... que apenas si alcanzaban a cubrir sus necesidades básicas, con una esperanza de vida en torno a los 30 años. Lo que sí sabemos es quiénes poseían la facultad de interpretar y reproducir los signos, los escribas, instruidos en el arte de redactar e interpretar los textos de todo tipo, unas veces al dictado, otras por iniciativa propia. Su imagen más popular es la del famoso escriba sentado del Museo del Louvre. Y como nota que nos regresa a los orígenes de la escritura, la etimología de la voz hebrea que los designa, *so.fer,* procede de una raíz que significa 'contar', el verbo *sapar*[1].

El trabajo de los escribas se desarrollaba en numerosos ámbitos, tanto al servicio del templo y del palacio como de forma privada. En la esfera pública se ocupaban de la administración (entradas y salidas de bienes, contabilidad, contratos...) y en especial de la redacción de los documentos, lo que podía incluir su traducción en el caso de los textos diplomáticos, su horneado para asegurar el contenido frente a la reescritura y, desde luego, su gestión y archivo. En el ámbito privado, además de la enseñanza, podían emplearse al servicio de grandes propietarios, mercaderes, prestamistas... «Había escribas subalternos y escribas de

---

1. Wikipedia y Diccionario enciclopédico de Biblia y Teología (https://www.biblia.work/diccionarios/enumerar-contar/)

"alta categoría"; escribas adscritos al servicio del rey y escribas al servicio de los templos; escribas especializados en categorías particulares de la actividad burocrática y escribas, en fin, que podían ascender hasta llegar a ser altos dignatarios del Gobierno» (Kramer, 1985, 35-37). Y dadas las condiciones climatológicas de la región, al parecer acostumbraban a trabajar en habitaciones contiguas a los patios, aprovechándose de la luz disponible en el pórtico. «En el patio V del palacio de Ugarit, se descubrieron claros rastros de la actividad de los escribas, que contenía un horno de tablillas todavía lleno con unas setenta unidades, inscritas en letra cuneiforme alfabética. El horno debe haber sido utilizado por los escribas... y al parecer, una de sus tareas era traducir documentos que llegaban del extranjero —como la carta de un rey hitita, hallada en el horno— y hornearlos para los archivos de la cancillería» (Veenhof, 1986, 7). Los escribas del palacio usaban el acadio, idioma de la diplomacia y del comercio exterior, junto con la escritura jeroglífica egipcia e hitita, cuando la situación lo requería (Posner, 2003, 30).

Las escuelas donde se formaban solían ser privadas y se ubicaban en las casas de escribas expertos. Aprender a escribir y a leer en aquellos tiempos tenía bastante en común con la enseñanza tradicional que hemos conocido hasta los años 60 del siglo pasado, y se basaba en el entrenamiento de la mano a base de repetir formas básicas primero (como nuestras rayas y palotes), signos gráficos después (en lugar de las 27 letras del abecedario eran muchísimas más) y por fin listas de nombres y palabras, tablas matemáticas y problemas de cálculo. Los hallazgos arqueológicos de Nippur revelaron la más que posible existencia de una gran escuela de escribas, donde aparecieron tablillas en blanco listas para ser utilizadas en el momento de la destrucción de la ciudad, junto con otras que contenían signos y cuñas simples, combinadas con otras de signos repetidos hasta alcanzar su forma correcta, con listas de nombres, de palabras agrupadas por campos temáticos, y por fin las había con textos redactados con coherencia y corrección (Tinney, 1998).

La escuela se denominaba literalmente «casa de las tablillas», pues tal es la expresión en sumerio. Gracias a unos pocos documentos de la época podemos reconstruir la vida del estudiante. El más conocido lo publicó Kramer por primera vez en 1949 y es una tablilla que tituló «Vida de un estudiante. El primer caso de "pelota"». Un texto que debió de gozar de cierta popularidad, pues se han encontrado más de veinte versiones en distintas excavaciones. Describe en forma dialogada la jornada de un estudiante que es recriminado por llegar tarde a la escuela, castigado por levantarse en mitad de la clase y, de nuevo, por su mal ejercicio de escritura. De regreso al hogar...

... insinuó a su padre que tal vez fuera una buena idea invitar al maestro a casa y suavizarlo con algunos regalos, cosa que constituye, con toda seguridad, el primer ejemplo de "peloteo" que registra la historia del hombre. El autor prosigue: «A lo que dijo el alumno, su padre prestó atención. Hicieron venir al maestro de escuela y, ya en la casa, le hicieron sentar en el sitio de honor. El alumno le sirvió y le rodeó de atenciones, e hizo ostentación ante su padre de todo cuanto había aprendido en el arte de escribir en tablillas».

El padre, entonces, ofreció al maestro vino y comida, «le vistió con un traje nuevo, le ofreció un obsequio y le colocó un anillo en el dedo». Conquistado por esta generosidad, el maestro reconforta al aspirante a escriba en términos poéticos, de los que siguen algunos ejemplos: «Muchacho: Puesto que no has desdeñado mi palabra, ni la has echado en olvido, te deseo que puedas alcanzar el pináculo del arte de escriba y que puedas alcanzarlo plenamente... Que puedas ser el guía de tus hermanos y el jefe de tus amigos; que puedas conseguir el más alto rango entre los alumnos... Has cumplido bien con tus tareas escolares, y hete aquí que te has transformado en un hombre de saber» (Kramer, 2022, 44-45).

El ejemplo contrario, el de un alumno aplicado, nos lo proporciona la tablilla publicada por Miguel Civil (2017, 501-514), gran asiriólogo español, en la que se explica lo que ha aprendido un joven poco antes de finalizar sus estudios. La jornada va de la mañana a la tarde, cada mes hay tres días de vacaciones y otros tres más por festividades. Ha aprendido a hablar, leer y escribir correctamente en sumerio y en acadio, incluidas expresiones antiguas, puede manejar las medidas y los pesos, sabe redactar contratos matrimoniales, de empresas, de venta de casas, campos y esclavos, depósitos en efectivo, balances, contratos de alquiler de campos, contratos para el cultivo de palmerales, e incluso tablillas de contratos de adopción.

Las tablillas son el soporte habitual de los documentos del período y espacio mesopotámicos. Hechas a base de barro aplanado, de diferentes formatos y acabados en función del tipo documental al que iban destinadas. Mientras estaba blanda, la superficie permitía la escritura con un buril o punzón puntiagudo en un extremo y romo en el otro para facilitar la corrección de errores, además de la impresión de sellos y otras marcas de validación. Una vez concluida la redacción, se cocían en un horno especial, el horno de las tablillas, para evitar la reescritura y facilitar su conservación. También emplearon otros soportes como la madera, en las regiones norteñas donde abundaban los bosques, los tejidos e incluso el marfil para documentos de especial solemnidad. Con todo, la arcilla fue el soporte por antonomasia y ello ha permitido que la investigación y el conocimiento alcanzado sobre este período tan remoto estén mejor documentados, en fuentes de primera mano, que los de aquellos territorios y civilizaciones que usaron el papiro, el pergamino, la madera y otros soportes orgánicos; incluso aquellos de los que se conserva abundante información epigráfica, como es el caso del antiguo Egipto, pues se trata de inscripciones ceremoniales, solemnes, que no recogen actos, cifras, situaciones, como lo hacen los documentos administrativos.

El formato de las tablillas parece que iba en relación con la información que iba a recoger. Así, las más abundantes eran lenticulares de pequeño tamaño, en torno a los 6 cm, más anchas que altas, y destinadas a realizar anotaciones de valor temporal, por lo general de movimientos de inventario, entradas y salidas de productos, que posteriormente se trasladaban a otros documentos recopilatorios. No olvidemos que, en su práctica totalidad, como el 90% de las tablillas, son documentos contables, económicos (listas, cuentas, contratos, repartos, ingresos...). Se refieren fundamentalmente a la elaboración de alimentos como el pan y la cerveza y a sus receptores (dioses, realeza, nobles, oficiales, tropa, oficios y trabajadores, viajeros, labradores y animales). También a la producción de las cosechas, cría de ganado, principios burocráticos, impuestos, infraestructuras, desarrollo económico, organización del trabajo, mercado, caminos reales, demografía, obras, asuntos del culto...También se emplearon para transacciones simples, memorandos, que durante el Imperio Persa iban sellados en el borde izquierdo y en el derecho. Por ejemplo, un viajero en misión oficial que tuviera derecho a obtener sustento podía recibirlo en cualquiera de las estaciones de los caminos reales, para lo que el almacenista redactaba un memorando por cada entrega y hacía rodar su sello cilíndrico por el borde izquierdo del documento, mientras que el viajero lo hacía en el reverso, como acuse de recibo. Cada cierto tiempo se recogían los memorandos de las estaciones y se llevaban a Persépolis, donde se examinaban, registraban y procesaban en la contabilidad (Henkelman, 2010, 27-29).

Las recopilaciones contables mensuales y anuales se registraban sobre tablillas de mayor tamaño, entre 16 y 20 cm de lado y en formato vertical, que podían alcanzar los 37 cm, con los bordes redondeados y, en ocasiones, rectangulares. Con independencia del formato, eran planas en el anverso y convexas en el reverso, lo que facilitaba su sujeción con una sola mano. El texto iba en el anverso, pero si era necesario también en el reverso y hasta en los márgenes; como hacían nuestros abuelos en las cartas personales, cuando habían completado ambas caras de una cuartilla y quedaba poco por añadir, escribían en los márgenes, en vez de tomar un papel nuevo. Algunas veces se databan con detalle (en pocas ocasiones) probablemente porque pocos estaban destinados a surtir efectos más allá del corto plazo, y la mayoría se destruían en menos de un año. Cada cual empleó su propia lengua y escritura, si bien el sumerio fue la lengua franca, razón por la cual se han encontrado en diversas excavaciones arqueológicas listas lexicales con equivalencias a esta lengua para uso de los escribas. «Los escribas de Ebla... copiaron una lista de signos junto con su pronunciación, así como diversas listas de léxico sumerio, que reprodujeron con precisión las características de los originales mesopotámicos» (Archi, 2003, 19). Esto incluía la forma de las tablillas, el número de líneas por columna y el reverso, que contenía solo el colofón. También se han encontrado listas de palabras mesopotámicas con su equivalente en eblaíta, escritas con letra pequeña sobre grandes tablillas. Hay una que contiene 1.204 palabras y es considerada el primer vocabulario de la historia. La mayoría son expresiones del lenguaje administrativo, que permaneció más de 2.000 años en uso.

Y entre textos administrativos, también se encuentran documentos oficiales de distinta índole, como el siguiente, que probablemente sea el primer informe policial de la historia. Nótese que las cartas, informes... se redactaban por mano ajena y por eso empezaban siempre en estilo indirecto con una orden, mandato o deseo (Oppenheim, 1967, 103-104):

Dile a mi señor:
Tu sirviente Bahdi-Lim envía el siguiente mensaje:

Se ha encontrado el cuerpo de un niño pequeño de apenas un año de edad echado frente al viejo dique que está aguas arriba de las aberturas inferiores de la zanja, en el embarque del río

(Éufrates). El cuerpo del niño estaba cortado y su cintura y el contenido de su pecho estaban colocados sobre su cabeza y había sido mutilado de pies a cabeza. Nadie puede decir si era hombre o mujer. / No queda nada desde su centro hasta su extremo inferior. El mismo día que escuché este informe, recurrí a medidas estrictas; les pregunté a los supervisores de los barrios de la ciudad, a los artesanos y a la gente del puerto, pero ni el dueño de este niño ni su padre o madre ni nadie que pudiera arrojar luz sobre este incidente se presentaron. El mismo día envié a Beli-lu-dari a mi señor con esta noticia. También durante los siete días desde que envié a Beli-lu-dari, he hecho muchas preguntas pero [roto].

ARM (Archivos Reales de Mari) 6 43

Para un profano, por incomprensibles, todas las tablillas pueden resultar iguales, mas como cabía imaginar en pueblos tan organizados, la tipología documental era compleja y variada como las actividades que recogía. Postgate, en su sugerente estudio sobre la burocracia en la Edad de Bronce (2013, 414 y ss.), estableció dos grandes categorías de documentos: los unilaterales, que contienen información creada por una organización para uso interno, y los bilaterales, que recogen transacciones o compromisos entre partes. Los unilaterales son los más abundantes: listas de todo tipo (de personas, animales, bienes, raciones, cuentas...), memorandos (esencialmente narrativos para no olvidar algo, un movimiento de bienes...), textos prescriptivos (balances, compromisos, estados de un asunto para el futuro). Los bilaterales documentan los compromisos, sobre todo reconocimientos de deuda, recibos y contratos de todo tipo. En especial los de carácter privado, entre los que cabe encontrar: ventas de bienes raíces, esclavos, asnos; intercambios de propiedades; alquiler de casas, tierras de labor, huertas y prebendas; contratos de aprendizaje; manumisiones; adopciones; "testamentos" y divisiones de herencias; fundación y disolución de compañías; acuerdos (contratos) de matrimonio y regalos, ingresos y conversiones de propiedades en dote, etc. (Baker, 2003, 242).

Además del valor administrativo e informativo, los documentos se redactaban y conservaban como medios de prueba, una característica que les acompañará a lo largo de toda la historia de la humanidad. Nada como un documento escrito de acuerdo con las formalidades del momento para probar cuanto sea necesario y en especial en el ámbito privado:

Cualquiera que sea la forma que adopten, los documentos privados fueron escritos y conservados en origen como prueba de que existía una obligación o de que había sido relevada, o como prueba de un título de propiedad. Estos objetivos proporcionan la motivación no solo para escribir las tablillas, sino también para su transferencia entre partes en determinadas circunstancias. Como en los primeros períodos, los documentos que acreditaban la previa adquisición de una posesión por parte del propietario (y a menudo también las cadenas de transmisión precedentes) eran entregados rutinariamente cuando aquella se transfería. Estos antecedentes o retrodocumentos pueden incluir no solo documentos precedentes de la compra, sino también escrituras de dotes, de divisiones de herencia y cualquier otro escrito relevante para la historia; de esa propiedad, por lo tanto, estamos relativamente bien informados so-

bre los asuntos familiares en este período. En el caso de disputas sobre una propiedad, los jueces mandaban al escriba la
redacción de una tablilla que recogiera el resultado, que el ga-
nador solía conservar como evidencia del título. Las tablillas
también podían ser hechas en el tribunal como prueba en una
eventual reclamación. Estos hechos presuponen que la gestión
de documentos era un lugar común y actividad rutinaria entre
la clase propietaria urbana (Baker, 2003, 242-243).

Pueblos, civilizaciones, altamente organizados, con una
burocracia administrativa importante en número y complejidad, que registraba sus actividades por escrito en forma
de documentos, que hacía falta conservar adecuadamente
para su uso y memoria futura. Junto con la escritura y los
documentos, nacieron los archivos.

Baalberit, el Archivero

Entre los cananeos, habitantes del extremo occidental del
área, delimitado por el Mediterráneo y el río Jordán, aproximadamente, había un dios del que se tienen pocos datos
y de existencia no enteramente cierta, al que denominaban
Baal-Berith o Balberit, el Archivero, Señor de los Pactos y
Secretario de los Cielos. De la estirpe de Baal, dios adora-
do por muchos pueblos (babilonios, caldeos, cartagineses,
fenicios, filisteos, israelitas y sidonios); su figura divinizaba
todo cuanto entraba en el ámbito de la burocracia, de la actividad documentada. Por eso, uno de sus sobrenombres
es «el Archivero».

Probablemente sea la única divinización en la historia de la humanidad de la figura del organizador, custodio y garante de los documentos, en los que se deja constancia de casi todo, y desde luego de cuanto resulte importante. Y parece lógico, porque se trató de una actividad omnipresente. En los palacios, en los templos, en las fortificaciones, en las mansiones de los mercaderes y de los potentados... había un espacio reservado a la guarda de tablillas, siguiendo unos criterios y unos procedimientos premeditados: el archivo.

¿Qué sabemos acerca de los archivos y su organización en esta época? Más de lo que conocemos de eras y civilizaciones posteriores. Un conocimiento razonable teniendo en cuenta la distancia temporal que nos separa, que se trató de ciudades-Estado que fueron destruidas en todos los casos y que con los edificios incendiados también se vinieron abajo los propios archivos. La fuente de información principal son los restos arqueológicos obtenidos en diferentes campañas de excavación. Desde sus inicios y hasta bien entrado el siglo XX, las expediciones buscaban objetos artísticos, edificios y textos, y entre estos sobre todo los de carácter jurídico, religioso, histórico y literario. De ahí que las piezas, las miniaturas empleadas en los primeros documentos escritos pasaran desapercibidas y los textos administrativos fragmentarios fueran orillados, como su disposición; un detalle fundamental para reconstruir la organización de los documentos. Ernst Posner, en su obra insuperada *Archives in the Ancient World* (1972, de la que manejamos una reimpresión de 2003), dejó claro que los arqueólogos no se habían preocupado por la organización archivística, y apenas diferenciaban muy bien los documentos de los textos literarios, hasta que Nikolaus Schneider publicó en 1940 un trabajo sobre la sistemática archivística de Sumer y Acad durante la Tercera Dinastía de Ur (mediado el III milenio a. C.). Este artículo representó un gran avance porque su autor logró enunciar claramente las principales características de los archivos. A saber (Posner, 2003, 14):

1. Que los documentos escritos en arcilla se almacenaron para uso futuro en locales especiales de archivo.
2. Que se trataba únicamente de documentos, las obras literarias no compartían las instalaciones.
3. Los documentos se instalaron en contenedores especiales, fabricados y utilizados exclusivamente con fines de archivo.
4. A los contenedores se les fijaban unas etiquetas de arcilla con tres propósitos: la identificación del contenedor, la indicación del tipo de documentos incluidos y el volumen de los mismos.
5. Los documentos fueron asignados a los diferentes contenedores de acuerdo con el asunto del que trataban.
6. La agrupación de los documentos en un contenedor dependía del período de tiempo indicado en la etiqueta.

En el palacio real de Ebla, el archivo central ocupaba una habitación de unos veinte metros cuadrados, y se situaba bajo la sala de audiencias, con la que se conectaba directamente. El mismo diseño aparece en los palacios de Mari y Ugarit, datados en el Bronce Medio y Final respectivamente. Había más depósitos ubicados en diferentes zonas de los palacios, al servicio de diversos sectores de la administración, principalmente la distribución de bienes. Otras actividades importantes, como la producción agrícola, solo están parcialmente documentadas (Archi, 2003, 17-19).

Las excavaciones del palacio de Mari (1800-1700 a. C.) han revelado la existencia de depósitos de archivo diferentes según la finalidad de los documentos: de gobierno interno, unos, y de relaciones exteriores, otros (Posner, 2003, 30).

En el palacio de Ugarit empleaban el acadio, idioma de la diplomacia y del comercio exterior, junto con la escritura jeroglífica egipcia e hitita, cuando la situación lo requería. Se encontraron los siguientes archivos, cada uno de los cuales ocupa diversas habitaciones en función de su tamaño (Posner, 2003, 33-35):

1. Archivo oeste: anexo a las oficinas del tesorero de las provincias. Junto a la puerta del palacio, para hacer los trámites sin necesidad de entrar.
2. Archivo este: contiene los documentos financieros y relativos a la administración de la ciudad y del territorio circundante.
3. Archivo central: en ocho salas alrededor de un gran patio, era el archivo legal por excelencia, en el que se conservaban los documentos de propiedad de todo el reino y en el que se registraban las compras, permutas, testamentos y donaciones y los cambios que ello producía en las posesiones de bienes muebles e inmuebles de la totalidad de los habitantes de Ugarit. Una suerte de gran archivo notarial. Para mejorar su durabilidad, estas tabletas tenían un formato excepcionalmente fuerte y bien acabado, y se escribieron y

hornearon con mucho cuidado. Por el número y tamaño de sus locales y por la cantidad de documentos encontrados, el Archivo central parece haber sido el más importante de los servicios alojados en el palacio de Ugarit.

4. Archivo sur: contenía los documentos en cuneiforme acadio, relativos a las relaciones con los pueblos hititas del norte. Los escribas adscritos a él no redactaban documentos, sino que se ocupaban de clasificarlos en relación con los territorios hititas del norte.

5. Archivo sudoeste: predominan los documentos en escritura alfabética ugarítica. Tenía funciones diferentes: aquí estaba el horno de las tablillas, y también hacía de centro encargado de la selección de los documentos conservar y eliminar; asimismo se ocupaba de traducir a escritura cuneiforme alfabética los documentos venidos del exterior.

6. Archivo del palacio pequeño: contenía las escrituras en cuneiforme babilónica relacionadas con la importación y exportación de mercancías desde el puerto hacia el sur, fundamentalmente, Egipto, Palestina, Chipre y Micenas.

7. Acumulaciones de tablillas junto a los talleres de productos de lujo usados como regalo para los reyes vecinos.

En el palacio de Nimrud se diferencian varios archivos también: uno para los documentos diplomáticos, otro para los de la administración del palacio y otro para la administración de la ciudad y su territorio, en el palacio del gobernador. También hay archivos en el templo dedicado al dios Nabu, en palacios, casas, cuarteles... (Posner, 2003, 38 y ss.).

Además, la ubicación de los archivos indica que se utilizaron y sirvieron para fines prácticos. Los encontramos cerca de la entrada de un palacio para registrar lo que entra o sale, cerca de un tribunal o sala de audiencias para consulta, cerca de un taller, cocina o almacén para verificar los movimientos de mercancías, el consumo y la producción, y para hacer balance (Veenhof, 1986, 8).

Los documentos eran objeto de una instalación cuidadosa para que estuvieran accesibles siempre que se necesitara consultarlos, al tiempo que en un entorno seguro para su conservación. A tal efecto se emplearon distintas soluciones combinadas, una especie de bancos corridos de ladrillo en sentido longitudinal, junto con estanterías de madera, y surcos en el suelo por los que corría el agua para mantener un nivel de humedad adecuado. En el archivo central de Ebla las estanterías, que corrían a lo largo del muro, en el que se apoyaban, tenían 0,8 metros de profundidad, 0,5 de altura o distancia entre baldas y entre 2,90 y 3,15 de largo, con montantes en el frente para resistir el peso (Matthiae, 1986, 51 y ss.). También se usaron los casilleros, pegados al muro, a base de celdas de 25/30 cm de lado y 40/50 de profundidad, donde instalar las tablillas. Los restos que se han encontrado son sobre todo del período neoasirio, así en el templo de Nabû en Khorsabad, en el palacio de Sennacherib en Nínive y en la oficina de escribas en el palacio de Khalu (Veemhof, 1986, 13). Las tablillas se agrupaban e instalaban en diferentes clases de contenedores: cestas de mimbre, ligeras, sólidas y resistentes que dejaban pasar el aire, con tapa que podía ser sellada para asegurar su contenido, también en vasijas de barro bajas, de unos 30 cm de alto, que actuaban como cajones (Postgate, 2013, 84).

También se colocaban las tablillas en las estanterías, unas veces de cara, para facilitar su consulta, otras de perfil, cuando llevaban en el borde indicaciones prácticas, aunque la posición original de los documentos solo puede ser deducida de una manera muy general en función de cómo se han hallado en las excavaciones, pues el colapso de las estanterías de madera las dispersó por el suelo. Asimismo, se emplearon etiquetas de arcilla con una breve inscripción unidas a documentos para agruparlos, o a contendores, como aparente sistema de clasificación y descripción.

Resulta llamativo que al parecer los documentos eran valorados en tanto servían para la gestión de los asuntos co rrientes y no por su trascendencia histórica, de modo que se destruían sistemáticamente, una vez que habían cumplido el fin por el que se habían creado. Por eso, en las excavaciones solo es posible hallar tablillas de los últimos años antes de la toma y destrucción de una ciudad, pues los coetáneos se habían ocupado de eliminar los documentos a medida que transcurría el tiempo, sin conservar memoria del pasado. Es un aspecto en el que coinciden los especialistas: en todas partes se conservan restos de los últimos períodos, es decir, el archivo en el momento de la destrucción de la ciudad y los años o décadas anteriores. Y tiende a encontrarse solo documentos del último período, unos cientos de años en el mejor de los casos.

Se trata de un concepto de archivo distinto al del mundo grecorromano y posterior, hasta hoy. En Mesopotamia y Oriente Próximo, contienen los documentos de gestión; en cambio en el mundo griego y romano son las leyes y los documentos públicos, a los que se quiere dar publicidad.

Sin embargo, en lo que respecta a los archivos privados presentan algunas especificidades en las que merece la pena detenerse un tanto. Las instalaciones eran según lo ya visto, y la principal diferencia reside en la conservación. Se acostumbraba a guardar los documentos más allá de su utilidad inmediata y a acumularse los de varias generaciones, bien que diferenciados pos sus titulares, como si fuesen entidades diferentes, no formando un todo familiar. Los que se han encontrado pertenecieron a mercaderes, que a veces eran al mismo tiempo grandes propietarios. En Kanis (Capadocia) se hallan los archivos de empresa más antiguos, donde los hombres de negocios asirios organizados en una cámara de comercio llamada kārum, tenían un archivo corporativo, al que se unían los documentos de muchos comerciantes individuales. De 105 casas de comerciantes excavadas, 70 de ellas tenían un archivo, un espacio exprofeso, y otras 35 muestran tablillas diseminadas. Vasijas, cajas, paquetes se empleaban para proteger los documentos, algunos de los cuales se encontraron dentro de sus envoltorios.

En Nuzi (Asiria) se han encontrado archivos en las afueras, en las mansiones de ciudadanos adinerados. Hay una en la que se pueden rastrear tres generaciones de la familia Tehiptilla, con más de mil tablillas. A través de ellas se pueden detectar las argucias legales mediante las cuales los poderosos conseguían privar de sus bienes a los pequeños propietarios.

En Nippur, algunas prácticas comerciales quedan ilustradas por los documentos de la familia de Ninurta-Uballit del último cuarto del siglo VII. Además de prestar dinero y manejar hábilmente bienes raíces, se especializó en comprar niños pequeños de familias en apuros y venderlos con ganancias, un negocio que floreció en el momento en que Nippur estaba siendo asediada por Nabopolasar.

Entre los archivos comerciales posteriores se destacan los de las familias Egibi y Murasu de Babilonia. Los de la familia Egibi (690-480 a. C.) documentan las actividades comerciales de seis generaciones de una estirpe que, desde sus humildes comienzos, alcanzó su mayor prosperidad bajo Itti-Marduk-balatu (ca. 575-520 a. C.). Comerciantes de bienes raíces y esclavos y también dedicados a operaciones bancarias, los Egibi, capitalistas y hombres de negocios, amasaron una fortuna considerable, de modo que los hijos de Itti-Marduk-balatu heredaron trece casas, tres lotes de edificios en construcción, más de cien esclavos y numerosos campos y ganado.

Los archivos de la firma Murasu en Nippur constan de 730 tabletas (del 455 al 403 a. C.). Con más de sesenta agentes, la firma se concentró en administrar los feudos de numerosos terratenientes persas. Los Murasu sirvieron como «intermediarios entre los propietarios de las haciendas y los cultivadores, es decir, entre los capitalistas y los productores» (Posner, 2003, 46-49).

Casi la mitad de los documentos era correspondencia que ofrece información acerca de cómo se organizaba el comercio y los negocios en general, así como sobre la vida familiar y privada, aunque son difíciles de concertar porque carecen de fechas, no se databan. Tampoco tenían un formato y extensión determinados: las había de unas pocas líneas hasta las que ocupaban más de una tablilla. Las comerciales y las de carácter reservado se enviaban dentro de un envoltorio cerrado de arcilla sobre el que se hacía rodar el sello cilíndrico del remitente, dejando la impronta de una escena rectangular y estrecha, que podía incluir su nombre, y se añadía el nombre y localización del destinatario. Después se envolvía en tela y cuero y se confiaba a un emisario, por lo general un transportista o caravanero.

La correspondencia conservada nos permite acercarnos a un mundo de valores, relaciones y creencias bastante más próximo a nosotros de lo que el tiempo transcurrido nos llevaría a pensar. Así podemos encontrarnos con la carta de un hijo despechado a su madre (Oppenheim, 1967, 84-85):

Dile a la señora Zinu:
Iddin Sin envía el siguiente mensaje:

Que los dioses Samas, Marduk e Ilabrat te mantengan para siempre en buena salud por el bien de todos.

De año en año, la ropa de los jóvenes caballeros mejora aquí, pero dejas que mi ropa empeore de año en año. De hecho, insististe en hacer que mi ropa fuera más pobre y escasa. En un momento en que en nuestra casa la lana se usa como pan, me has hecho ropa pobre. El hijo de Adad-iddinam, cuyo padre es solo un asistente de mi padre, tiene dos conjuntos de ropa nuevos, mientras que usted se preocupa por un solo conjunto de ropa para mí. A pesar del hecho de que me diste a luz y su madre sólo lo adoptó, su madre lo ama, mientras que tú, tu no me amas.

84-85, TCL (Textos del Museo del Louvre) 18 111

O la de una esclava a su dueño haciéndole saber que había perdido el hijo que esperaba:

Dile a mi amo:
Tu esclava Dabitum envía el siguiente mensaje:

Lo que te he dicho ahora me ha sucedido: durante siete meses
este niño no nacido estuvo en mi cuerpo, pero desde hace un
mes está muerto y nadie quiere cuidar de mí. Que le agrade a
mi amo hacer algo para que no muera. ¡Ven a visitarme y déjame ver la cara de mi amo!... ¿Por qué ningún regalo tuyo llegó
por mí? Y si tengo que morir, ¡déjame morir después de haber
vuelto a ver la cara de mi dueño!

85, TIM (Textos del Museo de Irak) I 15

El segundo grupo lo configuraban los contratos y los documentos judiciales. Los primeros se refieren al derecho de
familia (matrimonio, divorcio y testamentos), préstamos y
recibos de reembolso, servicios de caravanas y transporte,
inversiones, depósitos, sociedades comerciales, escrituras
de compra, etc. Los judiciales contienen declaraciones tes-
timoniales, casos de arbitraje privados, órdenes vinculantes, veredictos, etc. Cuando era necesario asegurar su validez legal se envolvían en un sobre de arcilla en el que se
reproducía el tenor del documento y se deslizaban los sellos de los otorgantes y de los testigos. Los contratos de
préstamo son los más numerosos, préstamos en plata, cereales y cobre emitidos por la venta de mercancías a crédito. Los documentos de este tipo suelen estar fechados y los
guardaba el acreedor hasta que se cancelaba la deuda. A
cambio del pago, tenía que devolver la tablilla al deudor
para que la cancelara. Por lo demás, contratos relacionados
con el comercio a distancia (contratación de personas en

caravanas, el transporte o almacenamiento de mercancías), inversiones en sociedades comerciales y el cierre de cuentas. Los acuerdos de compra se refieren a casas y esclavos. El comprador conservaba la escritura de compra de una casa y la utilizaba como título de propiedad; y se transfería como tal en todas las transacciones relativas al mismo edificio (Michel, 2018, 52 y ss.).

Y el tercer grupo, un conjunto misceláneo de cuentas, inventarios, memorandos, etiquetas, sellos semiesféricos o *bullae* con improntas de sellos y que servían para marcar determinados documentos.

Se conservaban por el valor legal que poseían, por las referencias que proporcionaban diferentes temas y valían para salvaguardar el derecho de su propietario y de sus partícipes, al igual que eran útiles para tomar decisiones informadas. De esto nos han quedado evidencias arqueológicas y documentales como para conocer con bastante detalle el uso que hacían de los documentos y la consideración legal y social que se daba a su consulta. Acabamos de comprobarlo con los relativos a la propiedad y a las deudas, lo que se puede hacer extensible al resto de los instrumentos mercantiles. La carta de un comerciante a su esposa es muy elocuente al respecto, cuando lejos aquel de su casa pide a su mujer que le envíe determinado documento y le da instrucciones precisas sobre cómo hacerlo (Michel, 2018, 61):

He sellado una tablilla con los (nombres de) mis testigos en la Puerta del Dios: Aššur-ṭāb, hijo de Kīki, y Enna-Suen, hijo de Ilānum. Así que busca donde se han depositado las tablillas, dentro de un recipiente en la Puerta del Dios, saca la tablilla con el sello de Aššur-ṭāb y Enna-Suen, envuélvela de manera segura en cuero y séllala, luego confíala a Hašta'ili o a Šamašrē'ī para que me la pueda traer; ¡asegúrate (de hacerlo correctamente)!

Las relaciones mercantiles también incluían las quejas sobre la calidad de los productos, los precios o las condiciones de entrega. Como muestra podemos traer el hoy célebre documento considerado como primer caso de una reclamación; se trata de la carta de Nanni a Ea-nasir (ca. 1750 a. C.) quejándose de la mala calidad del mineral de cobre que se le ha entregado después de un viaje al golfo y sobre la mala dirección y el retraso de una nueva entrega[2].

Dile a Ea-nasir:
Nanni envía el siguiente mensaje:

Cuando viniste, me dijiste lo siguiente: «Le daré a Gimil-Sin (cuando venga) lingotes de cobre de buena calidad». Entonces te fuiste, pero no hiciste lo que me prometiste. Pusiste lingotes que no eran buenos ante mi mensajero (Sit-Sin) y dijiste: «Si quieres llevarlos, tómalos; si no quieres llevarlos, ¡vete!»
    ¿Por qué me tomas, que tratas a alguien como yo con tanto desprecio? He enviado como mensajeros a caballeros como nosotros para que recojan la bolsa con mi dinero (que tienen en depósito), pero me has tratado con desprecio enviándolos de vuelta con las manos vacías varias veces, y atravesando el territorio enemigo. ¿Hay alguien entre los comerciantes que comercian con Telmun que me haya tratado de esta manera? ¡Solo tú tratas a mi mensajero con desprecio!

2. https://www.britishmuseum.org/collection/object/W_1953-0411-71

Debido a esa mina[3] (minúscula) de plata que te debo. Te sientes libre de hablar de esa manera, mientras que he dado al palacio en tu nombre 1.080 libras de cobre, y Šumi-abum también tiene dado 1.080 libras de cobre, aparte de lo que ambos hemos escrito en una tableta sellada para guardar en el templo de Shamash.

¿Cómo me has tratado por ese cobre? Me has retenido mi bolsa de dinero en territorio enemigo; ahora depende de ti resarcirme y devolverme mi dinero en su totalidad.

Ten en cuenta que ya no aceptaré ningún cobre que no sea de buena calidad. De ahora en adelante, seleccionaré y tomaré los lingotes individualmente en mi propio patio, y ejerceré contra ti mi derecho a rechazar la mercancía, porque me has tratado con desprecio.

Los archivos de los antiguos mercaderes asirios, según revelan las excavaciones y los textos, eran cámaras acorazadas especiales, donde se guardaban también mercancías valiosas, con una puerta sólida y sellada para evitar su apertura inadvertida. En ausencia del propietario, el acceso estaba restringido a familiares cercanos, la esposa con frecuencia, a socios y representantes acreditados. En casos excepcionales, como el fallecimiento del mercader, una ausencia prolongada o la falta de noticias sobre su paradero, si algún acreedor necesitaba conseguir con urgencia un documento valioso para salvaguarda de su derecho, como un reconocimiento de deuda, un contrato..., debía obtener autorización del Kārum (organización de comerciantes, de carácter oficial) o de la asamblea ciudadana en Assur:

3. Unidad de medida en torno a los 400 gramos.

Las autoridades trataban de evitar acciones individuales, acciones interesadas, mediante normas específicas —«nadie puede tomar nada hasta...»— pero estaban listas para ayudar a aquellos con intereses legítimos si seguían normas estrictas y asumían las responsabilidades por sus actos. En estos casos, se formaba un comité de tres o cinco independientes imparciales (*aliiutum*), con autorización para romper los sellos (de la cámara acorazada y de los contenedores de las tablillas) para inspeccionar o sacar ciertos documentos. Este comité debía acompañar a quienes habían solicitado permiso para inspeccionar el archivo (por ejemplo: los hijos, inversores o acreedores del difunto). Debían redactar un protocolo de lo que habían hecho y visto, y estaban obligados a sellar los contenedores y la cámara acorazada de nuevo tras finalizar su trabajo (Veenhof, 2003, 99-100).

Un misterio jeroglífico

Egipto es la otra gran cultura urbana de la Antigüedad remota, con una periodización similar a la de Mesopotamia, y con fuertes vínculos y relaciones con los distintos reinos e imperios que surgieron entre ambos ríos. La egipcia es desde muy pronto una sola entidad política y cultural uniformada, que se desarrolló en torno al río Nilo, en cuyas orillas y zona fértil fueron surgiendo los diferentes núcleos urbanos, con sus palacios y sus templos, ambos también centros de poder. Las condiciones materiales podían augurar una fuerte similitud entre Egipto y Mesopotamia, pero la historia parece que fue caprichosa, o casual, y siguieron diferentes derroteros. Uno de ellos fue el de los documentos.

En los humedales egipcios crece una planta endémica, el papiro, de cuyo tallo se extraen unas fibras que, oportunamente dispuestas en hileras verticales y horizontales, se unen bajo presión y posterior secado hasta conseguir una superficie fácil de alisar por frotamiento, muy a propósito para la escritura y el dibujo con tinta y con pintura. Estas láminas rectangulares, hojas, unidas entre sí por un borde mediante pegado permitían fabricar un soporte continuo capaz para la escritura de textos prolongados, el rollo. Tanto el soporte como el formato conocieron un evidente éxito, una vez decaído este imperio, en Grecia y en Roma.

Tal y como sucediera en Mesopotamia, Egipto poseyó una burocracia bien organizada en todos sus ámbitos, en los palacios, en los templos, en las casas de comercio... pero no tan desarrollada, porque en su cultura primaba el testimonio oral sobre lo escrito. Los actos también se documentaron, sobre papiro, así como sobre madera y cuero, materiales poco duraderos, lo que explica que sólo se haya conservado un fragmento infinitesimal de cuanto se pudo haber producido. Excepcionalmente se emplearon tablillas de arcilla. La humedad del delta y de la zona fértil del Nilo, donde se situaron los asentamientos humanos, acabó en poco tiempo con los documentos (Posner, 2003, 71 y ss.). Lo poco que se conserva procede de enterramientos, gracias al ambiente seco y constante del subsuelo desértico, pero se trata de fragmentos empleados como relleno de embalsamamientos y fragmentos de archivos que algún difunto dispuso llevar consigo, entre su ajuar, al otro mundo.

Por un lado, se ha perdido una cantidad inestimable de información porque sobreviven muy pocos documentos, pero por el otro Egipto fue una cultura principalmente oral. El uso de la escritura fue una herramienta de gobierno, en una sociedad en la que primaban la interacción personal, cara a cara, y el testimonio oral (Hagen, 2018, 73). Una oralidad que afectaba a la propia impartición de justicia, donde primaba el testimonio hablado sobre la prueba documental. Un caso citado al respecto por numerosos autores es el de la abuela de Moisés, quien en un litigio por unas propiedades, después de hacerse trabajosamente con los documentos de compraventa, tuvo que ver que el juez los declaraba falsos (Hagen, 2018, 134 y ss.). Los restos conservados, en todas las épocas, sea en palacios, templos, fortalezas, son siempre cuentas, listas, inventarios, y algo de correspondencia.

Es una lástima que una cultura tan monumental al par que misteriosa y atractiva no haya dejado apenas materia de la que tratar en el tema que nos ocupa. Las pinturas murales jeroglíficas aportan información sobre las creencias, las gestas, los avatares de una época, pero son meramente narrativas, con poco en común con lo que nos interesa.

Como señaló María Brosius con buen criterio: «Los archivos antiguos comparten más características con los archivos modernos de lo que podríamos sospechar a primera vista. Al igual que sus homólogos modernos, [...] el objetivo al crear estos archivos era proporcionar un nivel de responsabilidad por los procesos y actividades de las organizaciones y los estados. Al igual que con los archivos modernos, los antiguos archiveros desarrollaron estrategias de retención y eliminación para garantizar que se conservara la información adecuada durante el tiempo que fuera necesario para documentar cada asunto» (Brosius, 2003, 15). Y conformes con esta aseveración, vamos a calzarnos las botas de las siete leguas para llegar hasta nuestros días sin casi apreciar, a los ojos del profano, grandes cambios, y centrar nuestra atención en otros aspectos.

Del barro a la nube

Técnicas y materiales

Desde hace tiempo, por lo menos un par de siglos, estamos acostumbrados a ver que en todas las latitudes del globo se emplean las mismas técnicas e idénticos materiales para la escritura y la elaboración de documentos; algo que no siempre ha sido así. En las distintas culturas, en los sucesivos períodos históricos y de desarrollo tecnológico, la humanidad ha utilizado recursos diferentes. En el Lejano Oriente, por ejemplo, se usaba el papel de arroz sobre el que se escribía con tinta mediante un pincel; mientras que en Occidente el papel y el pergamino eran los soportes sobre los que se escribía con tinta, pero aplicada con cálamo de caña o de pluma de ave; y en algunas culturas americanas de la región andina empleaban cuerdas de lana y algodón con las que trenzaban nudos a modo de escritura denominados «quipus». En todas ellas, sin excepción, usaban la piedra para inscribir leyes, realizar advertencias, tributar honores... Y en todos los casos también, se recurría a lo que más a mano, abundante y económico hubiera.

En estas páginas nos proponemos trazar sobre una línea de tiempo los distintos materiales y técnicas empleados para elaborar documentos, del barro a la nube, fijándonos en los predominantes y con mayor influencia global.

Tiempos de diversidad

Así podríamos bautizar la Antigüedad en cuanto a la variedad de materiales y de técnicas empleados: arcilla, papiro, madera, cera, pergamino, tela, piedra, metal... inscritos mediante estilete, cálamo, cincel, pincel o buril.

Según hemos visto en el capítulo anterior, las primeras civilizaciones urbanas surgidas en Mesopotamia recurrieron a la arcilla, la materia más abundante y a propósito para la escritura. Primero la moldearon para elaborar pequeñas figurillas que representaban objetos y cantidades, cereales, ganado, bebidas... que posteriormente fueron impresionadas sobre superficies blandas del mismo material y, en un paso más, sustituidas por formas abreviadas inscritas mediante estilete, dando origen a la escritura cuneiforme. De la mano de Denise Schmandt-Besserat hemos tenido ocasión de ver cómo evolucionó esta técnica, de modo que no vamos a reiterar lo ya dicho. Además del barro, se recurrió a determinados tejidos, sobre todo el lino, para documentos de cierta solemnidad redactados con tinta y protegidos en cajas de madera, de los que apenas si se ha conservado algún fragmento.

Como quiera que hemos pasado de puntillas sobre el antiguo Egipto, cuyo material de escritura influyó en las culturas mediterráneas durante siglos, nos detendremos un tanto. Aquí se combinó el uso de dos soportes, el papiro y las tablillas. Estas eran de dos tipos, bien de piedra caliza blanda, bien de terracota, es decir, de arcilla endurecida tras el horneado; ambos tipos fueron denominados posteriormente por los griegos *ostraca*, que significa 'tiesto', y tal es la forma como las conocemos. Las *ostraca* se utilizaron para elaborar borradores, para el aprendizaje de la escritura y en el ámbito privado. El papiro es una planta palustre acuática, de la familia de las ciperáceas, abundante en las orillas del Nilo y zonas lacustres con un tronco de caña de dos a tres metros de altura y diez centímetros de grueso, que además de servir para la escritura tuvo múltiples usos: como alimento, materia prima para la elaboración de tejidos, calzado, cordelería, aplicaciones medicinales e, incluso, embarcaciones.

Su fabricación, desde la planta hasta lograr una superficie lisa y apta para la escritura, implicaba un proceso que podemos resumir así (Ruiz, 2002, 50-51):

... el producto tenía que ser preparado *in situ*, puesto que la elaboración requería que la planta estuviese aún fresca. El tallo es de sección triangular y puede alcanzar hasta los cinco metros de longitud. La parte central del vástago era la empleada. Una vez cortada la médula en finas láminas *(philyrai, philyrae)*, éstas iban siendo depositadas sobre una tabla humedecida, unas al lado de las otras procurando guardar cierta superposición. Una segunda capa *(skhiza, scheda)*, perpendicular a la anterior, era colocada sobre el estrato precedente. La forma rectangular así obtenida, tras haber sido prensada y secada al sol, era pulimentada con un objeto de marfil o un caparazón de molusco, o bien era sometida a un paciente bataneo, con la finalidad de conseguir una superficie totalmente lísa. Las hojas (*plagulae*), una vez ultimadas, eran unidas lateralmente mediante el empleo de un pegamento formado por agua, harina y vinagre. El borde derecho de cada *plagula* —en una longitud de un centímetro aproximadamente— se superponía sobre la siguiente, de esta manera se consolidaba mejor la línea de sutura entre ambas piezas.

La banda, constituida por un número determinado de elementos —generalmente unos veinte— enrollados sobre sí mismos, era considerada una unidad de medida (*khartes, tómos, volumen*), particularmente desde el punto de vista comercial.

... En el interior del *volumen* las fibras siempre aparecen dispuestas en sentido horizontal. De esta manera el trazado de la escritura discurría paralelamente a la trama visible. Por convención esta cara es llamada *recto* y, en cambio, *verso* aquella cuyas fibras son perpendiculares al texto. Normalmente solo se escribía en la parte interior.

La conservación del papiro a largo plazo es enormemente dificultosa, pues lo deterioran la sequedad, tanto como el exceso de humedad. En ambiente seco y con temperatura elevada se deshidrata provocando que las fibras vegetales se disocien y el soporte se deshaga; con exceso de humedad y temperatura alta se reblandece y aparecen mohos, hongos y otros microorganismos que se extienden sobre la superficie en forma de manchas, sin olvidar la acción de los insectos y de los roedores que lo devoran. Problemas, y no serán los únicos, que compartirán todos los soportes de la escritura que irán surgiendo a lo largo del tiempo hasta nuestros días.

Un antiguo adagio latino dice *verba volant, scripta manent*, que se ha traducido por «las palabras se las lleva el viento, lo escrito permanece», y hay quien lo toma por «las palabras vuelan libres, mientras que lo escrito está atado al soporte». En nuestro caso, bien podríamos trocarlo por este otro: *verba volant, scripta urunt* o «las palabras se las lleva el aire, a los documentos el fuego», una expresión inexistente en latín, pero que nos viene al caso; pues si la permanencia está en el origen de la escritura, la realidad histórica es tozuda y civilización tras civilización se ha empeñado en privarnos de sus documentos, destruidos por el fuego y por tantos otros enemigos de su pervivencia. Justo aquella que más ha influido en la configuración de la cultura occidental en particular, y de la global en general, la cultura clásica grecorromana, apenas si nos ha dejado rastros directos por escrito. De modo que el conocimiento que poseemos procede de fuentes mayoritariamente indirectas: los historiadores clásicos, las inscripciones epigráficas y los restos arqueológicos. El modo violento por el que fueron destruidas sus instituciones, tras conquista, ha impedido la conservación de importantes fuentes de información, y en ello ha influido la materia con la que se elaboraron.

Grecia tuvo una primera y prolongada fase de oralidad hasta el siglo V a. C., en la que la palabra y la memoria fueron la base para generar y transmitir el conocimiento. Es un rasgo típico de las civilizaciones antiguas, materializado en este caso en la figura del *mnemon*, el memorioso, custodio de la tradición oral encarnado en la figura de un hombre que recibía, guardaba y transmitía la memoria de la comunidad. Asistía a los contratos, a los juicios, a las asambleas y actos de gobierno. Oral era también la enseñanza en el ámbito de la filosofía, en particular, y del conocimiento en general. Sócrates consideraba que en la enseñanza la palabra era superior a la escritura, según nos transmitió Platón, su discípulo, que lo trae en sus famosos *Diálogos*, concretamente en el titulado *Fedro*.

El punto de vista de Sócrates se podía mantener quizá en el ámbito de la enseñanza, pero no en el de la organización social, política, en la vida económica... de unas comunidades que crecían en tamaño y complejidad. Los documentos escritos son imprescindibles para la gestión de lo cotidiano, para la administración del territorio, de las actividades, de las personas... pues, a diferencia del conocimiento, no son susceptibles de debate, o no es la discusión su objetivo, sino la precisión y la disponibilidad cuantas veces sea necesario. Otro de los esclarecidos pensadores griegos acude a confirmarlo. Arsitóteles dejó testimonio de la importancia del archivo, al que tenía por institución fundamental en la vida de la ciudad y de relieve en su modelo de Estado. En la mayoría de los casos recibía el nombre de *archeion*, aunque existían otras variantes como: *dêmosion*, *dêmosia*, *grammata*, *chreophylakion*, *grammateion*, *grammatophylakion* y *syngraphophylakion* (Posner, 2003, 92-93). Servía por igual para custodiar documentos públicos y privado que, en este caso, eran consecuencia de la obligación de registrar las transacciones entre particulares.

Algunos fragmentos y extractos solían ser inscritos en piedra, en losas de mármol casi siempre, para su exhibición pú-

blica, general y perenne conocimiento. Como señala Sickinger (1999, 232):

> Uno de los rasgos característicos de la antigua democracia ate-
> niense era su costumbre de exhibir ciertos tipos de documen-
> tos estatales en estelas de piedra: grandes losas rectangulares
> de mármol. Los documentos atenienses más antiguos sobre
> piedra datan de finales del siglo VI, pero la práctica de inscribir
> textos oficiales se hizo cada vez más común a mediados del si-
> glo V, y a partir de ese momento el número y los tipos de docu-
> mentos en piedra crecieron de manera constante.

Su variada tipología coincide con el interés general de su
contenido: normas legales, decretos honorarios por servicios prestados, tratados y decretos sobre las relaciones externas, cuentas asociadas a la construcción de templos...
Los epigrafistas, estudiosos de las inscripciones sobre materiales duros como la piedra y el metal, consideran que
son copias de documentos, que los secretarios de Atenas
(*grammateis*) decidían pasar a piedra en consideración a su
valor y para comunicarlos a una audiencia mayor. Por razones obvias son estas inscripciones en piedra las que mal
que bien han soportado el paso del tiempo, y constituyen
las únicas fuentes directas llegadas hasta hoy.

Aunque la cultura popular, audiovisual, nos tiene acostumbrados a ver representados a griegos y romanos lle-
vando y trayendo rollos de papiro, el soporte habitual de
sus documentos era la madera, más abundante y barata.
Tablas blanqueadas con pintura, sobre las que después se
escribía (Davies, 2003, 327-328). Las leyes de Dracón y
Solón (ss. VII y VI a. C.) estaban escritas en tablillas de ma-

dera llamadas axones, en referencia a que estaban dispuestas sobre un eje, en torno al que giraban para la lectura de sus caras (Sickinger, 1999, 236). En menor medida se empleó también el papiro y más tarde el pergamino, pero se trataba de materiales importados en el primer caso; de compleja fabricación, en el segundo, y de elevado coste en ambos. Parece que las tablas de madera se guardaban en tinajas y los rollos de papiro en celdas, y que, en cada ciudad, un templo hacía las veces de archivo (Posner, 2003, 108-110).

Roma también tuvo un período de oralidad que ocupó los primeros siglos de su existencia. Y en todo momento, las fuentes de información son similares a las mencionadas: algunas inscripciones, pocos restos arqueológicos y, sobre todo, fuentes escritas indirectas. Por extraño que nos parezca, también usaron la madera para sus documentos (*tabula*), hasta tal punto que el archivo toma su nombre, y así al espacio de la casa destinado al efecto se le denominó *tablinium*, y el archivo público de Roma tomó por nombre el de *Tabularium*. La voz *archivum*, de donde procede «archivo», es muy posterior y viene de la latinización del griego *archeion*. Aunque la costumbre de conservar documentos oficiales en un lugar público parece también tardía, pues en origen los magistrados acostumbraban guardar en casa los documentos de sus mandatos, junto con los suyos propios. Esta fórmula solía dar lugar a numerosas quejas por fraude. El propio Cicerón fue acusado de manipular las actas del Senado con motivo del proceso a Catilina, lo que nos lleva hasta el siglo I a. C. sin un control preciso de los documentos oficiales (Bats, 1994, 34).

La primera sede donde se conservaron los documentos públicos fue el *Aerarium Saturni*, que era la estancia del templo reservada a la custodia del tesoro público. Bajo el control de los cuestores, en origen acogía los documentos de dichos oficiales y los del tesoro, a los que con el tiempo se añadieron los producidos por el Senado y los públicos en general: los *senatus consultum*, o dictámenes senatoriales, que solo adquirían fuerza ejecutoria a partir de su archivado y registro por parte de los cuestores; las actas, las leyes y sus proyectos, los votos y las listas de votantes... Una vez autentificados, el personal del *Aerarium* los transcribía por orden de llegada (Coudry, 1994, 67 y ss). En el año 83 a. C. se incendió el templo y mientras se rehacía se resolvió la construcción del *Tabularium*, el nuevo archivo (Muñiz, 1997, 424). Conviene señalar que el archivo público, primero el *Aerarium* y luego el *Tabularium*, se instituye en época tardía, a finales de la República, bajo el impulso de las dos figuras que acabarán con ella: Julio César y Octavio, después Augusto. Tanto el uno como el otro presentaron también una especial querencia por mezclar los documentos públicos con los suyos personales.

Las tablas blanqueadas *(alba o album)* se utilizaron ampliamente para redactar documentos que debían ser expuestos al público, como los censos, las concesiones públicas, las listas electorales, los textos legales... aunque la materia cotidiana, predominante, fueron las *tabulae ceratae* o tablillas enmarcadas con una capa lisa de cera en su interior sobre la que se escribía con el extremo puntiagudo del estilete o *stylus*, que en la otra parte era plano para borrar mediante alisado. La imagen más popular es el retrato de la joven pompeyana del siglo I a. C. conservado en el Museo Arqueológico Nacional de Nápoles, que la representa mirando al espectador llevándose el *stylus* a los labios, mientras con la mano izquierda sujeta un políptico o conjunto de cuatro tablillas unidas. Se trataba del soporte escriturario por antonomasia, ya que estaba hecho a base de productos abundantes y permitía la reescritura. Se usaba en el Senado para tomar notas taquigráficas[1] de las deliberaciones y de los acuerdos, que servían para la *confectio* de los documentos definitivos por parte de los copistas que trabajan en el *Tabularium*, bajo el control de los cuestores (Bats, 1994, 35 y ss.). Este material dio lugar a una variación de la voz «escriba», denominándoseles en ocasiones *cerarii*.

Dos, tres, cuatro y más tablillas se unían formando un díptico, un tríptico, un políptico... y todas las pertenecientes a un mismo *instrumentum* (documento) se unían formando un *codex* (códice), sujetadas por cuerdas o por tiras de cuero a través de un agujero abierto en una esquina. En el canto de la primera tablilla solían escribirse indicaciones sobre la naturaleza del documento. También, a veces, llevaban etiquetas sujetas con cordones, lo que permitía identificarlos cuando su contenido estaba protegido.

Las *tabulae* fueron entre los romanos un soporte muy común para escritos de carácter no permanente, como cartas, recibos, cuentas, ejercicios escolares, borradores, extractos, anotaciones, etc. Pero también se emplearon habitualmente para conte-

1. Se atribuye a Marco Tulio Tirón, secretario de Cicerón, el haber puesto las bases de la taquigrafía, conocida en origen como notas tironianas y que respondía a la necesidad de transcribir los debates y los discursos senatoriales.

ner documentos de mayor importancia o perennidad, como los testamentos, contratos, manumisiones, *testationes* de nacimientos, *mutua* y *stipulationes*, etc. Aunque utilizadas ya en época republicana, la mayoría de las *tabulae ceratae* que se han conservado, correspondientes a *negotia* particulares o documentos procesales, confirman el uso de dicho soporte de escritura en la etapa imperial, incluso tras la introducción del rollo de papiro, tenemos algunas del siglo III d. C.

Pero las *tabulae* también se usaron en Roma desde tiempos de la República para documentos oficiales, así actas, leyes, senadoconsultos, listas, etc. Los registros financieros estatales se llevaban en *tabulae ceratae* unidas formando códices, fue la forma que tuvieron los *instrumenta* archivados en el *Aerarium*. Los magistrados consignaban los *commentarii* que recogían los actos de su magistratura en códices que tuvieron la consideración de *tabulae publicae*, aunque las conservaran privadamente, no en los archivos públicos (Rodríguez, 2014, 166-167).

A partir de la conquista de Egipto (30 a. C.), las tablas de madera fueron progresivamente sustituidas por el papiro, más versátil, que permitía formar un rollo o *volumen* o ser doblado en hojas para configurar un *liber*. Si bien este desplazamiento se produjo en el ámbito de la administración imperial y poco más, pues las tablillas de cera continuaron siendo dueñas del mundo escrito. El papiro, además de caro, tenía el inconveniente de depender de la importación de un solo territorio, donde se daba la planta y se fabricaba el material; por ello fue sustituido por el pergamino, que doblado en hojas y cuadernillos adoptó el nombre de «códice». Una sustitución que fue tardía: se produjo en el Bajo Imperio, y llevó mucho tiempo, durante el que compartieron espacio; porque ni el pergamino: ni el papiro por sí solos podían satisfacer las necesidades de una administración tan dinámica y grande como la romana; por eso la ciudad mantuvo en funcionamiento el *horrea chartaria* o almacén con el contingente de papiro para surtir las necesidades de la urbe. Este material se empleó hasta la Alta Edad Media, cuando la administración romana ya se había desvanecido. Se observa que a medida que la religión cristiana se va asentando en las postrimerías del Imperio, se produce una cierta diferenciación en el uso de materiales y formatos. Los rollos de papiro se utilizaron para las obras paganas, y el códice de pergamino, para las cristianas. Pero ambos eran caros, por lo que las tablas de madera continuaron en uso (Posner, 2003, 185-187; Moreau, 1994, 116).

... el papiro, como también el pergamino, era un material mucho más caro. Sin embargo, se trataba de un soporte más ligero, donde los textos se leían mejor, siendo los documentos más manejables y más difíciles de alterar. Por ello era muy apto para fines administrativos, registrándose así documentos importantes que se deseaba conservar largo tiempo.

Hay que tener en cuenta además que las *tabulae* pesaban y abultaban mucho. Podían ser relativamente manejables, incluso las más grandes, si se manipulaban en un lugar fijo. Pero no debía ser cómodo transportarlas, lo habitual sería que permanecieran guardadas en el archivo a fin de evitar riesgos a los documentos que contenían. Por ello, para facilitar el manejo de los *instrumenta* sin deterioro de los mismos, fue normal que se realizaran copias en *libri* de papiro (*libelli*) de los originales conservados en *tabulae* en los archivos, que debían permanecer allí para servir de consulta y referencia, y para evitar su deterioro.

El uso de *libri* de papiro fue ampliándose en la etapa imperial para muchos tipos de documentos, así los de contabilidad o los testamentos. También hay constancia del empleo del pergamino *(membrana)* para borradores o anotaciones, pues podía reutilizarse fácilmente como las *tabulae ceratae* (Rodríguez, 2014, 167-168).

Los fraudes documentales, la destrucción, las falsificaciones eran sencillos y abundantes. Sobre todo en época republicana, cuando lo escrito empieza a sustituir al testimonio oral, lo que dará lugar a las primeras medidas contra la falsificación documental, tema del que se ocupó en parte la *Lex Testamentaria Nummaria* de Lucio Cornelio Sila (81 a. C.). En época imperial se perfeccionaron estas medidas: solo los escribas accedían a los documentos y los copiaban, de modo que no fuera tan fácil falsificarlos. Algo en lo que la misma escritura era el mejor aliado, primero porque había que ser capaz de leer y escribir con corrección, facultad reservada a muy pocos en un mundo primordialmente analfabeto; segundo, por la dificultad de los caracteres empleados, una escritura cursiva, en líneas apretadas, y esto cuando no se trataba de anotaciones en taquigrafía, las notas tironianas. La letra capital clásica, a la que más acostumbrados estamos, de factura elegante, tipos cuadrados, en mayúscula, se reservaba casi en exclusiva para las inscripciones epigráficas, no era la propia de la administración y de la correspondencia.

En las excavaciones de Vindolanda[2], fortaleza del muro que el emperador Adriano mandó construir a finales del si-

---

2. http://vindolanda.csad.ox.ac.uk/

glo I para proteger la Britania romana de los pictos, indomables habitantes del norte, se han descubierto más de mil tablillas del tamaño de una tarjeta postal y unos 3 mm de grosor dobladas por la mitad (dípticos) y escritas con tinta negra en las caras interiores. Eran de madera de roble y abedul, abundante en la zona, y fueron utilizadas para asuntos oficiales y particulares de la guarnición. Este soporte, lejos de ser humilde, también fue empleado por las más altas instancias; así se sabe que el emperador Cómodo las utilizaba de madera de tilo.

Al igual que en Grecia, Roma tuvo por costumbre la exhibición pública de edictos y textos legales, honoríficos, conmemorativos... mediante el uso de placas de mármol, arenisca y otros minerales, inscritos en letra capital romana, también conocida como lapidaria y *scriptura monumentalis*. De ella se derivaron otras variedades empleadas en la escritura de documentos, como la capital cuadrada, la rústica y la uncial. También recurrieron a los metales, planchas de bronce, sobre todo, cuando se trataba de inscribir textos solemnes y de alto valor, como leyes, tratados, estatutos municipales... algunos de los cuales los podemos encontrar en nuestros museos arqueológicos.

Volviendo a la escala cotidiana, además de las cortezas de árbol a que nos hemos referido, también se empleó la pizarra, mineral que por su naturaleza foliada es susceptible de ser reducida a láminas bastante planas y de grosor regulable a voluntad, sobre las que escribir mediante un punzón metálico o una piedra de mayor dureza. Al parecer fue muy utilizada en las postrimerías del Imperio y durante el reino visigodo; al menos en España, en las actuales provincias de Ávila y Salamanca se han encontrado cantidad de documentos de diversa tipología sobre pizarra (Canellas, 1979; Velázquez, 1989) que demuestran su uso abundante en esa época. Posteriormente la pizarra se ha seguido utilizando en la docencia, y aún en los años 60 del siglo XX era habitual entre los escolares de corta edad utilizar una pequeña pizarra enmarcada en madera, junto con el pizarrín, para dar los primeros pasos en la escritura y la aritmética en un medio accesible, barato y que hoy adjetivaríamos como sostenible, reutilizable.

Charta pergamena

Lo que conocemos como la caída del Imperio Romano, épico derrumbe imaginario a fuerza de péplum, en realidad no fue un momento, sino un proceso que duró varios siglos y significó una profunda transformación hacia otro tipo de sociedad y de economía adaptadas al signo de los tiempos. La crisis del modo de producción esclavista y su paulatina sustitución por la sociedad feudal fueron acompañadas por una etapa de ruralización, marcada por el abandono de las urbes y la dispersión de la población en el campo, como resultado del retroceso del comercio, de las manufacturas, de los mercados...; en consecuencia, la práctica desaparición de los contratos, los seguros, las cartas, los giros y todos los demás documentos adherentes al comercio. El otrora vasto imperio entró en una fase de atomización imparable, de resultas de lo cual el mundo romano quedó dividido en múltiples Estados comparativamente minúsculos, sobre todo en el Occidente. Desaparecida la autoridad central y sus delegaciones en las provincias, la actividad administrativa y los documentos producidos para sostenerla desaparecen. Además, como una mancha de aceite que se extiende por toda Europa, el Derecho germánico se va superponiendo al romano, lo que tuvo su repercusión desde el punto de vista documental. Mientras que este basaba el valor probatorio en el documento escrito, ahora, merced al influjo germánico, se imponían el procedimiento oral y la prueba testimonial. Y ello supuso la decadencia progresiva e irremediable del documento escrito.

Otro factor que favoreció la menor producción escrita fue el descenso general del nivel cultural. La población experimentó una intensa ruralización, de modo que la dispersión en pequeños núcleos agrícolas tornaba tan imposible como inservible la enseñanza y el mantenimiento de la escritura a los niveles conocidos en los siglos precedentes.

Estamos en la Alta Edad Media, período de profundas transformaciones, sobre todo la que experimentarán los victoriosos pueblos venidos del otro lado del Rin, que *mutatis mutandis* terminarían siendo conquistados en buena medida por el orden que ellos habían venido a sustituir, y al instalarse en las viejas provincias, los bárbaros se romanizan. Son tiempos de inestabilidad, de debilidad política y militar. Las antiguas provincias están ahora divididas en diversos reinos enfrentados entre sí. Se trata de Estados con unas estructuras políticas y administrativas endebles, reducidas, hasta el punto de que es posible transportarlas en caravana, y es así como se trasladan de un punto a otro, faltos de capitalidad, de medios y de capacidad organizativa para establecerse en un núcleo estable. Acomodados en cofres los imprescindibles, abandonados los demás en los diferentes alojamientos de la corte, viajan los documentos a lomos de bestias o en carromatos, sometidos a las inclemencias del tiempo, a los avatares del camino. Solo los más importantes, aquellos sobre los que se sostiene la legitimidad jurídica del poder, se confían al cuidado de la iglesia, única institución que había interiorizado y mantenido la estructura del Imperio y sus usos. Entre todos, la escritura era el más importante. De todo el Occidente altomedieval el único reino estable durante dos siglos fue el visigodo de Toledo, ciudad capital del reino a lo largo de su existencia. En ella, junto con las instituciones del Estado, se ubicaba el *thesaurus*, que además de custodiar el tesoro real era sede de su archivo.

En un mundo radicalmente analfabeto, los eclesiásticos, y no todos sino una élite de entre ellos, conservaron, emplearon y transmitieron la escritura a través de las escuelas abaciales, monásticas y catedralicias, donde algunos elegidos eran instruidos en los arcanos de los signos gráficos, de su formalización en documentos, de su organización y su custodia. Sí, a partir de ahora el mundo escrito es prácticamente patrimonio exclusivo de la Iglesia y de ella procederán los pocos escribanos de las cortes altomedievales, al servicio del poder laico. La escritura se ha refugiado en los claustros y a su abrigo permanecerá mucho tiempo, como la llama que se perpetúa para que no desaparezca, pero también para alimentar el fuego que calentará fundamentalmente a sus ostentadores. Es la edad áurea de lo eclesiástico: las órdenes religiosas se extienden y engrandecen por el solar europeo, sus constituciones reservan un espacio destacado a la actividad escrita, la copia y reproducción de las sagradas escrituras, pero también de los títulos de propiedad, de las donaciones, de los privilegios; en fin, de

cuantas cartas soportan la legitimidad de un poder creciente, en torno al cual se articula buena parte de la sociedad,
con mayor estabilidad y poder del que es capaz de reunir el
brazo laico.

Privilegio prácticamente exclusivo, en una sociedad igno-
rante de su interpretación, aunque conocedora de sus poderosos efectos cuando se formalizaba en documentos; la escritura fue empleada en la sacra tarea de engrandecer la obra
del Señor, consolidar y extender el poder de sus representantes en la tierra; ¿cómo?, fabricando a medida los documentos necesarios. Las invasiones sarracenas, los ataques
de los pueblos del norte habían destruido aldeas, castillos,
iglesias, monasterios, y con ellos sus archivos, donde se
guardaban las pruebas documentales de sus propiedades,
de sus derechos y privilegios. El regreso a las ruinas de los
viejos asentamientos, su recuperación para la causa, fue el
momento idóneo para rescatar los fragmentos que se halla-
ran, para transcribir la memoria de los testigos supervivientes o de sus descendientes que permitieran poner negro sobre blanco los usos y costumbres de la comunidad y la
referencia, cierta o imaginada, a los instrumentos en los
que se basaban; momento en fin para la falsificación, para
la elaboración de documentos a la medida de las necesidades del cenobio.

En realidad, pocas son las certezas que poseemos de este
período. Cuando hubo una organización política territorial
e institucionalmente consolidada, con una capital estable,
hubo archivo del Estado y archivero. Este es el caso del reino
visigodo, por ejemplo, al comienzo de esta época, donde
los documentos se custodiaban en el *thesaurus*, lugar reservado al erario, lo que da una idea del valor que se otorgaba

a las escrituras del reino. Por lo demás, en los monasterios se conoce la actividad archivera y los documentos se conservan indistintamente con las escrituras, y la propia regla benedictina, instituida a comienzos del siglo VI, estableció la copia de escrituras y de documentos y su archivo entre las actividades propias del monacato.

Durante este tiempo conocido como Alta Edad Media (ss. V-X) se continuó empleando los materiales y las técnicas heredados de la Antigüedad, pero a menor escala: las tablillas enceradas, el papiro, la pizarra, las cortezas de árboles y un viejo material que va ganando terreno sobre los demás: el pergamino. Todos ellos los recoge san Isidoro en sus *Etimologías* (627 630) y de manera especial el papiro, al que se refiere como *charta* y del que ofrece detallada información: su origen, modo de fabricación, sus clases y formatos. Para ello, Isidoro se basó en las fuentes clásicas, Plinio fundamentalmente, así como en el conocimiento de un material que seguía empleándose (Sola, 1961, 301-333). Son más de cien los documentos en papiro conservados en diferentes archivos europeos, cantidad apreciable si además de lo visto anteriormente respecto de la producción documental tenemos en cuenta su fragilidad (Ruiz, 2002, 54). Y a pesar de la escasez continuaba siendo el soporte más utilizado en los documentos oficiales, y por lo que respecta a su fabricación, los expertos se inclinan por las manufacturas que había en Sicilia, cerca de Palermo, como alternativa en los momentos de dificultad para importarlo desde Egipto (Internullo, 2019, 524 y ss.).

Además del papiro, durante la Antigüedad se empleó el pergamino. En su *Historia Natural*, Plinio difundió una leyenda sobre su invención que tantas veces se ha tenido por cierta. La autoría se la atribuyó a Eumenes II, rey de Pérgamo (197-159 a. C.), en respuesta a la prohibición de exportar papiro dictada por Ptolomeo, rey de Egipto, celoso por la superioridad que la Biblioteca de Pérgamo había adquirido frente a la hasta entonces sin par Biblioteca de Alejandría. En realidad, ya lo hemos comentado, el pergamino es conocido mucho antes; se tiene constancia de su uso en Mesopotamia tanto para redactar documentos como para etiquetas. En Persia (s. V a. C.) se han encontrado escritos en arameo en la antigua Persépolis, y documentos en la fortaleza de Dura-Europos, junto al Éufrates (Posner, 2003), así como en el palacio de Pylos en Micenas (Palaima y Wright, 1985, 251-262). Sin olvidar los famosos Pergaminos del Mar Muerto o Rollos de Qumran. Además, la leyenda se invalida por el hecho de que la denominación que lo relaciona con la ciudad es muy posterior, siendo su nombre original en griego *diphtéra*, y en latín, *membrana*. El nombre de *membrana pergamena* o *pergamenum* aparece mucho después, en un edicto de Diocleciano del año 301 de nuestra era (Ruiz, 2002, 58). Y se fijará durante el Alto Medievo, cuando las técnicas de fabricación se vayan perfeccionando, proceso que ya aparece descrito en un códice de Lucca del siglo VIII. San Isidoro, que también se hizo eco de su método de elaboración, cita tres géneros o clases (Sola, 1961, 333-340). A medida que se avanza hacia el fin de este período, desde el siglo VIII en adelante el pergamino gana terreno y pasa a ser el soporte de escritura predominante ya para finales del siglo X.

Este avance y consolidación del pergamino se dio en un contexto conflictivo y de enorme inestabilidad, con los árabes internándose desde el sur y los vikingos por el norte. En un escenario de destrucción y continuos desplazamientos de la población y de las instituciones, civiles y eclesiásticas, el hecho de que la materia prima pudiera estar disponible en cualquier parte, ya que el ganado se desplazaba con facilidad, fue un factor de éxito.

La piel de ternera, cabra, carnero y oveja fue la base de elaboración (Ruiz, 2002, 55 y ss.), que comenzaba con un período de lavado y remojo en agua corriente, a partir de lo cual se aplicaba una lechada de cal para poder eliminar con mayor facilidad el pelo y toda la epidermis del animal mediante raspado; después la piel se colocaba y tensaba al máximo en un bastidor y, al tiempo que se secaba, se continuaba el raspado con cuchilla hasta lograr el grosor deseado. Finalmente se pulía con piedra pómez.

El pergamino era de color lechoso o blanco en una de sus caras, la parte de la dermis, pulida y apta para la escritura; amarillento en la otra, e incluso rugoso, la de la hipodermis. Esta variedad común se empleaba para la redacción de la mayoría de los documentos, escritos por la parte blanca, mientras que la otra se reservaba para las anotaciones cancillerescas y signaturas de archivo, así como para proteger lo escrito, ya que se doblaba dejándola al exterior. Esta cara con la referencia al destinatario recibe el nombre de «sobrescrito»; origen de la palabra «sobre» con que designamos por extensión al «envoltorio» que contiene una carta o un documento. De aquí deriva la singularidad española de emplear la voz «sobre» en lugar de envoltorio, como en otros idiomas (*envelope,* ing.; *enveloppe,* fr.). Precisamente del acto de doblar viene el nombre de diploma (DLE), del latín *diplōma*, y este del gr. δίπλωμα *díplōma*, de διπλοῦν *diploûn,* 'doblar'; procedimiento que servía para proteger el contenido escrito del desgaste y de las miradas indiscretas.

Cuando se quería conseguir un soporte uniforme en ambas caras, se trabajaba el pergamino a base de retirar el tejido adiposo o hipodermis. Este acabado se empleaba sobre todo para la elaboración de códices, que se escribían por ambas caras. También se producía uno de especial calidad, fineza y blancura a partir de animales nonatos, conocido como vitela.

El soporte, acorde con la forma y el tamaño del animal, se recortaba en función de la extensión del documento, de modo que nos encontramos con una enorme variedad de tamaños, pues no había formatos normalizados y el coste de la materia obligaba a optimizar su empleo, hasta el punto de que el tamaño de la letra, así como el uso de abreviaturas, también contaban. De modo que un recorte de unos treinta centímetros de lado bastaba para una confirmación de privilegios a un municipio, mientras que las actas de un proceso judicial o una sentencia arbitral podían llevar varios metros de material conseguidos a base de coser unos con otros los rectángulos procedentes del máximo aprovechamiento uniforme de la piel. Después se formaba un rollo para facilitar su conservación y uso. Y a diferencia de los rollos literarios y rituales de la Antigüedad, que persistieron especialmente en la religión judía, se escribían en sentido transversal, y no longitudinal, como en los volúmenes; se podían desenrollar por completo o paulatinamente, en función de su longitud, que estaba ocupada en su totalidad con las líneas de texto. Uno de especial relieve es el conservado en el Archivo Apostólico Vaticano, que contiene las actas del proceso contra los templarios (1309-1310), de 58 metros de longitud, formado a base de coser ochenta pergaminos.

La técnica de escritura era similar a la empleada con el papiro, trazada con un cálamo de caña o una pluma de ave grande (ganso, cisne...) con uno de sus extremos tallados en punta, y tinta negra por lo general. En origen, esta se elaboraba a base de hollín (negro de humo) mezclado con un aglutinante (goma arábiga, clara de huevo, gelatina o cola animal): es la tinta china que en la Edad Media se vendía en barras y mezclada con agua daba el producto final, inerte, ya que no se altera ni ataca el soporte, pero tampoco penetra en el pergamino, por lo que era poco adecuada para la escritura. En la Edad Media fue sustituida por la tinta ferrogálica o metaloácida, elaborada a base de introducir un mordiente (ácido) de origen vegetal (agallas) o mineral (hierro). Conocida como tinta de agallas, penetraba bien en el soporte y permanecía en el tiempo. El empleo de colores, de dibujos y capitales iluminadas, salvo en el mundo de los libros, se reservaba a raros documentos de gran solemnidad o a aquellos que corrían por cuenta y cargo del destinatario. El coste del material llevó en ocasiones a utilizar de nuevo escritos que, por el paso del tiempo, ignorancia y prejuicios ideológicos, se consideraban de poca importancia. Entonces, bien mediante raspado con cuchilla, bien mediante lavado con leche, se hacía desaparecer el texto; son los denominados palimpsestos o rescriptos, por lo general textos literarios y filosóficos antiguos en manos de comunidades pobres forzadas al reciclado, lo que ahora llamaríamos, haciendo de necesidad virtud, economía circular. Mas como quiera que la escritura mediante un instrumento incisivo como el cálamo hacía que el trazado dejara huella en el soporte, que en alguna medida rozaba, fue posible que siglos después se recuperaran con diferentes técnicas los textos desaparecidos. En el caso de los documentos, casi nunca se empleó este reaprovechamiento; cuando se reescribían era como técnica de falsificación y la reescritura se practicaba en partes determinadas del texto, aquellas que se quería sustituir: un nombre propio, un término jurídico, una cantidad o una fecha.

Para dificultar su falsificación, los documentos se escribían habitualmente sobre pergamino de oveja. Según se ha podido saber recientemente (2021), su piel tiene un mayor contenido en grasa[3], de modo que al desaparecer en el proceso de elaboración producía un soporte menos compacto y al rasparse era más fácil que la superficie se desprendiera, fenómeno conocido como delaminación, provocando así una huella visible. Parece obvio que en su época y hasta ahora se desconocía la razón, pero sí el resultado. Además, se utilizaron otros muchos procedimientos de autenticación, como las firmas de los otorgantes, la presencia de testigos, el uso de determinadas fórmulas adecuadas a la naturaleza del documento y de entre todas una de especial significación: el sello. Los documentos que comportaban privilegios y sus confirmaciones, donaciones y mercedes por parte del rey solían llevar un sello pendiente de cera o de plomo con su escudo de armas y una representación mayestática, o un caballero en batalla o un animal significativo como el león, y colgaba del borde inferior mediante hilos de seda de colores. Su presencia era un elemento de validación y al mismo tiempo una representación física del otorgante, a cuya vista solo cabía acatamiento. Además de los reyes y emperadores, también usaron sellos los nobles, abades, obispos... en sus respectivas jurisdicciones

3. Según una investigación dada a conocer a finales de 2021 https://www.exeter.ac.uk/news/homepage/title_850447_en.html

y de manera señalada los papas, cuyo sello o bula dio nombre a los documentos solemnes emanados de la Cancillería Apostólica.

Tiempo de cambios

El uso del pergamino coincide cronológicamente con la Edad Media. Durante cerca de quinientos años fue el soporte de la escritura por antonomasia, al menos en la Europa occidental, y nunca dejó de ser un material caro y escaso, apto para organizaciones con una actividad escrita relativamente baja. Tal era el caso de las cortes medievales, reinantes sobre territorios fragmentados y poco poblados, enfrentados entre sí y con poca estabilidad interna. Pero la situación cambió con el transcurso del tiempo; la Edad Media poco o nada tuvo de oscura y estancada, como se pueda pensar. Muy al contrario, a partir del siglo XI se inició un período de crecimiento económico, demográfico y de desarrollo social y cultural hasta mediados del XIV (la famosa Peste Negra iniciada en 1348). Los reinos cristianos siguieron compitiendo entre sí, al tiempo que se expandían territorialmente a base de reunir señoríos bajo coronas más sólidas o, en el caso de España, reconquistando el suelo de manos musulmanas a partir del reino asturiano y dando lugar a los de León, Navarra, Aragón, Castilla, Valencia... unificados en un primer momento bajo las coronas de Castilla y Aragón y finalmente fusionadas en una sola con Juana I. Este proceso de expansión se hizo a fuerza de conceder tierras a la nobleza, a la Iglesia y a las órdenes militares, pero sobre todo se hizo recuperando el municipio como eje vertebrador del territorio. Desde la concesión del fuero de Brañosera (Palencia) en el año 824, los reinos primigenios de España se convierten en una red de lugares, villas y ciudades que dibujan las nuevas vías de comunicación. Algunos se constituyen en centros de desarrollo manufacturero, comercial y financiero, las ciudades, en torno a las cuales se agrupan otros núcleos de entidad decreciente para formar las hermandades, federaciones de villas para mantener el orden en su territorio, apoyar a la corona y contrarrestar el poder de los señores feudales.

Este proceso implica, en unos casos, la creación de nuevas instituciones y, en otros, el crecimiento de las existentes, unas de carácter político o público y otras privadas. Así nos encontramos con una incipiente administración real, los nuevos ayuntamientos y hermandades, las compañías mercantiles, el resurgir de los escribanos o notarios depositarios de la fe pública, las universidades, además de los nobles, el clero secular y regular y los particulares, que compran, venden, donan, testan, litigan... Cada una de estas instituciones tenía su mayor o menor actividad burocrática materializada en la producción de un volumen creciente de documentos y su organización en archivos estables, como lo eran las sedes donde residían. Al mismo tiempo los clérigos van siendo sustituidos en las cancillerías en favor de oficiales civiles que configuran el núcleo originario de la administración.

La población continúa siendo abrumadoramente analfabeta en todos sus estratos, desde los más humildes siervos, cuyas vidas simples y rutinarias no requieren de letras, hasta los más poderosos monarcas, a quienes, teniendo quien las posea a su servicio, les basta con garabatear el nombre de su dignidad y poco más. A pesar de ello, y de que la información y el conocimiento continuaran transmitiéndose por vía oral fundamentalmente, lo escrito va ganando espacio en el ámbito de las relaciones formales, institucionales. La recuperación del Derecho romano a partir del siglo XII había recobrado el valor de la palabra escrita frente al testimonio oral como medio de prueba; de modo que la palabra dada, el juramento dicho... poco tienen que hacer frente al documento. Los testamentos, las donaciones, las compraventas, las fianzas, los contratos mercantiles, los matrimoniales... se hacían preferiblemente ante notario, denominado «escribano público», y se dejaba constancia escrita. El recuerdo, la presentación de testigos que aseveraran haber concurrido a tal o cual acto, el tiempo inmemorial como argumento... iban perdiendo valor.

La voluntad real, sus resoluciones de gobierno, se expresan mediante documentos que varían en tamaño, extensión y formulismos, según tipologías nuevas que van surgiendo: las reales cédulas, las provisiones y las pragmáticas reales, las mercedes, los privilegios... Hay órganos como las cortes o parlamentos, los concejos municipales, cuyas deliberaciones y acuerdos se plasman en forma de actas. Todas las organizaciones sin excepción llevan una contabilidad escrita y detallada de ingresos y gastos para el gobierno de sus haciendas, y pocas cosas de importancia se dejaban al albur del apretón de manos. Todos estos documentos, además de usarse en el momento, de surtir efectos inmediatos, se conservaban para el futuro, a muy largo plazo. Una escritura de compraventa servía al propietario hasta tanto no transfería la titularidad del bien; un testamento, una merced, un privilegio, un contrato de matrimonio... tenían valor en el tiempo incluso durante siglos. Por eso, conscientes de su utilidad, de la conveniencia de guardarlos, de tenerlos a la vista y a la mano por si fuera necesario, quien más y quien menos fundó en estos tiempos sus archivos, muchos de los cuales han seguido existiendo ininterrumpidamente hasta nuestros días.

Los nobles acostumbraban a guardar las escrituras de su estirpe, como las recibidas de la corona y que contenían la concesión de títulos nobiliarios, territorios, jurisdicciones, mercedes, confirmaciones, sentencias..., al igual que las producidas por sus antecesores y por ellos mismos a título personal. Las más importantes se reunían encuadernadas para protegerlas mejor de la manipulación y evitar su dispersión; el resto se agrupaban en forma de paquetes o legajos. Precisamente este nombre viene de ligar o atar los documentos mediante una liga o bramante. Siglos después, a partir del emperador Carlos I, se introdujo el cierre con balduque, una cinta de color rojo cuyo nombre deriva de la localidad de Bois-le-Duc (Países Bajos) donde se fabricaba. También las instituciones, sobre todo ellas, se dieron a organizar archivos, cuya importancia aumenta con el tamaño y complejidad de la entidad. Ayuntamientos, hermandades, iglesias, conventos, catedrales, escribanos, y así hasta la cúspide del poder materializada en la Cancillería Real, pusieron entonces los cimientos de sus archivos, que nos permiten conocer y estudiar aquellos siglos lejanos. Tras la retirada de los pueblos del norte y el comienzo de la Reconquista, muchas comunidades religiosas volvieron a sus antiguos conventos y abadías, recuperando los viejos documentos, allí donde era posible, o reconstruyéndolos a base de fragmentos, de recuerdos y otras fuentes de relativa fiabilidad, dando lugar a una considerable cantidad de falsos. Hubo casos en los que dicha reconstrucción se intentó imitando la letra y dando un aire de época antigua, si bien la mayoría se obtuvo copiando y actualizando los originales, reescribiendo cuanto fuera necesario, esta vez en forma de códices, más conocidos como cartularios por contener documentos *(chartas)*; libros becerros, en atención a la materia de la que estaban hechos, y, en ocasiones, tumbos, cuando por su enorme tamaño se instalaban en posición horizontal para conservarlos. Con el tiempo, los cartularios se convirtieron en una fórmula habitual de copiar los documentos en previsión de posibles pérdidas de los originales (De la Cruz, 2016, 177-230). Si bien no nos ha llegado toda la producción documental, ni mucho menos, la persistencia de muchas de aquellas instituciones y de sus archivos hacen posible conocer y continuar investigando la Edad Media en sus fuentes originales. A diferencia de lo ocurrido con las civilizaciones de la Antigüedad, conocidas sobre todo por los restos arqueológicos y las fuentes indirectas, a partir del siglo XI y aún antes, es posible reconstruir la historia con los documentos conservados. El municipio, la iglesia, el notariado, por citar algunas, son instituciones que han permanecido en su esencia desde entonces, como lo han hecho sus archivos; y aun en el caso de las desaparecidas como consecuencia de los cambios sociales, incluso de revoluciones, sus fondos documentales fueron integrados en los archivos públicos.

Acabamos de indicar que los documentos se agrupaban y se instalaban en estanterías de madera, también en cajones, aunque en los primeros siglos de la Edad Media se conservaba la costumbre de guardarlos junto con el tesoro, en atención al valor que se les daba como fuente de pruebas y de derechos. Así es como las sacristías de las iglesias hacían las veces de archivo, guardando los documentos junto con las joyas y objetos de culto, con la protección añadida de acogerse a sagrado. A tal efecto, se utilizaban arcones acorazados como los que se empleaban para la custodia de caudales, también conocidos como arca de las tres llaves, en referencia al número de cerraduras que tenían. Cada vez que hacía falta acceder a un documento debían reunirse los custodios de las llaves, siempre personas distintas, para accionar al unísono las cerraduras, la forma de seguridad más perfeccionada de la época. La organización documental solía ser bastante sencilla; las cuentas y las actas, por ejemplo, se encuadernaban para mantenerlas unidas y en su orden, y los documentos de la cancillería se guardaban por dependencias (órganos productores) y, en cada una, por orden cronológico. El sistema era simple, pero la consulta, pasado el tiempo, era más bien engorrosa. Aun y todo, el volumen producido, no digamos el conservado en la actualidad, es modesto, como lo eran las instituciones y la propia capacidad de elaborar pergamino al ritmo de la demanda de una población en crecimiento y de una vida administrativa en consonancia.

Charta papyri

Hubiera sido muy difícil satisfacer la demanda de no ser por la aparición de un soporte nuevo, inventado en China en el siglo II y que tardaría ocho más en arribar a nuestras costas: el papel. Fue traído por los árabes y penetró en España a través de sus dominios del Levante:

> Una de las primeras citas relacionadas con el papel menciona a un tal Abu-Masafya, quien elaboraba este producto en el año 1056 «junto a la vieja acequia» con más de veinte operarios. Su hijo huye, cuando el Cid conquista Valencia, y funda otra fábrica en Ruzafa. En 1085 se alza otra en Toledo. Tenemos también el testimonio de Pierre le Vénérable, abad de Cluny (1091-1156), el cual describe en tono despectivo unos ejemplares del Talmud hechos a base de trapos: *ex rasuris veterum pannorum*, vistos durante su peregrinación a Santiago de Compostela. La primera población occidental de la que sabemos documentalmente que tuvo industria papelera es Játiva (Valencia). En el año 1154 existía ya un taller papelero en ella (Ruiz, 2002, 65-66).

Como sucede con tantas innovaciones, al papel le pusieron pegas atribuyéndole una menor resistencia e inferior calidad frente al pergamino; pero como ocurre a menudo con las innovaciones, su versatilidad, menor coste y perfecta adaptación a las necesidades de uso terminaron por imponerse con relativa rapidez. Conocido como *charta papyri* en latín, de donde viene la voz «papel», también como *charta pannucea,* pergamino de trapos y pergamino de paños, en romance castellano, se elaboraba siguiendo una técnica artesanal a base de trapos de lino puestos en unas grandes tinas...

... y dejados a macerar en agua hasta que las fibras quedaban reducidas a una pulpa homogénea, bajo los efectos de unos martillos de madera accionados generalmente por ruedas de molino. El producto resultante o pasta se depositaba en una cubeta metálica o tina, y allí se mantenía a temperatura constante. El artesano introducía un tamiz rectangular, llamado «forma», en el recipiente. Sobre dicho cedazo, al ser extraído, quedaba una delgada película de la sustancia allí retenida, la cual era depositada a continuación sobre un fieltro para que éste absorbiese el exceso de líquido y se iniciase el proceso de secado. Luego, un número determinado de fieltros, con sus correspondientes hojas, era colocado bajo la prensa para eliminar el agua sobrante y ultimar su alisamiento. Posteriormente, dichas hojas eran tendidas para que se secasen y, después, encoladas por inmersión. Esta operación implicaba un nuevo prensado con la finalidad de escurrir la cola sobrante. Un segundo tendido lograba el secado definitivo del producto. El acabado final consistía en dejar la superficie uniforme y apta para la escritura mediante un satinado y alisado de cada hoja (Ruiz, 2002, 66-67).

El tamiz donde se configura la hoja se denomina «forma», y consiste en un molde rectangular con un marco de madera, dentro del cual se sitúa una sucesión de hilos metálicos en sentido longitudinal a escasos milímetros unos de otros, llamados «puntizones». En sentido transversal se disponen cada varios centímetros unos listones de madera de sección triangular, llamados «corondeles», sobre los que van atados los puntizones. De esta forma se logra una trama que, tras ser sumergida en la pasta de papel, retiene al salir una película de pasta que se convertirá tras secado en la hoja. Era habitual que en el centro o a un lado de la forma cada fabricante compusiera un dibujo con hilo metálico y diversos motivos como una mano, una cruz, una cabeza, etc., visible en la trama del papel: es la filigrana o marca de agua. Por eso, cuando ponemos a contraluz un papel artesanal se percibe con facilidad la trama de los puntizones (líneas finas y juntas) y de los corondeles (líneas gruesas), así como la filigrana.

Tras la Peste Negra de mediados del siglo XIV retorna el crecimiento económico, demográfico... de camino hacia el mundo renacentista, y el papel se impone sobre el pergamino en todos los órdenes de la escritura salvo en manuscritos de alto valor desde el momento de su elaboración, como los libros de horas o algunos documentos de especial relieve y solemnidad, sobre todo si su coste iba por cuenta del beneficiario, como las ejecutorias de hidalguía; de modo que para el siglo XV el papel es el soporte documental predominante, gracias al cual las organizaciones vieron satisfecha la demanda de una actividad burocrática creciente. Y ante una producción documental cada vez mayor, la necesidad de conservarla y de hacerlo de modo que estuviera disponible cuando se necesitara contribuyó a que esas mismas organizaciones dieran un nuevo impulso a los medios de custodia, los archivos.

Siguiendo la pirámide de poder, en la cúspide se sitúan los archivos reales, a menudo confiados a monasterios con alguna vinculación especial, como alojar el panteón real; otras veces se repartía entre las residencias habituales de la familia reinante, fueran o no de su propiedad. En España, los reyes de Aragón destacaron por haber creado el que puede considerarse primero de su categoría y modelo de otras administraciones medievales. En 1318 Jaime II instauró el Archivo Real señalándole por sede estable el palacio del lugarteniente del rey (virrey), en Barcelona, y poniendo a su frente a un oficial de la escribanía al que a veces se le denomina en los escritos reales *tinent les claus del nostre archiu*. En 1346 Pedro el Ceremonioso dictó unas ordenanzas para su funcionamiento y creó la figura del archivero, nombrando como tal a Pere de Passeya, escribano, al que exime de la obligación de seguir a la corte en sus desplazamientos. Le ordena permanecer en Barcelona, asistir diariamente al archivo, velar porque los documentos sean conservados en buenas condiciones, hasta el punto de que siete siglos después, continúa existiendo con el nombre de Archivo de la Corona de Aragón (Conde, 1998, 13-28; López, 2007, 446-453). A partir de aquí los sucesivos reyes aragoneses constituyeron una suerte de red de archivos en los territorios españoles y en los conquistados a lo largo del Mediterráneo (Silvestri, 2016, 435-457); así crearon los respectivos en los reinos de Mallorca, Valencia, Cerdeña... para facilitar la administración territorial y, sobre todo, la defensa del patrimonio real. El acceso a los documentos estaba limitado y requería el permiso expreso del rey, ya que se conservaban para asegurar los derechos fiscales, territoriales, jurisdiccionales, etc., de la corona. Había una sutil diferencia entre el reino como patrimonio del rey y el reino como cuerpo constituido por sus estamentos.

Otras instituciones de la monarquía, como los tribunales de justicia, las cámaras de cuentas, las entidades locales, los escribanos, así como en otro orden los nobles, los consulados de comercio, los banqueros, el clero secular y regular, prácticamente sin excepción se procuraron al menos un lugar seguro y medios para la guarda de papeles. Desde una simple habitación hasta cámaras construidas a propósito a cal y canto, con muros sólidos y bóveda, puertas de hierro con varias cerraduras, seguridad frente al robo y el fuego, con arcas acorazadas y armarios donde instalar los documentos protegidos por envoltorios.

Como sucediera primero en la Corona de Aragón, en la de Castilla también se despertó el interés y la preocupación por reunir y controlar los fondos documentales. Ya en las *Partidas* de Alfonso X se estableció el registro de todos los documentos de la Cancillería Real sellados con el sello mayor, una medida de carácter práctico que permitía controlar los escritos emitidos, su fecha, materia, condicionado... Pero los fondos producidos por la administración real estaban repartidos allí por donde sentaba sus reales, el castillo de la Mota en Medina del Campo y el alcázar de Segovia, entre otros. No será hasta 1509 cuando Fernando el Católico, como gobernador de Castilla tras la muerte de Isabel I (1504), ordene la concentración de los documentos de la corona en la Real Audiencia y Chancillería de Valladolid, órgano judicial del reino. Lo que probablemente buscaba con esa medida era reforzar la posición de la corona, cuyos derechos se podían ver menoscabados durante el reinado de su hija Juana I, que él mismo manejaba como regente tras declararla incapaz y encerrarla en Tordesillas.

Una vez establecido Carlos I en España, perseveró en la acción de su abuelo ordenando trasladar el archivo al castillo de Simancas (1540), obra que culminará su hijo Felipe II encargando a su arquitecto de referencia, Juan de Herrera, la remodelación integral del edificio para adecuarlo a su nueva finalidad y nombrando a Diego de Ayala archivero, mientras se completaba la llegada de los documentos de distintos puntos del reino; y sobre todo con la firma en 1588 de la instrucción para el gobierno del archivo (Rodríguez, 1998, 29-42). Se había creado el gran archivo de la monarquía hispana, la más extensa y poderosa del mundo, y un modelo de referencia para otros reinos. Por una parte, servía para concentrar los documentos producidos por los órganos centrales de gobierno de la monarquía, los consejos; por la otra, los relativos al patrimonio de los reyes y sus derechos dinásticos. En definitiva, información para la gobernanza del Imperio y pruebas para la defensa de los derechos del monarca absoluto; aunque el archivo no estaba cerca del gobierno, ni de su titular. El mismo año en que Felipe II nombraba a Diego de Ayala archivero (1561) establecía en Madrid la capitalidad del reino, de modo que el trasiego diario de documentos a tal distancia se tornaba impracticable. Y eso que el rey se implicó como ningún otro en la toma de decisiones, en las tareas de gobierno, al punto de que se le ha conocido como «el rey en su despacho», y se decía que «movía el mundo desde su real asiento». Así que, necesitado de papeles provenientes de todos los rincones de sus extensos dominios, los documentos corrientes permanecían en las oficinas de los órganos de gobierno hasta que, carentes de su valor de uso en el corto plazo, se enviaban a Simancas para su custodia permanente. Un modelo que se trasladó a los territorios ultramarinos, de modo que los virreinatos de Nueva España, Perú, Filipinas... son hoy los archivos históricos de sus respectivas naciones y el Archivo General de Simancas mantiene en la actualidad su denominación y es uno de los más importantes para la historia mundial[4].

4. En 2017 la Unesco lo incluyó en el Registro de la Memoria del Mundo.

Siempre ha permanecido, y persiste aún hoy, el valor inmediato del documento, en el corto plazo, mientras surte los efectos por los que se crea. Más allá, se dejan un poco a su suerte a sabiendas de que pocas veces se volverá sobre ellos, con la excepción de los que tienen valor patrimonial y legal, los que documentan lo que se tiene y a lo que se puede aspirar legítimamente. Por eso Simancas era el archivo del rey más que el del reino, pues su finalidad central era la custodia de cuanto sirviera para el sostenimiento, hoy diríamos la seguridad jurídica, de la monarquía absoluta. Al propio Felipe II le sirvió para sustentar su derecho al trono de Portugal frente a los otros seis candidatos a ocuparlo (Castillo, 2016, 545-567). Esta visión patrimonialista era extensiva a todas las corporaciones, civiles, eclesiásticas, familias... sin distinción.

Un comportamiento que se observa en todos los países es que, transcurridos unos años tras el impulso que significa su creación, indefectiblemente caen en cierto abandono organizativo y se convierten en contendores poco prácticos para su uso. La organización era relativa. Las remesas llegaban a los grandes archivos de forma aleatoria, con los documentos tal cual estaban en las oficinas (desordenados), aunque agrupados por bloques cronológicos y por procedencia, lo que en el mejor de los casos se conservaba en ellos. Las búsquedas eran lentas, tediosas, si bien tampoco eran tantas ni había habitualmente prisa (Friedrich, 2018). La solución más frecuente al caos y la saturación era la creación de nuevos archivos, o al menos su proyección. Ante la distancia y el poco concierto de Simancas, Felipe IV planificó crear otro nuevo, el Archivo General de Palacio, que recogiera los documentos producidos por los consejos, pero no se llevó a efecto.

La población, la economía, los conflictos, siguieron creciendo en los siglos posteriores, como lo hicieron las administraciones en tamaño y actividad, lo que trajo asociada la aparición de cuerpos especializados en la gestión administrativa conocidos como oficiales de la pluma, ministros de los papeles y, coloquialmente, covachuelistas, en referencia a la denominación que se daba a las oficinas de los consejos y de la secretarías, llamadas «covachuelas», por encontrarse ubicadas en los bajos y en los sótanos de las sedes de dichos organismos. Los Austrias (ss. XVI-XVII) gobernaron por la vía de los consejos (Consejo de Castilla, de Aragón, de Indias, de Italia, de Hacienda, de la Guerra...), grupos reducidos de personajes que en virtud de su formación (licenciados y doctores) o posición (nobles y dignidades eclesiásticas) aconsejaban al rey en las materias de su competencia mediante consultas, pareceres o dictámenes que posteriormente el monarca resolvía. Los Borbones (ss. XVIII-primer tercio XIX) mantuvieron los consejos, si bien el gobierno era encomendado a las secretarías (de Estado, Hacienda, Guerra...), cuya titularidad se confiaba a personajes por lo general de reputada experiencia, y se componían de oficiales de diferentes categorías o escalas y competencia acreditada. El rey resolvía también, tras una tramitación más profesional y ágil materializada en un expediente. Esto contribuyó lógicamente a que la demanda de papel y tinta aumentara, los precios subieran y la calidad de ambos se resintiera.

A partir del siglo XIX se desata un proceso innovador en todos los órdenes que influirá también en la producción de los documentos. El detonante fue la Revolución Francesa (1789) y la proclamación de la República (1793), a partir de lo cual las instituciones de la monarquía dejaron de tener legitimidad y sus documentos perdieron su vigencia, pasando a servir tan solo como fuentes para la historia, bajo la etiqueta de Antiguo Régimen, un período que se remonta hacia atrás en los siglos. Los fondos documentales que habían servido para sostener el gobierno de la monarquía absoluta y de sus estamentos pierden su valor de un día para otro y pasan a formar parte de los recién creados Archivos Nacionales, enormes graneros para alimentar la nueva historia, que ya no sería la del reino, sino la de la nación francesa. A partir de ese momento se crean nuevas instituciones, que comienzan a funcionar desde cero haciendo tabla rasa de todo lo anterior. Este modelo se difundió con rapidez, y en él Napoleón tuvo bastante que ver, pues tras las tropas llevó por todos los rincones un código y una administración nuevos. Incluso países que, como España, mantuvieron la monarquía se adecuaron a los tiempos evolucionando hacia sistemas constitucionales, mientras perdían paulatinamente las concreciones absolutistas. En nuestro caso, la Constitución de 1812 se adelantó al influjo napoleónico y materializó ese paso que, con idas y venidas, consolidó la monarquía constitucional y, con ella, una nueva organización. Los ayuntamientos eran los mismos, adaptados a la nueva legalidad, las hermandades se convirtieron en provincias con sus diputaciones al frente y el viejo sistema de las secretarías (Estado, Hacienda, Guerra, Gracia y Justicia) derivó en el nuevo de los ministerios. Los primeros heredaron la denominación de las antiguas secretarías, y en 1832 se creó uno nuevo, el de Fomento General del

Reino, un macrodepartamento que aunaba las competencias en materia de interior, educación, cultura, sanidad, agricultura, industria, comercio y obras públicas y que con el tiempo se iría desgajando en otros tantos departamentos ministeriales. También cambiaron los archivos del régimen prescrito, que pasaron a ser históricos y mantuvieron sedes y denominaciones. Además, se creó el Archivo General Central (1858) para dar servicio a las nuevas instituciones y, poco después, el Archivo Histórico Nacional (1866) para ocuparse de los fondos de los monasterios desamortizados, los de las viejas instituciones y los de las nuevas cuando alcanzaran categoría histórica.

Lo que evolucionó poco fue la técnica de fabricación del papel durante cerca de cinco siglos. La escasez de materia prima hizo que se buscaran alternativas como la lana, que no dio resultado por su rápido deterioro; se añadió centeno, cebada, trigo, arroz, paja... y también algodón, que junto con el lino proporcionaba un papel más estable. El uso de cal y potasa, que generaba una reserva alcalina, mejoraba la calidad y la resistencia; pero habrá que esperar a la Revolución Industrial para que se produzca un cambio determinante así en la materia de base como en el método de producción. Hacia mediados del siglo XIX se empezó a fabricar el llamado «papel de pasta mecánica» a partir de la madera de especies resinosas y de crecimiento rápido, como el pino, el eucalipto y el abeto, triturada mediante rodillos y mezclada con agua, que producía un papel abundante en lignina, de poca calidad, conocido también como «papel prensa». Para eliminar la lignina y obtener papel blanco, al principio se empleó un proceso químico a base de tratar la pasta mecánica con distintos productos como la sosa cáustica, el ácido sulfúrico, productos clorados, entre los más habituales. Posteriormente se recurrió al biosulfito y a la sosa para evitar la excesiva acidez. Al mismo tiempo mejoró la producción sustituyendo el método original de la forma por la fabricación de papel continuo mediante una cinta sin fin y el paso por diversos rodillos que secaban y alisaban la pasta hasta lograr un material del grosor y gramaje deseados. Con estos avances se obtuvo un papel abundante y barato para satisfacer las necesidades de un mercado en crecimiento: prensa, editoriales, empresas, administraciones y una masa cada vez mayor de ciudadanos que incorporaban la escritura a sus actividades corrientes. Un papel, sin embargo, de calidad muy inferior a la del tradicional de trapos, y la prueba es que la conservación de documentos de los siglos XIX y XX en nuestros archivos es mucho más preocupante que la de documentos de hace quinientos y más años.

La necesidad de la demanda ha ido siempre por delante de la oferta, lo que llevó al reciclado del papel desde tiempos remotos. Parece ser que ya en el Japón del siglo XI se utilizaba papel usado para producir nuevo, el reciclado, un recurso poco empleado hasta que hacia 1800 se alcanzó un proceso que lograba separar la tinta del soporte y favorecer su reutilización, no tal cual, obviamente, sino tras convertirlo de nuevo en pulpa. Hasta finales del siglo pasado, el reciclado se usó sobre todo durante los conflictos bélicos, lo que se llevó por delante partes considerables de archivos y bibliotecas a fin de cumplir con los requisitos de la economía de guerra. En muchos archivos españoles encontramos llamamientos oficiales a entregar papeles, documentos, libros viejos para reciclar en beneficio de la causa durante la Guerra Civil. Habrá que esperar a las últimas décadas del siglo para que el reciclaje se convierta en una actividad sostenida, como resultado de la conciencia ecológica de la reutilización, que, teniendo una clara rentabilidad industrial, ha pasado a enmarcarse en el más moderno concepto de la circularidad. La cara menos amable de esta actividad ha sido la producción de un papel de peor calidad aún que el de primera mano. Si tenemos en cuenta, además, que desde los años ochenta los organismos oficiales vienen levantando la bandera de un mal entendido compromiso medioambiental con el uso indiscriminado de papel reciclado, nos encontramos así con que los documentos oficiales contemporáneos, fuentes para la historia, tienen una previsión de vida muy corta.

Las innovaciones llegaron como es lógico a los demás instrumentos empleados en la redacción documental. Casi todos tienen algún remoto antecedente; sin embargo, saldrán a la luz a partir del XIX; así es como el plumín metálico se impuso a la pluma de ave en ese siglo, hasta que a finales del mismo aparece la estilográfica, que pronto lo desplaza. Mucho más tarde, entre 1930 y 1950, el bolígrafo adquirió las características que lo popularizaron como el mejor y más económico medio de escritura manuscrita. De todos modos, tampoco tuvieron fácil su aceptación en los entornos administrativos y aun en los educativos, en los que la estilográfica y el bolígrafo tardaron tiempo en ser admitidos. Aunque la verdadera revolución vendrá con los medios mecánicos de escritura, que desplazarán al manuscrito hasta reducirlo al ámbito privado.

La industrialización trajo consigo nuevos medios de escritura y de registro, artefactos que agilizaban las actividaddes de las oficinas y de muchos profesionales. La máquina de escribir fue sin duda la de mayor impacto, aunque su dominio fuera breve en términos relativos, poco más de un siglo tras su irrupción hacia 1870. Antes había habido muchos ensayos, pero la primera con aceptación general y base para el desarrollo de este instrumento fue la fabricada por Remington a partir de dicha fecha. Y como tantas invenciones, también conoció la resistencia a su uso, de modo que en las administraciones públicas españolas no se admitieron los escritos mecanografiados hasta el año 1900, mediante real orden publicada el 19 de febrero en la *Gaceta de Madrid*. El siglo XX fue su época dorada hasta los ochenta: primero llegaron las mecánicas, las más populares, mucho después las eléctricas y al fin las electrónicas, con algo de memoria para retener el texto antes de imprimirlo sobre el papel. Además de la uniformidad y de la claridad tipográfica frente al manuscrito, la máquina de escribir permitía una redacción ágil, dependiendo de la habilidad del mecanógrafo, la corrección de errores y la obtención de varias copias a un tiempo mediante el papel carbón; y una duración a largo plazo de lo escrito que, con independencia de la cantidad de tinta que quedara en la cinta, quedaba inserto en el papel por efecto del choque de las teclas sobre el mismo, dejando huella indeleble. A partir de los años ochenta empezó a ser desplazada por los ordenadores, dotados de memoria y procesadores de texto, que permitían la redacción sin límite, su corrección y visto bueno antes de pasarlos a papel mediante un periférico, la impresora. Primero las matriciales, que empleaban un cabezal o matriz de puntos que punzaban el papel imprimiendo la tinta y dejando un rastro imborrable al paso del tiempo. Después llegaron las de chorro de tinta, las láser y las térmicas, que varían en el proceso y coinciden en el resultado: impresión muy rápida pero de poca calidad al quedar la tinta adherida al papel sin penetrar, con un tiempo de permanencia corto desde el punto de vista de la conservación, hasta tal punto que en los comercios nos recomiendan fotografiar o digitalizar los tiques de compra como prueba de una garantía que supera en su vigencia al tiempo de duración esperado.

La conservación de los fondos documentales en papel de los últimos ciento cincuenta años es un reto nada desdeñable para los archivos de todo el mundo. El papel de peor calidad ha coincidido con un período de enorme actividad humana y de producción de documentos, y la conciencia sobre el problema que ello representa para el patrimonio documental apenas si ha despertado. En 1994 ISO, el organismo internacional de normalización, aprobó una norma sobre papel permanente, es decir, las condiciones que debe cumplir el de calidad para garantizar su permanencia en el tiempo, pero la demanda es insignificante.

Escrito en la nube

Y junto a la escritura, se van incorporando nuevas formas de documentar, con soportes y técnicas revolucionarios que han ido enriqueciendo el panorama: la fotografía, la microfotografía, las grabaciones sonoras, la cinematografía, la reprografía... de modo que al papel se le añade el celuloide, el acetato, las tarjetas perforadas, la cinta magnética, la cera, la pizarra, el vidrio, el vinilo, el disco compacto, entre otros.

De entre todas las innovaciones, hubo una que siendo un medio de expresión artística tuvo un impacto enorme en la forma de documentar: la fotografía. Inventada en los años 20 del siglo XIX, se considera que la primera data de 1826 y conoció diversos nombres en función del procedimiento: heliografía, daguerrotipo, calotipo... Hasta entonces se había utilizado el dibujo y la pintura para representar aquello que no se podía explicar solo con palabras, mapas, planos, alzados, dibujos, pinturas. Los mapas se usaban para representar territorios, vías de comunicación, costas, límites con precisión y escala. Los planos y los alzados arquitectónicos servían para diseñar y planificar obras de todo tipo. Los dibujos y las pinturas representaban ciudades, animales, personas, plantas y cuantas realidades quedaran mejor expresadas por ese medio, ya se tratara de cosas conocidas, o de maravillas recién descubiertas. Así es como, por ejemplo, un monarca de siglos pretéritos podía hacerse una idea de la extensión de sus dominios, del aspecto de los pobladores y del hábitat de territorios lejanos que nunca visitaría. Conocía los rasgos de su futura consorte, el porte de una fortaleza o la grandeza de un palacio. Por supuesto, los usaban militares, ingenieros, arquitectos e incluso los jueces para dirimir pleitos o aclarar crímenes. En este sentido son famosas las *vistas de ojos* o cuadros al óleo sobre lienzo que representaban la realidad en litigio y servían para reconstruir la escena del crimen, de las que los archivos de las reales chancillerías de Valladolid y de Granada conservan una buena cantidad.

La aparición de la fotografía no supuso que todas estas técnicas cayeran en desuso, sino que permitió agilizar la representación mediante imagen, además de hacerlo con detalle y realismo gracias a la incorporación del color (1861), la imagen en movimiento (el cinematógrafo, 1895) primero muda y después acompañada de sonido (1927). La posibilidad de retener la voz y conservarla en el tiempo es otra de las grandes invenciones del XIX que también servirá para documentar: discursos oficiales, reuniones, declaraciones testificales y tantos otros tipos de documentos presentes en los archivos, sobre soportes y medios variopintos como los discos de cera, pizarras, vinilos, cintas, casetes, cartuchos, discos compactos, MP3 y *Blu-ray*, entre otros. Una de las principales aplicaciones de la fotografía en nuestro campo de interés ha sido la microfotografía, el microfilm, que permite acumular en cintas o en fichas una considerable cantidad de imágenes fotográficas, ha alimentado el imaginario del espionaje en el siglo XX y fue muy útil para el archivo de duplicados. Forma parte de la reprografía, concepto más amplio que comprende todos los medios para reproducir documentos, como la fotocopia, la digitalización y la impresión facsimilar, procedimientos que desde mediados del XX han disparado hasta límites insospechados el volumen documental producido, uno de nuestros grandes retos: qué conservamos.

Intercambiar texto, sonido e imagen en la distancia, información en definitiva, supuso otro paso de gigante. El telégrafo primero, después el teletipo o télex, que permitía enviar textos completos a gran velocidad, como crónicas periodísticas, informes y documentos, el teléfono, el telefax, la radio, la televisión y al fin los ordenadores, unidos mediante una red digital mundial conocida como Internet. Unas tecnologías que en conjunto han evolucionado sin cesar perfeccionándose hasta ser sustituidas, en algunos casos, por otras nuevas, que se han abaratado y domesticado en un doble sentido, por cuanto forman parte de nuestro entorno habitual, cotidiano, y llevan camino de convertirse en la principal compañía.

Esta evolución ha llevado a la aparición de una nueva categoría de documentos, al menos por lo que toca a su materialidad: los documentos electrónicos, también conocidos como documentos digitales, producidos por medios informáticos, replicados e intercambiados hasta el infinito. En una primera etapa, los ordenadores se han utilizado para agilizar los procesos, para gestionar grandes volúmenes de datos y de información, pero también como máquinas de escribir sofisticadas porque los documentos se imprimían, firmaban y sellaban sobre papel para que tuvieran validez legal; mientras, en el ámbito mercantil, se iba introduciendo la facturación electrónica. En los últimos años, la legislación se ha ido adaptando al entorno tecnológico, los documentos digitales tienen plena validez, se firman y sellan electrónicamente sin necesidad de trasladarlos a papel. De este modo estamos transitando del mundo analógico al digital. Salvo el libro y la lectura, que persisten en el papel, al menos en parte, las administraciones, las empresas y los ciudadanos avanzamos hacia el cercano horizonte del gobierno electrónico, de la sociedad digital.

Con alguna frecuencia se incide en el carácter pretendidamente inmaterial y se los denomina «documentos virtuales», porque solo los percibimos por la vista y nos resultan intangibles; pero en realidad son entidades físicas, con un soporte material que las contiene (disco o cinta), un medio de registro (impulsos electromagnéticos o lumínicos) y una escritura universal (código binario) que tanto sirve para producir un escrito como un audiovisual. Para representar un dato, numérico, alfabético o simbólico, se utilizan patrones o cadenas de bits, secuencias de 0 y 1, los cuales se organizan en ficheros, que son reconocidos y manejados por un sistema operativo. Para producir documentos, visualizarlos y, en su caso, imprimirlos, se necesita la mediación de un programa que los represente en forma perceptible, un procesador de textos. De este modo, con un dispositivo electrónico (ordenador), un sistema operativo y un procesador de textos, podemos crear un documento. Para firmalo, necesitamos además un certificado electrónico. Para enviarlo a su destinatario, una conexión a la red (Internet), un servicio de correo electrónico; y si tratamos con empresas o administraciones, lo más seguro es que tengamos que darnos de alta en su sede electrónica para identificarnos. Y cuando las organizaciones quieren relacionarse entre sí, o las administraciones y las empresas con los ciudadanos, utilizan estándares tecnológicos con los que sistemas informáticos diferentes se conectan entre sí y funcionan con agilidad intercambiando datos y documentos; es básicamente lo que se conoce como interoperabilidad. Un ejemplo muy sencillo: para pedir una beca en el mundo analógico nos cargábamos de documentos y fotocopias, a veces compulsadas, del DNI, del libro de escolaridad, del volante de empadronamiento, de la declaración de la renta, y suma y sigue. En el digital, todos esos trámites se pueden evitar rellenando una casilla en la que damos permiso al organismo para que compruebe los requisitos. Los sistemas informáticos se conectan unos con otros y lo comprueban sin necesidad de intercambiarse documentos; por ejemplo, la Agencia Tributaria no envía las declaraciones del IRPF, simplemente confirma el rango de renta del solicitante de la beca.

Desde el punto de vista operativo, de uso, y legal, el documento electrónico y el analógico son equivalentes, pero no son iguales. Si durante miles de años de historia documental han cambiado los soportes de la escritura y de su representación, ahora se produce una revolución en cierto modo en el sentido de que la materialidad poco o nada tiene en común. Un documento tradicional está recogido en un medio (soporte) y a través de símbolos (escritura) que lo hacen directamente accesible para el ser humano; en cambio, el documento electrónico está recogido en un medio (*hardware*) y a través de símbolos (*software*) que deben ser decodificados para hacerlo accesible al ser humano. Otra gran diferencia es la conexión entre medio y contenido: mientras que el contenido de un documento tradicional es inseparable del soporte, el de un documento electrónico puede ser separado del medio original y transferido a otros medios (convertirlo de DOCX a PDF, por ejemplo) y soportes (grabarlo en otro dispositivo). Hay más diferencias, pero para no entrar en detalles nos quedaremos con una última, aunque resulte paradójica. A veces, muchas veces, los documentos digitales no existen como los entendemos tradicionalmente, o sea, viven sin vivir en sí. Cuando realizamos un trámite en línea, por ejemplo, el pago de una multa de tráfico, lo hacemos con la apariencia de que rellenamos un impreso, al que parece que adjuntamos el justificante de pago mediante tarjeta o por banca electrónica. Lo que hacemos en realidad es introducir en una base de datos (de la DGT o de un ayuntamiento) una información que está asociada a una identidad (el NIF o la matrícula del vehículo, por lo general) y solo se materializa en documento si nos da la opción de descargarlo; el organismo conservará todas las operaciones de abono en una base de datos sin necesidad de generar documentos individualizados, algo que en el entorno analógico sería impensable.

Nuevos soportes, nuevos medios de registro, grandes ventajas y, también, nuevos retos. La incorporación de estas innovaciones ha ido en paralelo con la industrialización y el crecimiento económico de las sociedades desarrolladas, permitiendo así que las administraciones, como las empresas y los individuos, pudieran producir un volumen creciente de documentos al ritmo de sus nuevas y progresivas necesidades. En los siglos XIX y XX surgió y se desarrolló la administración moderna, con la aplicación de las técnicas de la gestión científica (*Management*) a unos procedimientos más ágiles y a unas organizaciones crecientemente profesionales y siempre al día. Ello introdujo, desde nuestro punto de vista, un nuevo elemento hasta entonces no sentido o apenas apuntado: la hiperinflación documental. Los procedimientos mecánicos de producción administrativa, el creciente volumen de actividades sobre las que interviene el sector público y la incesante incorporación de nuevos servicios unida al crecimiento demográfico y económico derivaron en la necesidad de tratar ese ingente volumen de documentos mientras fueran indispensables para la gestión de los asuntos; y cuando dejaran de serlo, en la responsabilidad de disponer de ellos de una forma racional que garantizara la conservación permanente de cuantos poseyeran valor histórico o de prueba a largo plazo.

En paralelo ha nacido una disciplina, la archivística, y los archiveros como profesionales especializados en la gestión de los documentos y de los archivos, de los datos y de la información. Una actividad que se remonta milenios en el tiempo y ha adquirido los perfiles de conocimiento propios de las disciplinas académicas. También ha cambiado en este tiempo el interés por los documentos y su consulta, como parte de la libertad de acceso a la información que asiste a los ciudadanos y recogen las leyes en los países más avanzados. Un modelo que irá trascendiendo al ámbito privado, tanto de los individuos como de las organizaciones, a través de los nuevos sistemas de gestión materializados en los conceptos de calidad (ISO 9000, ISO 14000 entre otras), de responsabilidad social corporativa (*accountability*, mal traducida por 'rendición de cuentas'), el *habeas data* y el entorno que regula la protección de datos de carácter personal. Se trata de un recorrido apasionante que, partiendo del secreto absoluto, abrirá un hueco con la consulta de los documentos históricos y concluirá con el libre acceso, aspecto que trataremos en capítulo aparte.

¿Por qué necesitamos documentos?

¿Por qué los creamos? ¿Para qué sirven?

Sabemos desde cuándo existen y cómo se hacen, lo hemos visto en los capítulos precedentes. Ahora trataremos de contestar al porqué. Cada vez somos más dependientes respecto de los documentos. Las organizaciones, en mayor o menor medida, lo han sido desde siempre; en cambio las personas hemos atravesado la historia en una existencia ágrafa en todos los sentidos. La humanidad ha sido en su mayoría analfabeta; los individuos en cuanto miembros de una comunidad espiritual podían ser registrados a partir del siglo XVI en los libros sacramentales de las iglesias cristianas con motivo de su bautismo, matrimonio o defunción y poco más. Rara vez se levantaban censos de población o relaciones de habitantes. Salvo que cometieran alguna falta o delito o se enrolaran en los ejércitos, las personas pasaban de puntillas por la vida documentada, nada se sabía de ellas, y aun cuando aparecían en supuestos como los señalados, se limitaban a detallar su nombre y apellido, a veces acompañado o sustituido incluso por el mote o sobrenombre; color de piel, cabello, alguna tara física o señal visible y la edad casi siempre indeterminada. Cuando se interrogaba a un acusado o a un testigo acerca de su edad, casi siempre decía tener tantos años de edad «poco más o menos»; apenas si alguno lo tenía claro. De poco servía, no importaba para casi nada. Durante miles de años, la existencia de los individuos, esclavos, libres o siervos, ha discurrido en un plano de anonimia.

El cambio se experimentará en un proceso que se ha tomado los dos últimos siglos para madurar, con el paso de súbditos a ciudadanos, sujetos de derecho. La esclavitud desapareció en el siglo XIX, como lo hizo la servidumbre a consecuencia de la supresión de los restos de feudalismo persistente. Los Estados nacionales, las nuevas naciones y las antiguas monarquías convertidas en Estados liberales, constitucionales, monopolizaron la administración, ahora pública, la justicia, el ejército, el orden; y pusieron en pie un entramado legal y administrativo en el que se necesitaba identificar e individualizar a sus ciudadanos, su vida, sus actividades, el cumplimiento de sus deberes cívicos, fiscales, militares; las obligaciones para con ellos en la educación, la sanidad, la asistencia social... y más adelante los derechos laborales, sindicales, políticos, como usuarios. En fin, una sucesión larga y creciente de nuevas situaciones que desde el siglo XIX han ido incorporando a la masa de la población a la existencia documentada.

Durante toda la vida producimos, recibimos y necesitamos documentos. Antes de nacer, incluso, se nos somete a pruebas clínicas documentadas, desde ecografías hasta estudios genéticos, y nos pueden apuntar como demandantes de plaza en una guardería a título de *nasciturus* y nuestros apellidos, para no quedar fuera de plazo. Tan pronto venimos al mundo se nos inscribe en el registro civil, y a partir de aquí, una retahíla de documentos nos va acompañando en nuestra existencia hasta que otra anotación registral deja constancia de la hora fatal. Y esto está unido a la creciente complejidad de la sociedad y a la velocidad con la que funciona y, sobre todo, al Derecho, a los derechos y garantías de los ciudadanos en su relación con las organizaciones, en cuanto administrados, trabajadores, consumidores, propietarios, ahorradores, deudores, acreedores, etc., y en sus relaciones interpersonales, libres y prácticamente ilimitadas, con la capacidad de comunicarse, agruparse, asociarse, con carácter temporal o permanente, y hacerlo con unas reglas aceptadas que establecen obligaciones y derechos...

Detrás de todo ello una motivación última, derivada de los límites de la memoria. El cerebro humano es sorprendente en muchos aspectos, pero no en este. Literalmente la cabeza no nos da para tanto y tal es el motivo que llevó a la humanidad a registrar información de forma que se pudiera recuperar cuando hiciese falta, lo que implicó crear un código, la escritura, y elegir un soporte donde almacenar la información y un medio de registro, del cálamo al láser. Y esta es la razón que dio origen a los documentos y a la escritura, como hemos tenido ocasión de comprobar. Se empezó registrando unidades de medida, cantidades, números, datos en definitiva sobre cosas concretas que se necesitaba contar, calcular y dividir en partes. Datos expresados mediante figurillas de conos, cilindros, esferas... que representaban productos, y su repetición, cantidades. Llegó un punto en el que los datos no fueron suficientes y hubo que acompañarlos de una argumentación no verbalizada, sino estable, configurando una información escrita que dio lugar a los documentos. Primero se trató de contar y distribuir mediante objetos asociados a órdenes, peticiones... de palabra. Con el aumento de las comunidades humanas y de sus actividades, los datos (figurillas) asociados a la oralidad del portador se revelaron insuficientes; hizo falta que la distancia entre el emisor y el receptor hallase una forma de fijar el mensaje, de modo que no se alterase en el tiempo ni en la cadena de transmisión, y esa solución fue el documento. Imaginemos hace miles de años que un tal Akudu, productor de lana, acuerda con Teclal, transportista, que lleve con su barco cien sacas de lana a la ciudad de Uruk y se las entregue a cinco fabricantes de telas que se las han encargado. Con la carga llevará unas esferas de arcilla que contendrán tantas figurillas repetidas como sacas adjudicadas a cada cliente y su impronta grabada en el exterior para que los compradores puedan comprobar la cantidad de mercancía recibida. Además de instruirle verbalmente de los destinatarios, las cantidades, el dinero que debe cobrar, puede encomendarle que reciba alguna otra mercancía y se la traiga en el viaje de regreso, junto con los nuevos pedidos de esos o de otros clientes. Demasiadas cosas para confiarlas a la memorística, aun si fuese él mismo en persona.

El documento fue la solución. Su utilidad inmediata es registrar datos e informaciones, recoger preguntas, solicitudes, respuestas, órdenes... y comunicarlas para resolver necesidades perentorias, para constatar hechos, situaciones, circunstancias que interesa o es forzoso asegurar. Y en cuanto fijos, estables, inalterables, se pueden guardar, mantener para más adelante, cuando se necesite confirmar, recordar, probar algo que dura en el tiempo. Su consulta permite comprobar, se puede exhibir a la vista de los demás en respaldo de lo que se pretenda, aportar ante un juez o un tercero que medie en un pleito. Certeza, seguridad, es lo que en definitiva aporta el documento, y esa ha sido y es la clave de su éxito.

Significante y significado

Su etimología deriva de la voz latina *documentum*, sustantivación de *docere*[1], que es infinitivo presente activo de *doceo*, verbo transitivo con diversas acepciones: «1. informar, contar un hecho; 2. enseñar; 3. instruir; 4. mostrar, demostrar, manifestar. 5. (Derecho) informar a los jueces o al auditorio».

El Diccionario de la Lengua Española (RAE) en su última edición trae las siguientes acepciones:

1. m. Diploma, carta, relación u otro escrito que ilustra acerca de algún hecho, principalmente de los históricos. 2. m. Escrito en que constan datos fidedignos o susceptibles de ser empleados como tales para probar algo. 3. m. Cosa que sirve para testimoniar un hecho o informar de él, especialmente del pasado. Un resto de vasija puede ser un documento arqueológico. 4. m. desus. Instrucción que se da a alguien como aviso y consejo en cualquier materia.

1. https://es.wiktionary.org/wiki/doceo#Latín

Resulta curioso que la última de ellas sea la primera que le dieron los diccionarios. El de Autoridades (1732, t. III) lo definía así: «Doctrina o enseñanza con que se procúra instruir a alguno en qualquiera matéria, y principalmente se toma por el aviso o consejo que se le da, para que no incurra en algún yerro o defecto». Y así continuó hasta que el Diccionario de 1936 la consideró voz caída en desuso. El primero en darle la acepción que hoy predomina fue el diccionario de Esteban de Terreros y Pando (1786), que recogió la siguiente definición: «Se llama el título y prueba de hecho, que se alega, y particularmente si es de pertenencias o de cosas antiguas»; que el de la Academia de 1791 incorporó como segunda acepción de esta manera: «La escritura, o instrumento con que se prueba, o confirma alguna cosa».

Entonces, nos preguntamos, si las obras lexicográficas lo han definido en su sentido etimológico de enseñanza o instrucción, hasta que a finales del siglo XVIII adquiere la acepción hoy predominante, ¿qué términos se utilizaron para designarlo? Se emplearon también otras voces, como «escritura», «instrumento», «carta», «papel», «título», «acta» y «cédula», alternativas que en ningún caso lo desplazaron. Además de ser la variante principal en otras lenguas, en francés e inglés es *document*, *dokument* en alemán; la misma grafía que en español se emplea en portugués e italiano, y con escasas variaciones en las demás lenguas de España.

Al menos desde el siglo XVIII se emplea la voz «monumento» con el sentido de documento histórico, al igual que en otras lenguas como el francés, el inglés o el alemán *(monument)*. Procede del latín *monumentum*, cuya etimología latina reconstruyó Jaques Le Goff (1991, 227) para alcanzar así el significado que le damos aquí:

La palabra latina *monumentum* está vinculada a la raíz indoeuropea *men* que expresa una de las funciones fundamentales de la mente *(mens)*, la memoria *(memini)*. El verbo *monere* significa "hacer recordar", de donde "avisar", "iluminar", "instruir". El *monumentum* es un signo del pasado. El monumento, si se remonta a los orígenes filosóficos, es todo lo que puede hacer volver al pasado, perpetuar el recuerdo (por ejemplo, los acontecimientos escritos).

El insigne historiador francés establecía que «la memoria colectiva y su forma científica, la historia, se aplican a dos tipos de materiales: los documentos y los monumentos... los monumentos, herederos del pasado, y los documentos, elección del historiador».

Ya el Diccionario de Autoridades (1734) daba la acepción de su plural, monumentos, del siguiente modo: «Por extensión se llaman las piezas o especies de história, que nos han quedado de los antiguos, acerca de los sucessos passados». Y así se mantuvo hasta que el de la Academia, en su edición de 1884, lo sustituyó en su tercera acepción por: «Objeto o documento de utilidad para la historia», a lo que la de 1925 añadía «... o para la averiguación de cualquier hecho».

Vayamos por partes

En su expresión más simple, un documento se compone de contenido, soporte y registro. El contenido son los datos, la información, el mensaje. El soporte es lo que le confiere materialidad, sea un pergamino, un papel, una cinta magnética o un disco duro. Y el registro es el medio para fijar el contenido sobre el soporte, la incisión del cálamo sobre una tablilla de barro, una pluma entintada sobre el papel, la impresión de las letras con una máquina de escribir, la grabación sobre un soporte magnético mediante impulsos eléctricos, lumínicos u otros. Pero esto no es suficiente para definirlo, ya que las actividades creativas, como la pintura, el dibujo, la literatura, el cine, etc., coinciden en su empleo. El documento tiene, además, una estructura definida, determinada, que permite saber de qué tipo se trata y adquirir la certeza de que podemos confiar en él. Veámoslo con un sencillo ejemplo: un contrato de trabajo. Imaginemos todas las palabras que lo componen ordenadas alfabéticamente (datos), y ahora el texto escrito de corrido (información). En ambos casos tendríamos un mensaje inscrito sobre un soporte, pero en ninguno de ellos el referido documento. Si ese texto se nos presenta estructurado en párrafos, con un orden coherente, esto es, desde la identificación de las partes intervinientes, el objeto, el condicionado, hasta las cláusulas legales, podemos aseverar que nos encontramos ante un documento, aunque incompleto. Junto con la estructura, hace falta contexto, una información que nos permite identificar al productor mediante el logo y su nombre o razón social, las firmas de los otorgantes, la fecha, para situarlo en el espacio y el tiempo y la actividad que representa, mediante su denominación, en este caso la de contrato laboral o de trabajo. Contenido, soporte, registro, estructura y contexto son los elementos que lo componen, y todos deben estar presentes.

Pero hay más. La génesis, el origen, cuál es su procedencia es un elemento diferenciador, aunque no el único. Siempre se producen como resultado de una actividad, de modo que de la de contratar personal se deriva el contrato de trabajo, de la de comunicarnos, la correspondencia, de la de recoger las deliberaciones y acuerdos de una asamblea, el acta, y así sucesivamente. Existe pues una relación inmediata entre el productor y el documento, por cuanto es resultado de lo que aquel hace.

La exclusividad es otra de las características, pues ante un mismo tipo de documento repetido ene veces, cada uno de ellos será diferente. Volviendo al ejemplo que nos traemos, si tomáramos todos los contratos laborales de una empresa veríamos que todos son semejantes, por cuanto resultan de la misma actividad y comparten características; sin embargo, todos son diferentes, pues se refieren a individuos, fechas y puestos de trabajo distintos. Sea cual sea el tipo documental que eligiéramos, obtendríamos idéntico resultado.

Como consecuencia de lo anterior nos hallamos ante una nueva peculiaridad, el carácter seriado. Los documentos se generan en serie, de manera continuada, por cuanto son producto de actividades sostenidas en el tiempo.

Y por fin, derivado de todo lo anterior, el último elemento es la interrelación. Los documentos se relacionan unos con otros y forman agrupaciones. Así, los que resultan de una misma actividad se reúnen ordenadamente formando un expediente; por ejemplo, desde que pedimos licencia al ayuntamiento para edificar una casa en un terreno de nuestra propiedad hasta que se nos concede la cédula de habitabilidad, hitos con los que empieza y termina dicho procedimiento, en el transcurso del cual se van añadiendo documentos a consecuencia de los diferentes trámites que ordenadamente se agrupan para formar un expediente. La sucesión temporal de los expedientes de obras mayores compone una serie documental, que a su vez se agrupa con otras series: licencias de obras menores, licencias de actividades, etc., porque todas son resultado de una misma competencia, la urbanística, que le compete al consistorio. Y tal conjunto se agrupa a su vez con otros resultantes de los demás ámbitos competenciales de la institución, como la prestación de servicios, la administración, el gobierno y la gestión financiera, para componer todos ellos el fondo documental del ayuntamiento. Sea cual sea la organización que tomemos, pública o privada, su tamaño y ámbito de actuación, esta lógica estructural se repite siempre.

Poco importa que antes fueran analógicos y ahora digitales, porque ambas naturalezas sirven por igual como soporte de las actividades, si bien es cierto que lo hacen de manera diferente. Cuando escribimos sobre papel y cometemos un error, la rectificación dejará rastro visible sea cual sea el método empleado. Con un dispositivo electrónico podemos hacerlo sin dejar huella, al menos a simple vista, e incluso podremos cambiar el orden de palabras, frases y párrafos sin problema. En el primer caso, el contenido y el medio son inseparables; no así en el segundo. Lo que vemos sobre el papel es lo que hay, pero en una pantalla percibimos una representación, porque el original no usa los signos que apreciamos, ni la estructura ni la imagen guardan esa disposición. En la base está el código binario, lo que se graba en el disco; después, el sistema operativo que gestiona la cacharrería y la conecta con los programas o aplicaciones, como puede ser un procesador de texto, y finalmente el intermediario que comunica a las dos partes permitiendo que los humanos veamos lo que escribimos, mientras la máquina recoge las órdenes en su código. El procesador marca los textos para darles formato, aspectos como el tipo y el tamaño de la letra, el inicio y fin de párrafo, etc.

Las tecnologías han abreviado los métodos para producir y reproducir documentos a uno solo, al menos en apariencia. En el mundo analógico, los textos fueron manuscritos y después mecanografiados, con la mediación de una máquina que solo se empleaba para eso, escribir. Las imágenes se tomaban con un dispositivo diseñado al efecto, como el sonido se grababa y reproducía mediante técnicas distintas, que requerían aparatos diferentes (radio, casete, tocadiscos), y otro tanto sucedía con las imágenes en movimiento acompañadas o no de sonido. Podríamos evocar otros como el telégrafo, el télex, el fax, el teléfono, etc., todos los cuales, coinciden en el uso de procesos y máquinas específicos. Algo que las tecnologías han resumido en dispositivos multiuso con los que podemos escribir, grabar, filmar... e incluso unirlo todo alalimón. El más reducido de todos ellos, por ahora, el teléfono móvil, nos permite redactar un documento, firmarlo y enviarlo. Podemos llevar una biblioteca a cuestas, un catálogo de películas y de música, y realizar cualquier actividad, desde escribir y publicar un libro hasta grabar una película o una canción... y hablar a distancia, por supuesto, pues no deja de ser un teléfono. Accedemos a esos productos de la misma forma, a través de miniaturas o de un buscador; sin embargo, son cosas diferentes, tienen propósitos distintos; es algo tan obvio que no requiere explicación.

Todos estos productos, salvo uno, tienen algo en común, y es que son resultado de la creatividad, de la imaginación creativa y de la libertad del individuo. La escritura, la música, el cine son sus productos. Los documentos, por el contrario, son lo más ajeno al proceso creativo. Son resultado de actividades internas, inherentes, inexcusables, donde no cabe la elección, sino en el mejor de los casos la alternativa. Los apuntes contables, los contratos, los certificados, cualquiera que sea el tipo que imaginemos, derivan de actividades que obligan a redactarlos sin remisión. Además, son previsibles, por cuanto resultan de actividades prestablecidas en las que no intervienen la voluntad ni la creatividad. Es fácil predecir lo que contiene una multa de tráfico, un contrato de compraventa o un certificado de matrimonio: no cabe otra cosa distinta de aquello para lo que han sido diseñados. Y en todo están regulados, su creación, uso y destino final. Siempre hay una disposición que establece la creación de cada documento; por ejemplo, el modelo de declaración de la renta lo estipula una orden ministerial que reproduce su imagen. El uso también está sujeto a lo que establezca la normativa de procedimiento sobre acceso a la información, protección de datos personales u otra, de modo que unos documentos son consultables y otros no. La mayoría de los documentos públicos son eso, públicos, accesibles, pero no todos o de la misma manera. Por ejemplo, tenemos derecho a conocer el número de habitantes de nuestra localidad, su distribución por barrios, los niveles formativos... muchas cosas extraídas del padrón, pero no a que se nos revele la información concreta de tal o cual vecino, porque violaría su derecho a la intimidad. Y el destino que se dé a los documentos está igualmente contemplado en normas, en este caso las que obligan a conservarlos por un tiempo determinado. Por ejemplo, las empresas deben guardar las facturas durante cuatro años a partir del ejercicio fiscal según lo establece la normativa tributaria, durante seis años a efectos del Código de Comercio y durante diez si se están aplicando compensación de bases imponibles negativas, según la Ley del Impuesto de Sociedades. Está claro, seis años en general y en determinados casos diez. Prácticamente todos tienen un destino marcado, mas ello no significa que deban o puedan ser eliminados transcurrido el plazo; pueden tener otra utilidad; otros usos distintos de los que le dieron origen, son sus valores.

Y a fin de cuentas

¿Para qué sirven, cuál es su valor? Todo documento se crea con un motivo, siempre existe un porqué, más o menos importante, a corto o a largo plazo. Cuando vamos de viaje en avión compramos un billete, un título de transporte que acredita el derecho adquirido a ser trasladados entre un origen y un destino, en fecha determinada y en las condiciones establecidas. Llegados sin novedad al lugar, pierde su valor. Una vez al año realizamos la declaración del IRPF, cuya utilidad, si es conforme y cumple con los requisitos exigibles, concluye con la liquidación resultante. Los planos de un edificio se crean para recoger el diseño general y el de las viviendas, su disposición, espacios, instalaciones... y sirven para evidenciar su adecuación a las normas urbanísticas y de construcción, de modo que se cumpla con el trámite de obtener la correspondiente licencia de obra. Una vez obtenida, los planos continúan prestando servicio. El billete, la declaración de la renta, los planos, como cualquier otro documento, se crean por la necesidad de plasmar de manera fehaciente las actividades a las que dan soporte, y son inevitables, no cabe elección. En este sentido tienen un valor de gestión, de tipo mercantil, fiscal, administrativo u otro. Se trata del valor primario, aquel por el que se hacen los documentos.

Junto con la finalidad inmediata, poseen un valor legal, el que el ordenamiento jurídico establece para los distintos tipos de documentos y su admisibilidad como medios de prueba. Los tres ejemplos anteriores evidencian las actividades a las que dan soporte y, en caso necesario, pueden ser medios de prueba por sí mismos o a través de otros derivados. El billete de avión junto con los demás de ese vuelo da lugar a una lista de pasajeros; cuando nos identificamos en la puerta de embarque y se comprueba los usuarios que han accedido de manera efectiva al avión, se genera una lista de embarque. Imaginemos que el avión se estrella en el trayecto y desaparece en el océano sin dejar rastro. Los billetes han ido al fondo del mar con las víctimas, pero la lista de embarque sirve para probar quiénes eran, lo que, unido a las matrices o a los registros de venta de la compañía adquiere valor de prueba a efectos de seguros, compensaciones y ante los tribunales. De forma parecida, la declaración de la renta demuestra lo que hemos presentado y es un medio admitido en juicio para probarlo, como lo son los planos llegado el caso. Es el valor legal de los documentos, que junto con el de gestión conforman el denominado «valor primario».

En diferentes plazos, los documentos pueden perder el valor primario sin más: el billete y la lista de embarque si todo transcurre con normalidad, la declaración a los cuatro años; los planos, en cambio, lo mantienen, porque son necesarios mientras el edificio exista, sea para consultarlos antes de una reforma, a consecuencia de algún deterioro o por cualquier otra causa. Son un medio de información técnica y fuente de evidencia insustituible al menos mientras el edificio exista. ¿Y qué pasaría si la construcción desapareciera? En tal supuesto, los planos perderían su razón de ser, pero adquirirían otra nueva.

Con el tiempo, los documentos pueden servir como fuente para la investigación histórica, para el disfrute general, las actividades educativas y culturales. Pueden, pero pocos lo hacen. De los tres ejemplos manejados, el billete resultará irrelevante a tales efectos, como la declaración del IRPF, carecen de mérito para ser conservados más allá del plazo establecido por su uso. Los planos, en cambio, adquieren un valor imperecedero como recuerdo de la arquitectura, del urbanismo, de las condiciones de vida o de trabajo de la sociedad en un tiempo, en definitiva, para la historia. Es el valor de conservación permanente, el que obliga a las instituciones a guardar por siempre y a poner los medios necesarios para asegurar su transmisión a las generaciones futuras como integrantes del patrimonio histórico de la sociedad.

Lo visto hasta aquí es aplicable a las organizaciones, públicas o privadas, pues con los individuos las cosas son diferentes, al menos en parte. Las personas físicas tenemos la capacidad de decidir por nosotras mismas, es la autodeterminación que nos cabe. De modo que podemos elaborar los documentos, algunos, a nuestro antojo, todos los que entran en el ámbito de nuestra intimidad; así elegimos si escribimos cartas, novelas, obras de teatro o poesía, si componemos música, si hacemos fotografías...; y a diferencia de las organizaciones son resultado de nuestra libertad creativa, sin que dejen por ello de ser también documentos. Y como tales formarán parte de nuestro archivo personal, junto con esos otros que hacemos por obligación, como la declaración del IRPF, los contratos y cualquier otro tipo relacionado con nuestra condición ciudadana, como integrantes de una y más comunidades con normas que afectan a todos. Del mismo modo elegimos qué guardamos y qué descartamos, pues las consecuencias se limitan a nosotros mismos. Podemos decidir no guardar la declaración del último ejercicio, por el contrario, la Agencia Tributaria está obligada a conservarla y a proporcionarnos copia si la necesitáramos; podemos perder el título académico, pero la universidad en la que hemos estudiado debe conservar evidencia suficiente para proceder a emitir un duplicado, si bien será más costoso en términos de tiempo.

Sonrisas y lágrimas

Cuántas emociones y cuán distintas nos traen los documentos según su naturaleza y el ritual que los acompaña. Antiguamente, para determinados actos, se empleaban diplomas revestidos de toda solemnidad y aparato, con una elección cuidadosa del soporte, la caligrafía, las formas y los colores. La Cancillería castellana medieval desarrolló un tipo denominado «privilegio rodado», que alcanzó su mayor perfección con el reinado de Alfonso X «el Sabio». Se hacía con pergamino de alta calidad y dimensiones generosas, que comenzaban con un crismón, es decir, las letras griegas xi (X) y rho (P) entrelazadas, más la sigma (S) en alusión a las iniciales del nombre de Cristo. El texto estaba redactado con esmerada caligrafía, en líneas bien trazadas. Entre un tercio y la mitad de la superficie, la parte inferior, tras el texto, se reservaba para representar al rey mediante un círculo o rueda, lo que explica la denominación de privilegio rodado. Eran en realidad varios círculos concéntricos, el interior con una cruz o las armas del reino, en el central el nombre del rey y en el exterior el del mayordomo y el alférez de la Casa Real. A los lados y dispuestos en columnas, los nombres de las altas dignidades eclesiásticas y laicas de ambos reinos, flanqueando al rey. A veces se incluían los nombres de nobles extranjeros con algún tipo de vínculo y de reyes musulmanes tributarios. Al final, rematando el boato documental, del borde inferior del pergamino, doblado para aumentar su resistencia, un sello de plomo pendía de hilos de seda de colores, con los emblemas de Castilla y de León en sus respectivas caras.

Además de rodado, se denominaba «privilegio» porque era el tipo diplomático empleado para la concesión de privilegios, como fueros de población, donaciones, exenciones, confirmaciones, etc., a una persona o a una corporación. No hace falta hacer un esfuerzo de imaginación para representarse cómo era: basta con poner el nombre en el buscador de Internet y accederemos a centenares de imágenes y recursos al respecto. Uno muy interesante y didáctico nos lo ofrece la página web del Archivo Histórico de la Nobleza en su sección de exposiciones.

Hubo muchos otros tipos documentales más sencillos, con sellos de plomo o de cera pendientes, con sellos de placa para los redactados en papel. Estos se ponían en el reverso y consistía en derramar y extender un poco de cera sobre la que se adhería un recorte cuadrado de papel, que recibía la impronta con el dibujo del sello, generalmente las armas de la corona. La complejidad dependía del objetivo que se pretendiera y a quién se dirigiera el escrito; así tenemos las cédulas, las pragmáticas, las provisiones reales, entre otros. Excepto las cédulas, comenzaban con la *intitulatio* o fórmula inicial con los títulos que le cabían al monarca, tal y como figura en este ejemplo de una provisión de Carlos I, quien reinaba junto con su madre, la reina Juana I, propietaria de la corona española:

Don Carlos por la graçia de Dios rey de romanos e emperador semper augusto e doña Juana su madre y el mismo don Carlos por la misma graçia reyes de Castilla, de Leon, de Aragon, de las /dos Seçilias, de Iherusalem, de Nauarra, de Granada, de Toledo, de Valençia, de Galizia, de Mallorcas, de Seuilla, de Çerdaña, de Cordoua, de Corçega, de Murçia, de Jahen, de los Algarues, de Alge-/zira, e de Gibraltar, de las Yslas de Canaria, de las Yndias, Yslas e Tierra Firme del Mar Oçeano. Condes de Barçelona, señores de Vizcaya e de Molina, duques de Athenas e de/ Neopatria, condes de Ruisellon e de Çerdaña, marqueses de Oristan e de Goçiano, archiduques de Austria, duques de Borgoña, e de Bravante, condes de Flandes e de Tyrol, etcetera.

Después venía la dirección, el saludo, el texto con la exposición de motivos y la disposición, para concluir con la datación y las firmas. La signatura del monarca ocupaba la parte central e invariablemente empleaba la rúbrica de «yo el rey» o «yo la reina», en tamaño destacado y centrado. A veces se acompañaba de las de los consejeros, del escribano de cámara... Fórmulas cada vez más sencillas, con reserva de cierta solemnidad. El carácter divino de la monarquía —los reyes lo eran por la gracia de Dios— confería su inspiración a lo dispuesto en el escrito.

Recibir uno de estos documentos, como, en general, cualquier otro procedente de la Cancillería Real, no por esperado era menos emocionante; a diferencia de hoy, en que el acatamiento se reserva para unos pocos actos, como las tomas de posesión de cargos públicos, y se acompaña de breves fórmulas que admiten, incluso, la enmienda si no el retorcimiento. Véanse, si no, las variaciones empleadas en el acatamiento a la Constitución en parlamentos y otras corporaciones. Nada más lejos de la definición que el Diccionario de Autoridades (tomo I, 1726) daba de la palabra «acatamiento»:

> Reverente y respetósa demonstración, con que se manifiesta la veneración y obsequio que se hace al Superiór. Viene del verbo Acatar. Lat. *Reverentia. Reverens ánimus.*
>
> Significa tambien la presencia del sugéto à quien se hace reveréncia. Lat. *Praesentia principis dignitate praecellentioris.*

En lo antiguo, como venimos diciendo, el recibo de una carta real desataba un protocolo que se representaba con la participación de todos aquellos a quienes iba dirigida o debían entender su contenido. Algunos testimonios nos permiten reconstruirlo. Así, cuando el receptor era una ciudad o una villa, la corporación municipal pregonaba el hecho convocando al vecindario al solemne acto de acatamiento (Romero, 2009, 445-459). Se convocaba a la corporación y el pueblo a campana tañida bajo el olmo, en la iglesia, en la casa consistorial o en la plaza mayor. Las máximas autoridades, como el corregidor y el alcalde, tomaban el documento con el acatamiento debido, consistente en descubrir sus cabezas y ponerlo por encima de ellas en signo de sumisión, después de lo cual lo besaban, junto con el sello, como acto de besar los pies y las manos de Su Majestad. Después se pedía al escribano que lo leyera en voz alta *de verbo ad verbum* y que levantara acta pormenorizada del acto. Así conocemos con todo detalle el ceremonial con que en 1557 el cabildo de Cuzco (Perú) recibió la abdicación de Carlos I y la orden de proclamar a Felipe II su nuevo soberano (Domínguez, 2015, 605-629):

> Y auiendo tocado buena cantidad de tienpo los dichos atabales y trompetas, haviendo parado, en silençio el dicho señor corregidor tomó en las manos vna carta que pareçía ser del Enperador don Carlos, nuestro Rey y señor, e la besó y puso sobre su caueça y la dio a mí el dicho escriuano del dicho cauildo, y me la mandó ler de manera que los sircustantes la pudiesen hoir y entender, la qual yo reçeví. Y echo el mesmo acatamiento en cunplimiento de lo que por el dicho señor corregidor mandado, la ley en claras e ynteligibles bozes...

En esta ocasión, al tratarse de la proclamación del rey, se acompañó de festejos y demostraciones de regocijo durante varios días. En todo caso, el acto de acatamiento descrito da fe de la solemnidad y la carga emocional aparejada al recibo de ciertos documentos en tiempos pretéritos.

En los nuestros, las ceremonias de graduación y el diploma de estudios, las felicitaciones de Navidad, las tarjetas de cumpleaños, las postales, las cartas de los seres queridos están entre las que nos regocijan, por mucho que se hayan cambiado por fórmulas más inmediatas e interactivas. En el otro extremo, las multas, las denuncias, las requisitorias, las citaciones, las sentencias desestimatorias, condenatorias y las resoluciones negativas. Aunque también están las positivas, las favorables a nuestras pretensiones, a nuestro derecho, tanto más cuanto mayor haya sido el empeño; sin embargo, todas van precedidas de un ritual: primero entender lo que nos piden y hacernos entender y después el tiempo de espera, el acto de la entrega, la lectura y, con suerte, la comprensión del contenido.

Los procedimientos se basan en comunicaciones escritas y están sujetos a plazos. Salvo los trámites más ágiles, benditos sean los que resolvemos con los teléfonos 010 y similares, todos llevan aparejados tiempos para resolver más o menos largos e indeterminados, cuando no cabe el silencio administrativo y su perversión, el silencio administrativo negativo. El que calla otorga, sentencia el refranero y rige en todo, salvo para la Administración, que puede dar la callada por respuesta.

Cuando llevamos un escrito al registro, sea en persona o a través de Internet, nos invade una sensación de incertidumbre acerca del resultado y de si lo habrá, y cuándo. Llegado el momento de conocer cómo acaba todo, se sigue un ritual aparatoso que, a pesar de su brevedad, se nos hace eterno. Su nombre técnico es la práctica de la notificación, asunto del que se ocupan los artículos 40 a 46 de la Ley 39/2015, de 1 de octubre, del Procedimiento Administrativo

Común de las Administraciones Públicas. Los particulares las seguimos recibiendo en papel, cada vez menos, y nos las anuncia el cartero con una palabra que pone los pelos de punta: ¡certificado! Por esperado que sea, desencadena una serie de síntomas con mayor o menor intensidad, tales como pulso acelerado, sobresudoración, leve contracción muscular involuntaria y rítmica, o temblores. Nombre y apellidos, DNI, fecha y firma, el rasgar de la cartulina rosa y el sobre ya está en nuestras manos. La notificación ha sido efectiva y la incomodidad permanece hasta que leemos el contenido. La valoración al peso sin abrirla es una fórmula que no falla. Si el sobre es grueso, contiene muchas hojas, mal asunto, la negativa va precedida de justificaciones sin cuento; si por el contrario es delgado, la resolución es positiva, bastan unos pocos párrafos para anunciarla con ligereza.

Ahora, este trasiego lo sustituye la electrónica, un mensaje en la bandeja de entrada anunciándonos la puesta a disposición de una notificación en la sede electrónica del órgano remitente, junto con advertencias acerca de los efectos de nuestra determinación a leer o no su contenido. Suele ser un plazo de diez días para darnos por enterados y recoger el escrito descargándolo; de lo contrario se considera infructuosa. A partir de aquí, todo es igual y surte idénticos efectos que en la era analógica.

La parte contratante de la primera parte

¿Recuerdan la famosa escena de *Una noche en la ópera*?: «Haga el favor de poner atención en la primera cláusula porque es muy importante. Dice que... la parte contratante de la primera parte será considerada como la parte contratante de la primera parte. ¿Qué tal, está muy bien, eh?». Así empezaba el diálogo entre Groucho y Chico, dos de los hermanos Marx, en su icónico film estrenado en 1935. Una imagen tan cómica como evocadora de lo incomprensibles que pueden llegar a ser los documentos oficiales. Los escritos administrativos, judiciales, mercantiles... se han caracterizado siempre por poseer un lenguaje específico, lleno de giros, expresiones y fórmulas ajenas a la lengua común. Ello se explica por su naturaleza, formal, y por los efectos que producen: comprometen, obligan, condenan..., situaciones todas sujetas al imperio de la ley y que tienen consecuencias; por ello adoptan formas y emplean fórmulas adecuadas a lo que se pretende. La forma es la configuración externa de algo, nos dice en su primera acepción el Diccionario, es la disposición de sus partes para hacerlo reconocible. Y el Panhispánico del Español Jurídico la define como «Conjunto de requisitos externos o de procedimiento que debe reunir un acto, negocio, disposición o resolución». Los documentos adoptan formas según su función, ya lo hemos visto: los contratos, los acuerdos, los convenios... son iguales entre sí porque comparten idéntica estructura, si bien varían en su contenido. Utilizan fórmulas, frases, expresiones fijas, que se emplean siempre, en el mismo lugar. El lenguaje es asimismo formal, se atiene a un estilo encorsetado e impersonal por la necesidad de evitar equívocos y de no caer en subjetividades. Desde los primeros tiempos existen modelos de formularios y manuales de redacción con los que aprendían los aspirantes a escribas, que se perpetuaron en Roma y llegaron hasta nuestros días.

Formas, fórmulas y formalidades sostenidas en el tiempo, fruto de la tradición administrativa de unas instituciones seculares. Los órganos de la administración central, nacional, tienen sus orígenes en el siglo XIX y se instituyeron sobre otros existentes, con unas prácticas administrativas, usos y costumbres que tendieron a perpetuarse. Hay otros casos, como los municipios, que se remontan a la Edad Media, y los hay que pueden acreditar un funcionamiento ininterrumpido desde el siglo XII. Todos han evolucionado en este largo recorrido en el tiempo, se han adecuado a los cambios políticos, institucionales, a los del ordenamiento jurídico, en definitiva, se han actualizado; es obvio que la historia no se perpetúa, como lo es que tampoco se han desprendido del todo de ciertas concreciones del pasado.

En cualquiera de los ámbitos del saber científico y técnico, en las profesiones y oficios existen lenguajes específicos con términos, construcciones y otros recursos que facilitan la comunicación entre sus miembros. Los abogados, los médicos o los informáticos poseen su jerga, con la que se entienden entre sí. Las administraciones también tienen el suyo o, mejor dicho, los suyos; un lenguaje administrativo en general y uno específico para cada ámbito o especialidad; así se habla de un lenguaje fiscal, laboral... cada uno con su léxico específico. Lo habitual entre los primeros es que cuando se dirigen a sus clientes y usuarios empleen expresiones comprensibles para todos por la necesidad de hacerse entender, de que su mensaje llegue al otro. Se puede argumentar que la comunicación es mayoritariamente oral y se produce en el contexto de una cita personal, sea en presencia o telefónica, donde cabe resolver dudas. Con frecuencia se complementan con escritos que pueden ser aclarados en consulta. ¿Por qué no sucede algo parecido con la Administración?

La Administración se comunica preferiblemente por escrito y solo por escrito. Lo ha hecho siempre y ahora la digitalización tiende a aumentarlo y a reducir la atención personal, que se concentra en oficinas de auxilio y registro, en líneas telefónicas y en chats, en algunos casos. El ciudadano se ve cada vez más solo ante el peligro cuando, por más esfuerzos que haga, no logra desentrañar esos párrafos interminables, con oraciones subordinadas, y otras dificultades propias del lenguaje administrativo. Las tecnologías han aportado ventajas innegables a la relación con los ciudadanos, sin necesidad de atenerse a horarios, ni a desplazamientos, con la posibilidad de operar con cualquiera de ellas a través del Punto de Acceso General electrónico, o de pagar en línea impuestos, tasas y multas; sin la obligación de entregar fotocopia del DNI, compulsas, o de aportar datos que ya posean o a los que puedan acceder por sus propios medios.

La puesta en marcha de la administración electrónica ha dado la oportunidad de revisar los procedimientos y los documentos empleados. Y aunque estos pasos llevan tiempo, esfuerzo y recursos, empiezan a verse los resultados. Se conoce como reingeniería de procesos (del inglés *Business Process Reengineering*), una fórmula ideada por el consultor J. Champy y el ingeniero M. Hammer (1993) para hacer más eficientes a las empresas en su búsqueda de la excelencia. En resumen, se trata de revisar la forma de hacer las cosas en cualquier ámbito para lograrlas con menos costes en términos de recursos y de tiempo y establecer procesos normalizados. En nuestro caso significa mejorar los proce-

dimientos, recortar los tiempos, reducir los pasos, redise-
ñar los documentos, y todo ello sin demérito del imperativo
legal y de las formalidades. Poco después, cuando empresas y administraciones buscaban rentabilizar las fuertes inversiones en tecnologías de la información, cuyo uso se re-
ducía en la práctica a sofisticadas máquinas de escribir
conectadas a una impresora, o a potentes procesadores de
cálculo, surgió una nueva visión que unía reingeniería y tecnología, la Gestión de Procesos, más conocida por sus si-
glas en inglés BPM (*Business Process Management*). Automa-
tizar los procesos, los procedimientos, una vez rediseñados.
El rápido desarrollo de Internet hizo el resto.

Así, desde los comienzos del presente siglo empezó a des-
plegarse un abanico normativo para materializar la aspira-
ción de unas administraciones sin papeles, interconectadas
y capaces de intercambiar datos, información, documentos, como si de una sola se tratara. Y se ha logrado en menos de quince años, los que median entre la Ley 11/2007
de Acceso Electrónico de los Ciudadanos a los Servicios
Públicos y el Real Decreto 203/2021 con el reglamento de
actuación y funcionamiento del sector público por medios
electrónicos. Y en medio, normas técnicas de interoperabilidad y de seguridad, grupos de trabajo... para que la nueva
burocracia funcione, sea conforme a los estándares que va
fijando la Unión Europea y se adecúe a su ámbito.

Las máquinas son binarias y se entienden fácilmente entre sí, pero a la administración electrónica le falla la comunicación con los ciudadanos. Hay un componente distinto
al derecho y a las tecnologías, que es de naturaleza lingüística y lógica, pendiente de resolver, tan simple como ponerse en los zapatos del otro, en el lugar del administrado. Hay

ámbitos en los que se ha logrado un nivel elevado de perfección; basta con fijarse en los procedimientos relacionados con la recaudación, desde el IRPF hasta una multa de tráfico, pasando por el pago de tasas e impuestos: su tramitación está simplificada al máximo, las instrucciones son claras y las alternativas varias para lograr el fin último, materializar el pago. Las aplicaciones informáticas llevan al administrado de la mano en un recorrido que podría ser placentero si no corriera al final por cuenta del ciudadano. Basta rellenar un par de casillas o marcar otra con nuestro consentimiento para que se nos proporcionen todos los datos disponibles, los complejos cálculos necesarios, quedándonos tan solo por hacer sencillas comprobaciones y dar nuestra conformidad a golpe de ratón. Simplemente entrando con un certificado o identificador electrónico personal, el organismo en cuestión puede acceder a una gran cantidad de datos y con tan solo darle permiso en línea puede extraerlos, cruzarlos y ponerlos a nuestra disposición para que el procedimiento sea más ágil y seguro. Es lógico abrigar la esperanza de que la eficacia recaudatoria digital contagie al resto de procedimientos.

La realidad parece ir por otro lado y el ciudadano se ve, si no menospreciado, al menos desasistido. En 2020, Prodigioso Volcán, una empresa de asesoramiento y comunicación, hizo un estudio titulado «¿Habla claro la Administración Pública?», partiendo del análisis de 760 textos administrativos de ayuntamientos, comunidades autónomas y ministerios y la consulta con técnicos y expertos. Las conclusiones fueron que el 85% de los trámites no son claros y alcanzaba el 97% en los casos de ayudas, becas y subvenciones. El 78% de los documentos son difíciles de entender por emplear un lenguaje arcaico, uso de la voz pasiva, de palabras poco comunes, mala puntuación, errores de ortografía, demasiadas palabras por frase... Un lenguaje lleno de tecnicismos y de referencias normativas, más orientado a los técnicos de las administraciones que a los ciudadanos. Aparte de problemas de visualización por la combinación de tipografías y colores inadecuados, contenidos sin actualizar, fallos y errores de las aplicaciones que obligan a repetir los pasos previos, entre otros.

La administración electrónica puede ser un campo de pruebas fenomenal para entrenar los sistemas de inteligencia artificial (IA). Ya se ha utilizado para analizarla, como en el estudio mencionado, y podría hacerse para simular la lógica ciudadana en la búsqueda del trámite a realizar, para comprender el lenguaje administrativo y culminar la tarea con éxito. Parece todo un reto. Y mientras la IA se hace con ello y pasa a guiarnos en las aventuras administrativas, estaría bien escuchar a los usuarios, analizar los datos de navegación, el rastro que dejan las idas y venidas en las sedes digitales, de lo que resultarían interesantes conclusiones y opciones de mejora.

En cuanto a la simplificación del lenguaje administrativo, algunos países nos llevan ventaja y han logrado buenos resultados. El *Plain English* o tendencia al uso de un lenguaje sencillo e inteligible en la documentación oficial ha tenido una expansión notable en los países de habla inglesa desde los años 70. También en España hay iniciativas valiosas: muchos organismos han publicado manuales de lenguaje administrativo y libros de estilo, hay blogs con herramientas y solución de dudas, los recursos que ofrece el portal de la Real Academia Española, la Fundación del Español Urgente (Fundéu)...; incluso hay un redactor asistido para el español, ArText, desarrollado por investigadores de la Universidad Nacional de Educación a Distancia (UNED), que es gratuito, está en línea y ayuda a escribir textos de ámbitos especializados y textos en lenguaje claro. Si hay medios y conocimiento, ¿por qué tantísimos documentos hacen que casi cien años después nos sigamos identificando con la escena de los hermanos Marx?

Por un lado, está la primacía de las actividades económicas, fiscales, financieras, contables, primeras en ser digitalizadas, como se han priorizado desde siempre en la aplicación de las innovaciones tecnológicas. Esto ha hecho que el tratamiento de los datos haya ido en demérito de otras formas de expresión y registro de la información, que no se organizan en tablas y bases de datos. Buena parte de las relaciones humanas, entre organizaciones y entre estas e individuos, se basan en la argumentación, en la exposición ordenada de ideas, hechos... que se materializan en textos. Textos cuyo valor está indisolublemente unido a una estructura, a un orden formal y prestablecido, al uso de determinadas fórmulas, citaciones y referencias habitualmente legales, a un lenguaje técnico, a la presencia de símbolos, imágenes, firmas y sellos. Esto, que llamamos documentos desde tiempo inmemorial, importa.

Hay un factor generacional ambivalente, la sociedad envejecida que está más habituada, por experiencia, a los trámites administrativos; pero menos a hacerlo mediante unas tecnologías que han irrumpido en sus vidas y requieren un esfuerzo de adaptación. Otro es la dispersión de los esfuerzos institucionales, que induce a resultados pobres y al despilfarro de recursos. Sería muy útil coordinarse y normalizar el diseño de los sitios, de la imagen, de los documentos, como se hace en otros ámbitos de la digitalización. Y en fin, la herencia, la tradición, que pesa tanto en las mentalidades y en los textos donde se forman los especialistas y se informan sus escritos. Así, el Código Penal es de 1848, el de Comercio es de 1885, el Civil de 1889, la Ley de Enjuiciamiento Civil de 1881 y de 1882 la del Criminal... Todos ellos se actualizan sin cesar a medida que lo hacen las realidades que regulan. El lenguaje, en cambio, no tanto. Las leyes se desarrollan mediante reglamentos, y unas y otros trasladan sus acuñaciones lingüísticas a las resoluciones administrativas que recibimos los ciudadanos, cuando no se transcriben literalmente en las citas normativas que incorporan los documentos. Ya se sabe que el desconocimiento de la ley no exime de su cumplimiento, pero de su incomprensión nada se ha dicho.

Una comprensión que puede verse dificultada aún más por el lenguaje inclusivo, no sexista o de género neutro que la ONU define como «la manera de expresarse oralmente y por escrito sin discriminar a un sexo, género social o identidad de género en particular y sin perpetuar estereotipos de género». Una innovación rodeada de polémica y en la que, por razón de la materia, parece apropiado seguir las indicaciones de la Real Academia Española, que nuestras instituciones tienden a ignorar aumentando con ello la confusión y la zozobra de los administrados, sustituyendo algunas voces por expresiones que nada aportan, como «personas administradas» o «administrados y administradas», cuando no «administrad@s» o aberraciones parejas.

El arca de las tres llaves: qué hace y cómo funciona un archivo

El término y el concepto

En la Edad Media, si no antes, se instituyó la costumbre de guardar los documentos más importantes y valiosos de una corporación, familia, convento... en un arca de madera acorazada con un mecanismo de apertura de seguridad, la mayor para la época, consistente en tres cerraduras, cuyas llaves obraban en poder de otras tantas personas que debían reunirse con ocasión de su apertura. De ahí tomó su nombre y fue durante siglos el culmen de la seguridad. El arca de las tres llaves se custodiaba a su vez, junto con los demás documentos distribuidos en armarios, cajas y estanterías, en el archivo.

Tenemos constancia de la existencia de lugares reservados para la guarda y custodia de escritos desde las primeras civilizaciones urbanas hace cerca de cuatro mil años, y de la cuidadosa organización que se les dispensaba, como hemos visto en las primeras páginas. Sin embargo, el nombre por el que era conocido se ha quedado en las arenas que cubren sus restos o, al menos, no hemos sido capaces de hallarlo, salvo un aparente uso compartido con el de la escuela de escribas: édubba[1], en sumerio. La voz con la que lo designamos, «archivo», procede del latín *archivum* y es una latinización tardía del griego *archeion* (ἀρχεῖον), empleada para designar una amplia gama de cosas: (a) el ayuntamiento, residencia u oficina de los principales magistrados, (b) el archivo, (c) la magistratura, colegio o junta de magistrados, y (d) un cuartel general en un campamento militar (Grünbart, 2018, 322). Ni siquiera fue el único término empleado en esa lengua: *dêmosion, dômosiu, grammata, chreophylakion, grammateion, grammatophylakion* y *syngraphophylakion* fueron sus principales variantes (Posner, 2003, 92-93).

Decíamos que la voz latina surge tardíamente porque hubo un término anterior y prioritario para designarlo: *tabularium*, y en época imperial *scrinia*. A partir de Diocleciano (284-305) la corte imperial se desplaza de un sitio a otro y con ella los documentos van en las *scrinia*, una especie de papeleras cilíndricas de madera fina donde se introducían, y que dio nombre tanto a las oficinas de la Cancillería Imperial como a sus archivos (Posner, 2003, 194 y ss.). Su sucesor, Constantino I «el grande», trasladó la capital del Imperio de Roma a Constantinopla en el año 330 de nuestra era, originándose una época de fuerte influencia de la lengua y cultura griegas en ese período final conocido como Bajo Imperio. Como resultado de dicho influjo la voz *archivum* aparece por primera vez en su acepción

---

1. http://sumer.grazhdani.eu/index.php

de lugar de custodia, en el *Corpus Iuris Civilis*, también conocido por Código de Justiniano, en referencia al emperador (527-565) que ordenó la recopilación del Derecho romano. Se define como (Duranti, 2007, 447):

> *Locus publicus in quo instrumenta deponuntur, quatenus incorrupta maneant, fidem faciant, et perpetua rei memoria sit.* (El lugar público donde se depositan las escrituras, para que permanezcan incorruptas, den prueba fehaciente y sean memoria perpetua).

Una definición que contiene todas las acepciones del archivo: (*locus*) lugar o continente, (*instrumenta*) conjunto de documentos, (*incorrupta*) custodia, conservación y seguridad, (*fide*) medios de prueba y (*memoria*) para la historia.

Para cuando se hizo esta recopilación del Derecho, el Imperio Romano de Occidente, el originario, para entendernos, había caído hacía más de medio siglo, en el año 476. Europa había entrado en la Edad Media y fue en este período histórico cuando el término «archivo» se expandió y erigió como preferente en todas las lenguas que se van configurando en sus primeros siglos, de modo que en francés e inglés usan la misma grafía, *archive*, en alemán *archiv*, *archivio* en italiano, *arquivo* en portugués, como en gallego, en catalán *arxiu* y en euskera *artxiboa*.

El *Tesoro de la lengua castellana o española*, de Sebastián de Covarrubias (1611), recoge muy bien esta tradición en la entrada de la voz:

> ARCHIVO. Archiuum. El cajon o armario donde se guardan las escrituras originales, priuilegios y memorias. Este tienen los reyes de Castilla en la villa de Simancas con gran orden y cus-

todia, y despues dellos todos los señores, las ciudades, las yglesias, los conuentos y comunidades. Dixose del nombre griego αρχειον, archion, armarium librorum seu locus publicus inquo acta urbis, seu ciuium recondui consueuerunt. Romani tabularium dicunt, graeci chartophilacium.

El Diccionario de Autoridades (tomo I, 1726) añadió una segunda acepción metafórica hoy desaparecida:

ARCHIVO. s. m. Lugár público donde se guardan los papéles è instrumentos origináles, en que se contienen los deréchos del Príncipe y particuláres, dándoles mayór fé y autoridád la circunstáncia del lugár. Por exceléncia se entiende el de Simancas por ser el público del Réino. Viene del nombre Griego *Archaion*. Lat. *Tabularium. Tablinum, i, vel Publici juris auctoritates, instrumenta, tabulae.* OV. Hist. Chil. fol. 79. Y por esta causa no tienen los *archívos* que tienen otras Naciones para memória de la posteridád. QUEV. Mus. 6. Rom. 72.

> *Por auténtica en Simancas*
> *te está pidiendo el archívo.*

ARCHIVO. Metaphoricamente se llama el hombre, el pecho, el corazón, por el sigílo con que guardan las cosas que se le confian: y assi se dice Es el archívo de mis secrétos. Lat. *Is, vel id quod continet arcanum.* MEND. Vid. de nuestra señora, copl. 646.

> *En el pecho mas desnúdo*
> *de defensa y culpa, un hierro*
> *profanó, y abre el sagrádo*
> *archívo de los secrétos.*

Un concepto dual, como lugar de custodia y conjunto de documentos, que se mantendrá en el tiempo sin variación, hasta que su propia evolución y el contacto con las demás ciencias sociales a lo largo del siglo XX le den otro sesgo, al incorporar una nueva acepción, la de sistema que comprende la gestión de los documentos desde su diseño y producción hasta su conservación permanente; incorporando medios materiales, humanos, conocimientos y técnicas, específicos.

Departamento de investigación y referencia. Ignatius J. Reilly, custodio

Así rezaba un gran letrero de cartón con letras azules góticas fijado en una columna junto al archivo de la empresa Levy Pants en *La conjura de los necios,* la conocida novela de John Kennedy Toole. El personaje central es un joven excéntrico cuyo trabajo como archivero en una empresa textil consistirá en vaciar sistemáticamente los archivadores en la papelera y con ello el archivo entero. La obra, muy recomendable, es (en nuestra opinión) una de las cumbres de la narrativa norteamericana contemporánea, aunque ofrezca una visión insólita de la profesión. Una perspectiva, por otra parte, frecuente en la literatura cuando alguno de sus personajes ejerce esta profesión. Podemos evocar la famosa escena de inoperancia del archivero con la que el inmortal Pío Baroja comienza su *Aviraneta o la vida de un conspirador,* o el mundo marginal y arrastrado en que se desenvuelven los funcionarios castigados en el archivo de la novela *El expediente del náufrago* de Luis Mateo Díez. Y podríamos continuar con una larga nómina de novelas y también películas en las que esta profesión juega un papel (Alberch y Ponce, 2021), lo que resulta llamativo siendo tan desconocida. Esta escasa visibilidad es debida a que desempeña una actividad logística, de consumo interno, con poca o nula proyección, lo que sucede también en tantas otras profesiones, como la gestión de personal y la contable o financiera.

Durante siglos y siglos nos cuesta encontrar el nombre que se fue dando a quienes ejercían esta actividad. En los archivos del reino de Ugarit (hititas), a comienzos del siglo XII a. C. se tiene constancia de un personaje llamado Urtenu, alto dignatario del reino, posible intendente de la reina, que ejercía importantes funciones políticas, administrativas, y habitaba la casa de los archivos. En el Imperio Persa se cita a los *hamarakara,* a un tiempo archiveros y contables... (Cruz, 2010). En Grecia recibieron diferentes denominaciones, como los propios archivos; el *chreophylax* era quien se ocupaba del *chreophylakion,* y así sucesivamente con las demás variantes del nombre. En Roma también recibieron distintas denominaciones como *tabularius, chartularius cubicularii,* entre otras. La voz «archivero» fue asentándose a lo largo de la Edad Media y su denominación apenas si varía en las diferentes lenguas.

El imaginario asocia la representación general del archivero con la guarda de papeles, con una persona ordenada, celosa de lo que custodia y cuyo acceso administra con desconfiada determinación. Una visión favorecida en el pasado por el ritmo acompasado de las propias administraciones a cuyo servicio trabajaba, las del persistente «vuelva usted mañana». Y como todo estereotipo, difícil de cambiar por mucho que la realidad sea muy otra.

El archivero es un gestor de información orientado a satisfacer las necesidades informativas precisas para que las organizaciones y los individuos desarrollen sus actividades con rapidez, eficiencia y economía, a salvaguardar los derechos y los deberes de las personas contenidos en los documentos y a hacer posibles la investigación y la difusión cultural. En resumen, es un instrumento para el buen funcionamiento de cualquier organización, cuya tarea —la gestión de los recursos informativos, de los documentos— resulta tan vital como la gestión de los recursos humanos, financieros y materiales. Es un profesional que se adapta al entorno donde presta sus servicios, público o privado, grande, mediano o pequeño, y que en función de ello desarrolla aspectos especializados o adopta un perfil generalista. En una organización pequeña o mediana el archivero es multitarea o todoterreno, y se ocupa de la organización y servicio de todos los documentos, administrativos e históricos, y de todos los usuarios, sean miembros de la organización en el desarrollo de sus tareas, sean historiadores, investigadores profesionales, ciudadanos en demanda de información administrativa, estudiantes de todo rango o aficionados a la historia. En una gran organización, encontramos archivos históricos centrados en la investigación y la difusión, cuyos profesionales se especializan en materias como la paleografía, la diplomática, la conservación y otras disciplinas para el tratamiento de los documentos históricos, y archivos orientados a dar soporte a las actividades de las organizaciones, a las demandas de los ciudadanos, a la responsabilidad corporativa, donde los profesionales trabajan en equipos interdisciplinares para el diseño, el tratamiento y la explotación de los documentos electrónicos necesarios en el día a día.

La gestión de documentos, del inglés *Records Management,* es la actividad que dirige la práctica de los archiveros en las organizaciones, lo que implica el tratamiento integral de los documentos desde su diseño hasta su conservación permanente, para que estén disponibles al servicio de las organizaciones y de los ciudadanos, de la eficacia y la eficiencia en el desempeño de sus actividades, sean fuentes de información y medios de prueba en caso necesario y se conserven para la historia corporativa y de la sociedad. Los archiveros son los responsables de todos los aspectos y procesos técnicos presentes en la gestión de los documentos, así como de la administración del sistema de archivo, en su caso edificios, instalaciones, personal, recursos, servicios...

La fábrica de documentos

Los individuos y las organizaciones creamos y recibimos documentos como resultado de nuestras actividades, internas, predecibles y reguladas, como hemos visto. Ni el archivo ni el archivero están en la cadena de producción administrativa en sentido estricto, hoy su trabajo consiste en colaborar con otras áreas especializadas y con las unidades tramitadoras en la normalización de los procedimientos y de los documentos para optimizar el uso de las tecnologías en el entorno digital. Es aquí donde se planifica el uso que se les va a dar. En el mundo en papel, muchas de estas decisiones podían tomarse tarde y así se hacía, cuando los documentos habían perdido la utilidad para la que se crearon. Ahora, en cambio, el archivo no puede ser un servicio finalista, a riesgo de que no haya nada que conservar ni nada utilizable cuando se necesite. Por eso la función archivística se sitúa en el punto cero o inicial, ya que solo se podrán usar y conservar documentos descritos, clasificados, vinculados y seleccionados antes de entrar en circulación. Puede que algún día las tecnologías se manejen en entornos de desorden y hasta de caos sin que por ello su operativa se vea afectada, pero hasta ahora es virtud exclusivamente humana, y mientras no se demuestre lo contrario las cosas van en el sentido señalado.

Una organización que aspire a la excelencia necesita basar sus actividades en documentos normalizados, elaborados por personas expertas en las actividades que se recogen en ellos y en su diseño formal y que piensen en su utilidad futura. Se trata de una función compartida y en la que concurren diferentes conocimientos.

Los documentos, soporte y registro de la información, de los datos y de las pruebas, existen por cuanto forman parte de los distintos procesos que materializan las actividades de una organización; por ello, el diseño normalizado de los documentos y el de los procesos están indisolublemente unidos. La normalización sirve para que las actividades se desarrollen siempre del mismo modo, con independencia de quienes intervengan en ellas, y como condición imprescindible para poder automatizarlas.

La gestión de procesos y la gestión de documentos comparten intereses: la identificación de los procesos (materializados en expedientes y otras agrupaciones documentales), los documentos y su organización. La identificación de procesos coincide con lo que en archivística conocemos como identificación de series, y ambas se basan en el análisis de los documentos y expedientes de cada serie o proceso. Cada documento es la materialización de cada uno de los pasos de un proceso, e interesa analizarlos para tipificarlos, identificarlos, describirlos y valorar su adecuación al trámite o acción que recogen. Y, por último, la organización es otro punto de encuentro en cuanto a la utilidad que presenta el cuadro de clasificación y otras herramientas archivísticas que veremos más adelante, como el calendario de conservación y la descripción, al menos, para la gestión de procesos.

La función del archivo es concurrente y se basa en la participación de equipos interdisciplinares que identifican, analizan y rediseñan los procesos y sus documentos. En la mayoría de las organizaciones no existe un ámbito especializado que se ocupe exclusivamente de ello, y la tarea tiende a repartirse entre departamentos, como organización, calidad o tecnologías, por ser las principales áreas implicadas. El objetivo central es constituirse en motor de normalización y control de las actividades documentadas, que se concreta en dos herramientas:

1. El catálogo de procesos: identificar los procedimientos administrativos o los procesos existentes, analizarlos uno a uno, racionalizarlos y simplificarlos, con lo que se va elaborando un catálogo que recoja y describa los procedimientos normalizados y vigentes, con los tipos documentales asociados a cada fase y trámite.

2. El catálogo de documentos: que permita identificar y conocer todos los tipos documentales existentes, su estado (activos/caducados, vacíos, solapamientos...) y los que se crean como resultado del rediseño de otros anteriores o de la necesidad de plasmar nuevos trámites. Documentos excelentes, adecuados a las actividades y a las informaciones que deben recoger.

Tomar decisiones está en la esencia de las organizaciones y de los individuos, y estos, como también las microempresas, pueden adoptarlas con base exclusivamente en el conocimiento y la experiencia personal; sin embargo, a partir de cierto tamaño, las organizaciones necesitan establecer procesos para la toma de decisiones en las que intervienen diferentes individuos y áreas funcionales, que se enmarcan en entornos complejos y requieren la adopción de pasos sucesivos, documentados, hasta llegar a la resolución informada en los documentos. Así, cuando un individuo o un autónomo necesita comprar un vehículo, decide con la simple fórmula de capacidad y necesidades. En una organización, las cosas no se resuelven con tanta sencillez. Hace falta planificar las necesidades y las políticas de compra para optimizar los costes, debe prever una partida presupuestaria que la cubra y a partir de aquí puede lanzar el proceso de adquisición. Siguiendo con el ejemplo, en el caso de una administración pública, y de forma resumida, el órgano de gobierno debe acordar el inicio del procedimiento, aprobar una bases que rijan el concurso de adquisición, darles publicidad, recibir las ofertas, convocar la mesa de contratación que las analice y haga constar en acta el orden de preferencia, según la puntuación obtenida y elevar la propuesta al órgano de gobierno, que la aprueba, le da publicidad y la comunica al interesado. Hay más pasos y se pueden presentar diferentes situaciones que desemboquen en otros recorridos. En todo caso, se trata de un proceso de toma de decisiones basado en información, y su calidad y legalidad dependen de cómo se diseñen los pasos y los documentos.

El catálogo de procesos contiene todos los recorridos posibles (procedimientos), evita las actividades duplicadas e innecesarias, adecúa y reduce los tiempos de tramitación y optimiza el uso de las tecnologías, que solo es posible con procesos normalizados y basados en documentos igualmente normalizados.

El diseño de los documentos es una actividad crítica, el momento en que se deciden los metadatos que harán posible gestionarlos en el tiempo. Metadatos de clasificación, ordenación, descripción, transferencia, selección, conservación; además de los relativos al contexto. Mientras que los documentos en papel ocupan un orden dentro de cada proceso, cronológico por lo general, y se relacionan unos con otros por esa secuencia y por estar agrupados en una carpeta, en el caso de los electrónicos la secuencia, la relación y la agrupación se rigen por los metadatos.

Ambos catálogos operan como una base de datos con los procesos normalizados y con los documentos asociados a ellos, disponibles cada vez que se inicie un procedimiento. Su uso se controla mediante perfiles de usuarios y claves de acceso, que otorgan permisos para actuar de acuerdo con las tareas encomendadas a cada individuo en la organización y con su nivel jerárquico; de modo que habrá personas con funciones de administrador, otras con capacidad para redactar documentos y elaborar determinados trámites, otras con licencia para supervisar y corregir, otras para firmar y sellar. Ello comporta un conocimiento completo de las actividades de la organización y del flujo documental de las mismas y poseer una unidad transversal, el sistema de gestión de documentos y archivo.

Los primeros pasos

Cuando se trabajaba con el papel, los documentos se incorporaban por orden en la carpetilla del expediente y como mucho se les daba un número correlativo para reconstruir su secuencia si se revolvían con el uso. A esto se le llamaba «archivado». En el entorno digital los documentos se dan por concluidos cuando se han incorporado los metadatos necesarios y que constituyen su archivado, momento en que se incorporan al sistema de gestión de documentos en un proceso conocido como captura.

Los documentos que llegan desde fuera de la organización ingresan a través de un módulo denominado «registro», donde se anota el nombre del remitente, número de orden, fecha, resumen del contenido, destinatario y su código de clasificación, al menos. Su función es triple: dirige los documentos a la unidad tramitadora correspondiente, constata la entrada de cada documento, a efectos de cumplimiento de plazos y de garantías legales, y les proporciona el control archivístico necesario mediante la adición de los metadatos de gestión documental. Otro tanto se hace para los documentos que se envían al exterior, a través del registro de salida. Y ambos constituyen el registro general, conocido en el sector privado como unidad de correspondencia y registro, que garantiza la adecuada gestión de los documentos desde el inicio.

Captura y registro son los primeros pasos que dan los documentos en el contexto de la tramitación, del trabajo de oficina, que tiene dos funciones principales, una de registro y otra de información. La primera estriba en la reunión de los datos elementales relativos a una operación y su transcripción en un documento, o sea, la función tradicional que las oficinas realizan. Consiste en la creación de documentos indispensables para el desarrollo de las actividades normales de la organización: cumplimentar un pedido, comenzar un proceso de producción, determinar una situación contable. La segunda, la de información, deriva directamente del registro y en algunos casos va implícita en él y se justifica por la necesidad de dar a conocer todos los elementos críticos indispensables para ejercer un control efectivo sobre la marcha de la organización. El paso del registro a la información se hace mediante la elaboración, que no es una función propiamente dicha, sino una serie de operaciones (codificación, clasificación, selección, cálculo, agrupación, etc.) que transforman los datos brutos en elementos significativos. Y precisamente el conjunto de las dos funciones, relacionadas entre sí por la elaboración, es lo que da lugar a ese fenómeno conocido con el nombre de «trabajo de oficina». En definitiva, son todas aquellas tareas que prevén la recogida de datos, su registro posterior en un documento que permita su conservación, hasta el momento en que su utilidad deje de existir. Estas dos funciones están presentes en el trabajo administrativo, así nos situemos en el sector empresarial o en el público, y de su interdependencia se derivan importantes consecuencias desde el punto de vista organizativo.

Las organizaciones toman sus decisiones en plazos de tiempo habitualmente cortos que, a veces, por sus peculiaridades, pueden prolongarse. Para la gestión de los documentos esto significa que por regla general el número de expedientes abiertos simultáneamente en una misma oficina o departamento administrativo es limitado, que están en la plataforma de tramitación y que su recuperación y consulta son sencillas. Además, una vez concluidos, el 90% de los documentos no vuelven a ser consultados nunca más, fundamentalmente porque la mayoría de las decisiones son adecuadas y concluyen en el acto. Pero su utilidad no termina aquí, sino que continúa durante algún tiempo más y puede llegar a la conservación definitiva, y por eso se organizan con una perspectiva más amplia que rebasa la utilidad inmediata.

En estos momentos la responsabilidad sobre los documentos es de las unidades administrativas, y son susceptibles de uso también por parte de otros departamentos de la organización, de los interesados en el procedimiento, de los clientes, de los proveedores, de los ciudadanos y de las organizaciones civiles, que, en ejercicio del derecho de acceso a la información y el que les asiste de personarse en los procedimientos, exigen que los documentos están ordenados, clasificados y descritos. Para logarlo, el archivo coordina y da soporte a las unidades administrativas mediante las herramientas de tratamiento documental, formación y asistencia. Y esa coordinación evita que se creen o mantengan islas de información, que se producen cuando cada área funcional, cada departamento, gestiona sus documentos de manera autónoma, descoordinada; la información no fluye ni está disponible siempre que se necesita en cualquier área de la organización o para su estrategia global. La consecuencia es la toma de decisiones mal informadas y sus derivadas de ineficiencia e ineficacia. La coordinación del archivo evita estas situaciones porque proporciona las mismas herramientas a todas ellas, y las integra en un sistema global de información.

Transcurrido uno o dos años desde su creación y cumplida sobradamente la finalidad para la que se elaboraron, innecesarios ya para la producción y ocupando un espacio necesario para los venideros, siempre más en número, los documentos salen de las oficinas hacia una nueva etapa, conocida tradicionalmente como fase de archivo intermedio, en la que permanecen hasta alcanzar los veinticinco o treinta años, momento a partir del cual la mayoría de las legislaciones les confieren valor histórico y de conservación permanente, aunque no todos lo alcanzan, ni mucho menos. En esta etapa, los documentos siguen perteneciendo a los organismos productores, y el archivo es depositario y responsable de su gestión. El traslado de los documentos desde las oficinas al archivo intermedio se realiza de forma ordenada, con periodicidad y en plazos de tiempo determinados, observando una serie de procedimientos denominados «transferencia» que el archivero diseña, planifica e impulsa.

La transferencia consiste en trasvasar los documentos en plazos de tiempo negociados con el archivo y observando unas reglas que aseguren el orden y el éxito de la operación, fueran en un tiempo los documentos en papel, transportados desde las oficinas al archivo intermedio, sean los documentos electrónicos transferidos en línea a través de la red y también transportados, otras veces, en sus soportes originales (unidades de disco, cintas, etc.). Hay que asegurarse de que la transferencia llega íntegra, es decir, tantos documentos cuantos han salido de origen, sin pérdidas, y para ello cada remisión se acompaña de una denominada «hoja de transferencia», donde constan la cantidad, las características y la descripción del contenido, sean documentos en cajas de cartón, sean ficheros electrónicos. Una vez constatada la integridad del envío, se comprueba la calidad, el estado en que se encuentran los documentos, libres de humedad, mohos, insectos xilófagos y otras plagas, en los de papel; libres de virus y *malware* los digitales. Y si todo está conforme, se instalan en los depósitos o en los servidores, de lo que se informa al remitente para que mantenga el control.

Los archivos intermedios surgieron en los Estados Unidos durante la Segunda Guerra Mundial bajo la denominación de *Records Centers*. El esfuerzo bélico supuso uno burocrático y documental paralelo. Producir cantidades ingentes de armamento, alimentos, combustible, el reclutamiento de millones de soldados, la logística para ponerlos en orden de batalla y mantenerlos, la organización del frente y del espacio liberado... fueron acompañados por una organización administrativa y una producción documental enormes, imposibles de retener en las sedes y sin cabida en los archivos históricos. La respuesta vino de la mano de estos nuevos archivos, concebidos para la instalación de grandes volúmenes documentales durante un tiempo limitado, el de su utilidad, y de donde solo saldrían los pocos elegidos para su conservación permanente. El resto, la mayor parte, serían destruidos en plazos de tiempo asignados.

A partir de entonces, la sobreproducción asociada a la guerra fue sustituida por la de unas administraciones cada vez mayores y más activas. El modelo fue un éxito, pronto imitado en todos los países y organizaciones. Incluso en aquellas que por su tamaño poseen un espacio único de depósito se adoptó la funcionalidad de la fase intermedia, como la mantienen las organizaciones digitales, pues también la mayoría de sus documentos carecen de valor llegado un momento.

Donde se destruyen los documentos

Eso es en gran medida un archivo. Hace más de medio siglo Robert Henry Bautier, archivero e historiador francés, aseveraba con buen criterio que el archivero había pasado de ser un conservador a convertirse «en una suerte de especialista de la eliminación: es el hombre que sabe destruir» (Bautier, 1961, 1138). Resulta paradójico, pero es así: la eliminación constituye uno de los aspectos críticos para medir el éxito de un sistema de archivo. Cada vez más actividades dependen de la producción y del consumo de datos, de información, cada vez más actividades se plasman en forma de documentos, y las tecnologías han elevado este fenómeno a un nivel difícil de manejar conocido como sobrecarga de información *(information overload)*. Producimos mucha más de la que podemos conservar, en una relación de cinco a uno, y, además, una parte considerable es innecesaria.

No es posible, ni tampoco conveniente, conservar todo lo que se produce: hay documentos cuya utilidad es limitada y otros que aun teniendo alguna no pueden ser razonablemente conservados en su totalidad. Su futuro no es resultado de una decisión arbitraria, sino reglamentada y concienzuda para garantizar la conservación de los constitutivos del patrimonio histórico y la inalienabilidad de los derechos colectivos e individuales contenidos en ellos.

El proceso de eliminación se lleva a efecto en esa fase intermedia y cuenta con garantías legales. En el caso del sector público, las leyes de archivos y, en su ausencia, las de patrimonio histórico reconocen el imperativo de la eliminación y establecen las medidas orientadas a asegurar un proceso transparente y profesional. En un segundo nivel normativo, mediante reglamento, se crea y regula el funcionamiento de las comisiones de valoración y selección, órganos asesores en la materia. Son comisiones interdisciplinares en las que están representados los departamentos productores de los documentos, el archivo, la asesoría jurídica y algún representante de la investigación histórica. El archivo es el órgano que se ocupa de impulsar su funcionamiento, y el objetivo es decidir qué se elimina y qué se conserva de toda la producción documental de la organización. Para ello, lo primero es conocer dicha producción, recurriendo al análisis de las series documentales, que cobra una nueva utilidad. Una a una, se estudia su origen funcional, los actos que recoge, los valores primarios de los documentos (administrativo, legal, fiscal...) y sus valores secundarios (testimonial, informativo, histórico, patrimonial). A partir de este análisis se elabora una propuesta de selección en la que se establece su mantenimiento o eliminación, si se conservará permanentemente y si lo hará en su integridad o en parte, y el método aplicable (muestreo estadístico, selección cualitativa...), en función de su valor administrativo, legal e histórico, de información y de investigación, presente y futuro.

La eliminación es el acto por el cual los documentos determinados son destruidos, bien en su totalidad, bien manteniendo alguna porción elegida por muestreo; de modo que solamente pasan al archivo histórico los seleccionados para su perpetua conservación. La comisión aprueba el dictamen con la propuesta y lo eleva al órgano con capacidad de decidir para que resuelva. Y a base de estas resoluciones se va configurando el calendario de conservación, la guía práctica para ejecutar lo dispuesto: el momento en que los documentos deben ser eliminados, en su caso, o el modo de conservación y la forma de llevar a cabo todo ello.

Al estar presentes todos los grupos interesados en el proceso documental: creadores, juristas, usuarios y gestores, que representan el abanico más amplio de puntos de vista, se obtienen las máximas garantías de que el resultado se acerque al ideal objetivo en la medida de lo posible. Su función consiste en estudiar, evaluar y establecer los principios o pautas por los cuales se atribuye a las series documentales un grado de valor que va del cero al absoluto, y la selección consiguiente.

La destrucción es, asimismo, un aspecto crítico de la gestión del archivo, que debe fijar los procedimientos para llevarla a cabo de forma segura. Hay diferentes variedades de eliminación, en unos casos la reducción del papel a tiras o la reescritura de los discos es suficiente, el simple borrado nunca. Al comienzo de la película *Argo* (2012), basada en hechos reales, hay una escena muy significativa y verídica en la que los funcionarios de la embajada de los Estados Unidos de América en Teherán utilizan las destructoras de documentos a marchas forzadas tratando de eliminar todo papel comprometedor. Las máquinas reducían a tiras los documentos, pero tras la toma de la sede diplomática por los islamistas enfurecidos, estos pusieron a trabajar a mujeres y niños en su paciente recuperación, haciendo coincidir las tiras entre sí hasta reconstruir fotografías, pasaportes, informes y los demás papeles destruidos. Era lo que tenían a mano, junto con la caldera de la calefacción que producía una destrucción más segura. Algo parecido sucede con los electrónicos: su envío a la papelera del escritorio nada soluciona, y su borrado tampoco; hace falta reescribirlos para machacar la información, y aún más seguro es destruir los soportes. En ambos casos, papel y digital, hay empresas especializadas que certifican el proceso de eliminación y el resultado. Es un aspecto importante que se contempla en los dictámenes de las comisiones y es objeto de recomendaciones específicas en el Esquema Nacional de Seguridad.

Ha llegado a su destino

Tras cumplir con la misión por la que fueron creados y pasar los filtros de la valoración y de la selección, una porción variable de entre el 3 y el 20% de los documentos, según las organizaciones, alcanza la consideración de patrimonio documental. Puede parecer poco, pero la mayor parte de la información es recurrente y efímera; por otra parte, tratar de conservarlo todo es, además de una quimera, costoso, innecesario y contraproducente. Cuando el que escribe estas líneas fue el responsable de poner en marcha la Comisión Superior Calificadora de Documentos Administrativos, nombre que recibe la de la Administración General del Estado, se dictaminó la destrucción de unos 400 kilómetros lineales de documentos de la Agencia Tributaria que llevaban años en espera de que se reuniera y la liberara del gasto de millones de euros en la custodia de papeles inservibles de todo punto. Digitalizar lo que no sirve sería un despilfarro, y lo mismo sería conservar lo que carece de valor y uso. La función de esas comisiones es muy importante para asegurar la configuración de un patrimonio documental consistente y asumible, y transmitirlo a las generaciones futuras, evitando que sean el azar o la desidia los que decidan. Cuando acudimos a los archivos históricos, podemos pensar que custodian el acervo documental producido por las instituciones a lo largo de la historia, pero nada más lejos: atesoran los vestigios que numerosos avatares han dejado (guerras, revueltas, saqueos, incendios, inundaciones, robos), así como el abandono y la desidia de sus responsables en el pasado; habitualmente una parte ínfima de lo que se produjo y que no responde a otro criterio que la suerte, esquiva algunas veces y, las más, caprichosa.

La transferencia a la fase histórica reviste las mismas características que el traspaso a la intermedia siempre que implique el cambio de sede, edificio o servidor; lo que no ocurre siempre, pues la mayoría de las organizaciones tienc unas mismas instalaciones para ambas fases, y para la parte digital se tiende al archivo electrónico único, es decir, un mismo servidor o espacio de memoria de alojamiento. Sea cual sea la opción, lo importante ahora es la nueva utilidad que han adquirido los documentos y la responsabilidad implícita a su existencia.

La legislación archivística los considera históricos a partir de los veinte o veinticinco años desde el fin de su tramitación; otras categorías especiales, como los notariales, suben hasta los cien años; los que poseen datos de carácter personal y en lo que afecta a dichos datos, deben haber transcurrido veinticinco años de la muerte de sus titulares, si es conocida, o cincuenta en caso contrario. A partir de entonces, todos adquieren una nueva utilidad, un nuevo valor, estar al servicio de la investigación y de la difusión cultural. Se da el caso, nada infrecuente, de documentos que alcanzan este valor: sin haberse desprendido de aquel por el que fueron creados; pensemos en los expedientes de obras de edificios en uso, por mucho tiempo que haya transcurrido; o una escritura de compraventa de una casa, si más de un siglo después es objeto de nueva transacción. La mayoría de las veces, el paso del tiempo hace que los documentos reflejen situaciones, realidades pretéritas que solo es posible evocar, reconstruir mediante su análisis y uso; de ahí su denominación, «históricos», y su valor fundamental, ser fuentes de información para la investigación histórica.

Esta nueva condición lleva aparejada una nueva tipología de usuarios. Ya no son los tramitadores, ni los que toman decisiones, los clientes, los proveedores, ni las organizaciones civiles en demanda de información, son un segmento de los ciudadanos interesados en la historia desde diferentes perspectivas. De una parte, los investigadores profesionales, titulados universitarios, historiadores, habituados al uso de las fuentes del pasado, necesitan que los fondos estén descritos para decidir por sí mismos cuáles son de su interés, un horario razonable de atención, una sala de consulta y servicio de reprografía para reproducir aquellos que por su extensión y contenido serán objeto de estudio pausado o permiso para obtener las imágenes por sus propios medios con la cámara del móvil. Después hay una categoría variada de usuarios: los estudiantes, los interesados en la genealogía e historia familiar y los visitantes ocasionales, que requieren por ese orden cada vez más atención por parte de los archiveros cuanta menor es la preparación de aquellos.

Junto con la investigación, la historia proporciona efemérides, aniversarios, temas, ocasiones para rememorar mediante la organización de exposiciones, cada vez más acompañadas de una versión virtual, publicaciones, conferencias, visitas guiadas y otras actividades culturales que abren y acercan los archivos a la ciudadanía. La preparación de programas educativos orientados a los diversos niveles escolares es una fórmula cada vez más importante para mejorar el conocimiento y el aprendizaje de la historia a través de sus documentos.

Además de organizarlos y ponerlos en servicio, los fondos históricos requieren cuidados especiales, ser conservados. La pátina del tiempo, ese tono sentado y suave que adquieren las pinturas y los objetos antiguos, alcanzado cierto punto desencadena procesos destructivos que, en esta fase, son objeto de desvelos para el archivero. La conservación del patrimonio documental es otra responsabilidad a la que referirnos siquiera brevemente. En un archivo histórico nos encontramos con documentos en pergamino, papel, vidrio, celuloide, cintas magnéticas, discos, discos compactos, discos duros... por citar los más comunes, con sus correspondientes medios de escritura y grabación, que emplean otros tantos tipos de productos para fijar la información. Todos ellos experimentan procesos de oxidación-reducción inevitables: es el envejecimiento, que se manifiesta de diferentes formas y en plazos de tiempo más breves cuanto más modernos son. Así, en el pergamino y en el papel artesanal el envejecimiento es un proceso de siglos, mientras que en el papel industrial, el fotográfico, las cintas, los discos duros... se ventila en décadas y hasta en pocos años. Sobre esos soportes se han aplicado métodos y productos que en ocasiones añaden rapidez al deterioro, como es el caso de ciertas tintas ferrogálicas utilizadas en el siglo XVII, que por su acidez traspasaban el papel hasta convertirlo en una suerte de encaje inservible, las de anilina o los productos químicos empleados en el positivado fotográfico, que producen una oxidación sin fin, las tintas termocromáticas de las impresoras... En fin, son muchos los factores intrínsecos de deterioro.

También están los factores extrínsecos, de carácter ambiental (humedad, temperatura, luz solar, polvo y contaminación), biológico (mohos, hongos, insectos y roedores) y humano (virus, *malware* y robos). El exceso de humedad ambiental produce el reblandecimiento de los soportes, especialmente el papel, cuyas moléculas de celulosa pierden los enlaces por el exceso de agua y tiende a recuperar la forma de pasta originaria. Lo contrario, la sequedad, produce la carbonización del soporte y el craquelado, similar a lo que le ocurre al papel de horno una vez cumplida su misión, en un proceso acelerado. La temperatura elevada en ambiente de humedad excesiva favorece además la proliferación de mohos y hongos, que se extienden por la superficie en forma de manchas de vivos colores que destruyen la escritura y las imágenes. Hay insectos denominados «xilófagos» que se alimentan de la celulosa de la madera y del papel: carcoma, termitas, lepismas, cucarachas, junto con los roedores son todos ellos causantes de grandes daños al patrimonio documental. Y la acción del hombre, más allá de la negligencia, la desidia y el robo, cada día es responsable en mayor medida de pérdidas que por ahora parecen concentrarse en la información corriente, pero que en cualquier momento puede extenderse a la ya histórica mediante la introducción de virus informáticos y programas maliciosos. Sin olvidar los desastres como el fuego o las inundaciones.

Preservar, conservar, tal vez curar, son aspectos de una misma función que le cabe al archivo en todo momento, y con especial intensidad en esta fase. Proteger, resguardar los documentos para evitar la acción de los factores de deterioro pasa por una política activa en cuanto a materiales, instalaciones, higiene, manipulación, vigilancia, que evite su aparición y su desencadenamiento. Los edificios y locales destinados a archivo observan unas normas específicas de construcción, amueblamiento, aireación y seguridad orientadas a prevenir los factores de deterioro y a frenar su acción en caso de desatarse. La preservación implica también anticiparse procurando los medios y los soportes más adecuados para asegurar la continuidad en el tiempo. Así en el caso del papel, hay uno denominado «permanente» que cumple con los requisitos de la norma ISO 9706 adecuado para documentos destinados a su conservación a largo plazo, mientras que se puede utilizar otro de inferior calidad cuando su destino se resuelva en breve. Otro tanto cabe decir de los procedimientos de escritura, las tintas, los soportes y medios electrónicos... Todo es resultado de una concienzuda planificación, que no puede dejarse al azar. Y continúa en el tiempo con la vigilancia activa y constante del desempeño de las medidas y su efectividad, el control regular de los fondos, la evaluación de su estado y, llegado el momento necesario, su restauración.

Al igual que los edificios históricos y las pinturas antiguas se restauran cuando el paso del tiempo o algún azar malhadado los ha deteriorado o amenaza con destruirlos, también los documentos son recuperados por manos expertas en laboratorios dotados de maquinaria y materiales específicos, siguiendo métodos rigurosos y acciones concienzudas. Los

restauradores son un personal especializado con conocimientos de los materiales con los que trabajan, con formación en química, biología y otras ciencias aplicables a la recuperación de materiales que no son inertes, que tienen un
pasado vivido y aspiramos a que afronten el futuro con buenas expectativas. También se ocupan de diseñar y gestionar
las políticas de conservación, así como de la investigación y
el estudio de técnicas de conservación y restauración. Los
grandes archivos suelen disponer de laboratorio de restauración y restauradores, que no son archiveros, sino especialistas en la materia; y cuando, en la mayoría de los casos, no se
cuenta con este servicio, hay empresas especializadas. Como
gran centro de referencia nacional contamos con el Instituto
del Patrimonio Cultural de España[2].

La caja de herramientas

Para que los documentos cumplan la misión por la que son
creados, para que atraviesen las distintas fases de su vida en
condiciones de uso, necesitan que se diseñen y apliquen
ciertos procesos y controles técnicos. Se emplean desde el
momento mismo de su creación o de su recepción y se
mantienen adheridos a ellos a lo largo de toda su existencia. Son íntegros, únicos y los mismos para toda la organización, durante toda su existencia, y aun la trascienden,
pues permanecen con los documentos y permiten, después
de desaparecida, reconstruir la estructura y la evolución de
esa entidad en la historia. Asimismo, son exhaustivos, se

2. https://ipce.culturaydeporte.gob.es/inicio.html

aplican todos a la totalidad de los documentos; es decir, no son selectivos ni discrecionales, sino obligatorios. Su aplicación o implementación es sistemática, constante, rutinaria y condición obligatoria para la continuidad de las tareas soportadas en documentos. Por otra parte, su aplicación es conforme, esto es, sigue los procedimientos escritos que describen y explican la forma de hacerlo, y que son diseñados por el archivero. Todo ello con un objetivo central: que el sistema de gestión de documentos y archivo sea fiable, robusto.

Veámoslo como lo haría un documento, con un ejemplo. Solicitamos una licencia de obra menor o declaración responsable urbanística porque vamos a renovar la cocina y los baños de casa. Más o menos sucede lo siguiente: rellenamos la solicitud en línea, le adjuntamos el presupuesto de la obra y el resguardo del pago de la tasa municipal correspondiente, lo enviamos a través de la sede electrónica del ayuntamiento y recibimos al instante un justificante que nos indica la fecha y hora de entrada, el destinatario, el objeto de la acción y un número, entre otros datos. Esto significa que la solicitud ha superado el primer proceso, el registro, en el cual se le ha añadido un código de clasificación, se le ha dado un número de orden y una fecha de inicio. Al mismo tiempo, el documento se captura, incorpora, en el sistema de archivo, añadiéndole unos dígitos de codificación. Se da inicio al expediente con los datos disponibles, se describe y se califica, al tiempo que se envía a la carpeta de entrada del técnico municipal de urbanismo, que debe informar y dar el visto bueno. Cumplido el trámite, pasaría al asesor jurídico para recabar su conformidad respecto de la normativa urbanística. Hecho esto, se emite la licencia y se pone a nuestra disposición en la carpeta ciudadana, de lo que se nos avisa por correo electrónico. El expediente se cierra con la fecha final, se transferirá y archivará durante el tiempo que se haya determinado en la calificación y llegado el momento será eliminado por carecer de valor de uso y de valor histórico. Las acciones de archivo son el resultado de aplicar una serie de procesos de gestión de documentos, diseñados por los archiveros, a saber: la captura, el registro, la clasificación, la descripción, la conservación, la instalación, la transferencia, el acceso y la eliminación. Se aplican por igual, siempre y en todas las organizaciones, son estándares archivísticos reconocidos, al punto de que constituyen la esencia de una norma que rige para el sector público, la norma técnica de interoperabilidad denominada «Política de gestión de documentos electrónicos».

La clasificación es un proceso archivístico para dotar de estructura a los documentos de una entidad, y para ello identifica los tipos documentales, evidencia las relaciones que existen entre ellos y los organiza en una herramienta conocida como cuadro de clasificación, obra maestra del archivero y pieza clave de la gestión de los documentos. Su elaboración sigue la misma secuencia con que se producen los documentos. Toda entidad se crea con un fin: prestar servicios públicos, financieros, sanitarios, fabricar electrodomésticos... y para ello recibe o se atribuye unas competencias de las que se derivan una serie de funciones, que adjudica a grupos organizados de personas (áreas, departamentos, unidades administrativas) cuyo trabajo se materializa mediante actividades que, a su vez, se plasman o pueden plasmarse en documentos. El cuadro de clasificación reconstruye dicha lógica, las actividades dan lugar a series documentales, las series se agrupan en virtud de la función de la que derivan y estas por la competencia; de modo que todo cuanto hace una organización y se materializa en forma de documentos queda comprendido en el cuadro de clasificación, que es diferente para cada una de ellas, como estas lo son entre sí.

La clasificación identifica las actividades, agrupa los documentos que producen y los nombra de forma significativa y consistente de acuerdo con las acciones que recogen. Así, en el ejemplo con el que hemos comenzado, se denomina «expedientes de licencia de obra menor». Cada agrupación, llamada «serie documental», recibe una codificación para su procesamiento y recuperación y se vincula con las demás que pertenecen a la misma función para formar una sección, en este caso la competencia urbanística. Y todas las secciones representan el fondo documental del ayuntamiento, en nuestro ejemplo. Un fondo es el conjunto de documentos producido y recibido por una persona física o jurídica en el desempeño de sus actividades a lo largo de su existencia.

El cuadro de clasificación facilita además el acceso a los documentos por categorías y sirve para asignar permisos de usuario (consulta, tramitación, inspección...), para establecer la calificación de documentos esenciales por grupos, los períodos de retención y las acciones de selección de los documentos. Cada área funcional de una organización maneja solamente la parte del cuadro correspondiente a sus atribuciones, con la que está familiarizada y le resulta fácil de aplicar a los documentos, cuando no está automatizado.

La calificación es otro de los procesos de gestión documental que tiene un doble objetivo: calificar los documentos desde el punto de vista de la seguridad y desde el punto de vista de la conservación. En ambos casos, la calificación reproduce el cuadro de clasificación, que se aplica sobre las series documentales que lo componen. Veamos. En cuanto a la seguridad, existen dos categorías: los documentos esenciales y los no esenciales. Los primeros son aquellos que le resultan imprescindibles a una organización para cumplir sus obligaciones, alcanzar sus objetivos y respetar la legalidad vigente y los derechos de las personas. Se identifican a partir del análisis del riesgo que representaría no disponer de ellos porque no se haya previsto su creación o porque puedan ser destruidos en algún momento y no ser recuperados.

El origen de la calificación se sitúa en los Estados Unidos allá por los años 50 del siglo XX con motivo de la Guerra Fría. Ante la posibilidad de un nuevo conflicto mundial y del consiguiente ataque nuclear a su territorio, las autoridades estadounidenses vieron la necesidad de incluir entre sus planes preventivos uno que previera asegurarse de que los documentos indispensables para el funcionamiento de las Administraciones públicas en el peor de los supuestos, estuviesen protegidos y operativos en todo momento. Más adelante se fue viendo la conveniencia de ampliar su operatividad a otros supuestos, como los desastres naturales y los atentados terroristas. Las tecnologías de la información han introducido nuevos motivos de riesgo por el papel fundamental que desempeñan, y la susceptibilidad de la información electrónica para ser alterada o borrada con mayor facilidad que la soportada en otros medios.

A partir de la identificación de las posibles causas y del establecimiento de los niveles de riesgo, se determinan las actividades críticas que la entidad debe desarrollar en cualquier condición, incluidas las más extremas; se identifican las series documentales que sostienen dichas actividades críticas y se establecen las medidas adecuadas, fundamentalmente el duplicado de los documentos y su protección en instalaciones diferentes, alejadas de la sede operativa.

La calificación de seguridad se trasladó pronto a todo tipo de organizaciones y su práctica establece la diferencia entre las que sucumben y las que mantienen sus actividades tras un desastre. Un incendio, un atentado, un terremoto, una inundación, un ataque informático... son situaciones que cualquier entidad, pública o privada, puede superar solo si cuenta con un plan de prevención de riesgos, solo si ha puesto a salvo sus documentos esenciales para que estén disponibles al día siguiente. Se pueden conseguir otras instalaciones, equiparse de nuevo, recuperar al personal, incluso desde cero; la información perdida, los documentos no protegidos, conducen a una situación de amnesia organizacional y a la desaparición sin remedio.

Desde el otro punto de vista, el de la conservación, se trata de dilucidar qué series serán destruidas, cuáles se custodiarán permanentemente, en qué instalaciones y cuál será su régimen de acceso. De ambas perspectivas, seguridad y conservación, se ocupan las comisiones de calificación, según hemos visto.

La descripción es otro de los procesos de gestión orientado a informar acerca del contenido de los documentos para que cualquier potencial interesado pueda discernir qué le interesa consultar de entre un conjunto de posibilidades. Se trata de establecer puntos de acceso a la información; por ejemplo, la fecha de un documento, el productor, el destinatario, el objeto, el resumen del contenido, etc., son criterios por los que se puede buscar la información. La descripción extrae esos datos de los documentos y los estructura en bases de datos para la búsqueda y recuperación de la información. Siguiendo normas internacionales de descripción archivística, el personal técnico diseña plantillas, máscaras de captura y entrada de datos adecuadas a las características de cada serie documental, y son los tramitadores los encargados de implementarlas, ahora de manera automatizada en gran medida y, en todo caso, con facilidad, pues se refieren a procedimientos y a documentos con los que están familiarizados.

Los instrumentos de descripción informan a los usuarios de las limitaciones de acceso que les puedan afectar, de acuerdo con la legislación que regula el acceso a la información y la protección de los datos personales, y de las regulaciones internas que al respecto afecten a la consulta y a la obtención de copias.

Hace poco nos hemos referido a la preservación de los documentos históricos, aquellos seleccionados para su conservación permanente, pero hasta tanto alcanzan tal consideración, el archivo está obligado a mantenerlos todos en condiciones desde un punto de vista material. La responsabilidad se centra en las condiciones de depósito y de manejo y su objetivo es garantizar que los documentos se depositen en medios que aseguren su manejabilidad, fiabilidad, autenticidad y conservación durante tanto tiempo cuanto sea necesario. Mientras que los documentos en papel plantean necesidades de espacio fundamentalmente, de tipo logístico, una cuestión de volumetría, en los documentos electrónicos las necesidades derivan de su propia naturaleza y se centran en el cambio de medios y soportes. Por supuesto que el papel presenta procesos de degradación inerciales, al igual que en los electrónicos existen necesidades de espacio, de memoria, que no son irrelevantes.

La conservación, además de la continuidad física en el tiempo, persigue la seguridad en una triple dimensión: el acceso, la pérdida y los desastres. Por ello las políticas de conservación deben establecer sistemas de seguridad que eviten el acceso a los documentos por parte de personas que no estén autorizadas para ello o que estándolo puedan alcanzarlos sin los debidos controles; reglas que, de acuerdo con las normas legales en la materia, establezcan los niveles y las circunstancias. Las restricciones se aplican sobre los usuarios internos (actores) y externos, durante períodos de tiempo limitado. Se establecen categorías de acceso, se conceden permisos a quien esté autorizado para ello en función de su rol personal y organizacional. Asimismo, la seguridad se orienta a prevenir el robo de documentos y de información, a evitar un uso negligente que derive en pérdidas, así como a evitar emergencias y desastres.

El acceso interno a la información y a los documentos, por parte de miembros de la organización, se regula también por cuestiones de operatividad. Una planificación adecuada de los procedimientos contempla que cada cual acceda solo a lo que necesita para el desarrollo de las actividades que tiene encomendadas. Forma parte de la gestión de procesos adjudicar los permisos de usuario y los roles asignados (leer, redactar, introducir cambios, validar, firmar...).

Los usuarios y el manual de instrucciones

El funcionamiento de un sistema archivístico involucra a diferentes actores, ese conjunto hasta ahora un tanto difuso de usuarios internos que, además de usar el archivo, desempeñan papeles que posibilitan la gestión de los documentos; desde el primero hasta el último asumen roles. Así, a la dirección le corresponde aprobar e impulsar la normativa y las políticas internas, dotar de medios al sistema de archivo e integrarlo orgánicamente en el departamento responsable de los sistemas administrativos y de información. En un segundo nivel están los titulares de las unidades funcionales, que velan por el cumplimiento de las políticas y procesos técnicos en sus áreas de responsabilidad. En un nivel técnico están los archiveros y los informáticos, como expertos respectivos en documentos y en tecnologías de la información, de cuya colaboración resulta la gestión de los documentos electrónicos; además de la responsabilidad técnica que le cabe al personal archivero. En el plano operativo está el personal ocupado en la tramitación, gestores administrativos que crean, reciben y mantienen documentos como resultado de sus actividades. A ellos les corresponde implementar los procesos técnicos de archivo, para lo cual necesitan instrucciones y formación.

El manual de instrucciones del archivo es un manual de procedimientos específicos, el instrumento que recopila y describe todos los procesos de gestión de documentos a los que nos hemos referido y sus herramientas. Recopila el conocimiento práctico y funciona como manual de aprendizaje y guía su desempeño. Es un instrumento abierto a nuevas incorporaciones, está sometido a evaluación, revisiones y cambios de manera periódica y siempre que sea necesario, por lo que está permanentemente actualizado. En el manual, el archivero identifica los procedimientos técnicos, es decir, los singulariza, enumera y tipifica; los analiza uno a uno en toda su extensión, los normaliza, los describe con detalle y establece la metodología para su aplicación.

La implantación y la puesta en marcha de un sistema de archivo exige la formación de los distintos actores en función de sus responsabilidades. Como las organizaciones son dinámicas, el personal se renueva, cambia de puesto de trabajo o de responsabilidades, los procesos evolucionan y por ello el programa de formación se mantiene abierto y se orienta a lograr el máximo nivel de comprensión y conocimiento, por parte de la organización, de las funciones archivísticas y de sus beneficios, a explicar los procedimientos y las tareas en el contexto del trabajo diario y a satisfacer las necesidades organizacionales, así como las de los individuos implicados.

Quienes también utilizan los documentos: ciudadanos, clientes, proveedores e interesados

Además de satisfacer las necesidades de las organizaciones que los crean, los archivos tienen un componente social: atender las demandas de terceros, personas y organizaciones ajenas a la estructura, cuyos derechos e intereses están o pueden estar presentes en los documentos de dicha entidad. Ciudadanos, clientes, proveedores e interesados en negocios y procedimientos conforman ese colectivo a cuyo servicio se encuentra también el archivo. Los ciudadanos tienen derecho a acceder a la información que les afecte directamente, la de los asuntos en los que se encuentren como interesados, así como la relativa a la gestión de la entidad, más si es del sector público, a la relativa a actividades que pueden concernirles y, por último, a aquella que simplemente resulta de su interés y que por ser de libre acceso pueden reclamar sin necesidad de alegar condición ni motivación alguna. Fuera del ámbito de las administraciones públicas, hay una tendencia cada día más acusada por parte de las organizaciones privadas a proporcionar información a clientes y proveedores, lo que llega a ser en determinados ámbitos un requisito obligatorio, como en la gestión de la calidad y en la gestión medioambiental, por citar algún ejemplo. Información que comprende también a los ciudadanos, al entorno en el que operan, y está asimismo presente en diversos sectores y, en general, forma parte de la responsabilidad corporativa.

Después de la sucesiva eclosión de los derechos cívicos y políticos, y de los derechos económicos y sociales, el de la información es parte de la denominada «tercera generación» de derechos del hombre, que garantiza el principio de transparencia en la actividad de las administraciones y el de responsabilidad en todas las organizaciones. Así el ciudadano individualmente, como la sociedad a través de los medios de comunicación, los partidos políticos, las asociaciones. etc., encuentra en ello un instrumento para compensar en cierto modo el creciente poder de las organizaciones sobre los individuos y la propia sociedad en la que actúan. La eficacia de aquellas pasa por la acumulación y el procesamiento de información, mucha, precisa y de calidad; pero sin un control razonable, las organizaciones tienden al secretismo.

Por principio, el derecho a la información es universal y no admite excepciones, y todas las leyes al respecto así lo manifiestan, aunque cuando el derecho a conocer choca con otros derechos que han de ser protegidos de la intromisión, es necesario tomar las debidas cautelas. En este sentido, todas ellas las adoptan para evitar que se ponga en peligro la intimidad de las personas, la averiguación de los delitos o la seguridad y la defensa del Estado; pero incluso estas excepciones tienen sus límites.

La legislación que regula este derecho, en el caso español, se caracteriza por la abundancia de referencias en variadas normas, pero falta una ley específica que trate de la libertad de información, como la hay en tantos otros países. A partir del entorno normativo, nos encontramos con dos grandes componentes: el acceso por parte de miembros de la organización y el de personas ajenas, esto es, ciudadanos, clientes, proveedores, interesados en procesos, otras organizaciones y órganos jurisdiccionales, principalmente. Al archivero le corresponde, con el debido asesoramiento legal, gestionar la práctica del acceso. Aunque parezca baladí, todo comienza estableciendo y haciendo públicos, el calendario y el horario de atención a los usuarios, así como los medios de consulta y los formularios de solicitud y poniendo a disposición de los usuarios los instrumentos de descripción adecuados que les permitan buscar, localizar e identificar la información de su interés. Aquella que resulte de acceso restringido debe estar identificada, junto con los preceptos legales que lo establecen y el plazo de vigencia.

En el caso del sector público, por principio, los ciudadanos tienen el derecho de acceder a los documentos y expedientes siempre que pertenezcan a procedimientos administrativos concluidos. En cambio, el derecho de acceso a los documentos y expedientes en tramitación está limitado a los interesados en el procedimiento y a los funcionarios y empleados públicos en razón de sus atribuciones sobre las materias sustanciadas, así como a los titulares de los órganos que intervengan en dichos procedimientos. Las condiciones en el sector privado presentan requisitos parecidos, ya que se parte de identificar las áreas de riesgo de perturbación de la privacidad y de la confidencialidad personal, profesional o comercial y las cuestiones de seguridad de la organización, para establecer los niveles adecuados de restricción de acceso a la información.

La función social del archivo posee otra faceta, enmarcada en las industrias culturales, y sus resultados pueden ser efectivamente comercializados o prestados de forma desinteresada en el marco del principio de la difusión y acceso a la cultura por parte de los ciudadanos, que constituye una de las señas de identidad de las sociedades más desarrolladas. Como consecuencia de este nuevo estado de cosas, los archiveros se ven envueltos en un reto profesional, consistente en adoptar todas las medidas necesarias para satisfacer las necesidades de los usuarios externos, así como para captar a sectores de población poco interesados en estos servicios e incluso desconocedores de su existencia.

Los productos son prácticamente ilimitados, dependiendo su oferta de la naturaleza y las políticas de la organización. Sin ánimo de exhaustividad, podemos citar los más habituales, como los portales de Internet o las páginas web que dan acceso a todo tipo de contenidos y permiten su disfrute con independencia del lugar desde donde se acceda, además de facilitar su prestación compatible con los medios convencionales. Los servicios pueden ir dirigidos a públicos especializados, los investigadores, que demandan fundamentalmente el acceso a la descripción y los documentos, para los que el archivero pone a su disposición bases de datos y, cada vez con mayor frecuencia, las imágenes digitalizadas. Los estudiantes constituyen otro tipo de público especializado, para el que el archivo ofrece diferentes productos específicos, como los servicios o talleres pedagógicos adaptados a los programas de los distintos niveles educativos, en los que la enseñanza de la historia y de las ciencias sociales se apoya en documentos significativos (textos, fotografías, dibujos, sonido, vídeo...). Los productos pueden adquirir la forma de tutoriales o lecciones, como también de juegos que faciliten al alumno fijar los contenidos aprendidos. Otro tipo de público son los ciudadanos en general, que además de disfrutar de los contenidos anteriores, demandan productos de interés general y fácil consumo, por ejemplo referentes a cuestiones relacionadas con la genealogía, tan en boga en los últimos años, como páginas web específicas, cursos y tutoriales para la elaboración de la historia familiar y de árboles genealógicos, o exposiciones temáticas, muchas veces asociadas a conmemoraciones históricas, las publicaciones divulgativas, visitas guiadas y un amplio etcétera de posibilidades en las que, una vez más, el archivero debe trabajar en estrecha relación con especialistas de distintos ámbitos: en tecnologías de la información, en pedagogía, en historia, en museología, en restauración, en diseño, en reprografía...

La función de los archivos y de los archiveros en la sociedad es crítica, compleja y variada. La utilidad de su trabajo trasciende los propios documentos y su tratamiento, que, con ser importante, tiene efectos en el funcionamiento de las organizaciones. La del archivero es una profesión que aporta un valor añadido a la sociedad por cuanto aporta eficacia, eficiencia y transparencia a su funcionamiento y seguridad para el correcto uso y conservación de la información.

En busca del arca perdida: los tesoros documentales

De Uruk a Rávena

Uruk está considerada la primera ciudad mesopotámica y Rávena fue la última capital del Imperio Romano de Occidente. Desde la fundación de la primera hasta la desaparición del segundo transcurrió la Antigüedad, unos 4.500 años, el triple de tiempo que entre la Edad Media y el presente. Su inicio está determinado por la aparición de la escritura y a su paso surgieron y declinaron culturas, imperios y civilizaciones con un elemento común, que se mantendrá a lo largo de la historia de la humanidad: su dependencia del documento y de su organización en archivos. En los capítulos precedentes hemos tenido ocasión de conocer su naturaleza y tratamiento, y en este nos vamos a centrar en los contenidos, en los tesoros documentales que nos ha legado cada época histórica a través de sus archivos más emblemáticos.

De esos cuarenta y cinco siglos que componen la Edad Antigua, se han conservado muy pocos documentos. Es lógico. El tiempo transcurrido corre en contra, el envejecimiento es un factor de destrucción primordial. Eran comunidades pequeñas en términos absolutos, con poblaciones de tamaño limitado a la capacidad logística de cada sociedad. Por mucho que algunas fuentes fanteseen sobre el número de habitantes de Babilonia (500.000) o de Roma (1.200.000), resulta difícil, si no imposible, imaginar la capacidad de aprovisionamiento para tamañas concentraciones humanas que, probablemente, no alcanzaron el 20% de esas cifras, aún y así, todo un logro. Al final aquellas sociedades desaparecieron, casi todas, de forma violenta. Por eso mismo tampoco se han conservado los edificios que custodiaron los documentos y, aún menos, los fondos, siquiera desorganizados.

Mientras que los relatos, los mitos y las creencias religiosas se han transmitido por vía oral durante mucho tiempo y, más allá de su fijación escrita, siguen haciéndolo hasta nuestros días, en cambio la administración, el gobierno de las personas, de los bienes, de las organizaciones, se ha visto necesitada de la redacción de documentos desde tiempos remotos.

En esta época hay algo un tanto contradictorio y que llama la atención en el sentido de que no sigue la lógica temporal, y es que nos han llegado mayor cantidad de documentos de las culturas más antiguas que de las cercanas. Así, se calcula que en el mundo se conservan entre 700.000 y un millón de tablillas en museos, universidades... de las cuales el 90% son documentos y solo el 10% textos literarios o científicos, y de aquellos, otro 90% son documentos contables, económicos en general (listas, cuentas, contratos, repartos, ingresos...). De Grecia y de Roma apenas unos pocos millares, y aun incluyendo las inscripciones epigráficas la cifra no se acercaría ni de lejos. La causa, obvia, es la materialidad del soporte, más resistente al deterioro (Báez, 2013, 37-38).

Ebla, Mari, Ugarit, Persépolis son los yacimientos donde se han encontrado los complejos archivísticos más importantes por su tamaño y por la organización de sus fondos, pero en estos como en los demás casos no se han hallado archivos históricos. Desde nuestra perspectiva, todos los documentos son históricos, pero no para quienes los crearon, ya que en todos los Estados mesopotámicos regía la práctica administrativa de eliminar los documentos pasado un tiempo. Al parecer no se tomaba en consideración la trascendencia histórica ni la responsabilidad a largo plazo, razón por la cual los documentos custodiados en los archivos en el instante de la destrucción de las ciudades correspondían a los últimos reinados, un par de siglos en el mejor de los casos y en la mayoría tan solo unas cuantas décadas. De modo que una transición pacífica entre reinos e imperios nos hubiera privado por igual de fondos documentales continuados. Por ejemplo, la mayor parte de las tablillas encontradas en el archivo del palacio de Ebla pertenecía a los últimos cuarenta años antes de la destrucción, y eso que se trata de uno de los fondos más importantes de entre los hallados hasta el momento, con unos 17.000 documentos (D'Agostino, 2010, 156-157). En el archivo de la fortaleza de Persépolis se hallaron más de 15.000, todos ellos pertenecientes al período

509-493 a. C., es decir, los últimos dieciséis años tan solo (Henkelman, 2008).

«Normalmente, los documentos antiguos que la administración ya no necesitaba se desechaban a su debido tiempo o se destinaban a un uso secundario, como material de construcción, envoltura de momias, etc.» (Veenhof, 1986, 7). Cuando una ciudad era destruida, también lo eran sus archivos, que se abandonan. Rara vez hay evidencia de algún intento por salvar documentos y raro es el ocupante que conservara los del rey anterior.

Cuando se tomaba un palacio sin destruirlo, el nuevo gobernante podía retener e incluso utilizar algunos documentos de cara a la continuidad administrativa para la que los necesitaba, así como funcionarios bien informados. Esto pudo haber sucedido, por ejemplo, tras la captura de Larsa por Hammurabi o de la conquista persa de Babilonia, donde los documentos administrativos no apuntan a cambios radicales inmediatos. En la administración del palacio de Mari hay algunos funcionarios que sobrevivieron a un cambio de régimen al comienzo de la dominación asiria y después de que Zimrilim hubiera conquistado el trono. Los archivos de la cancillería de Zimrilim conservaron cientos de cartas pertenecientes a la correspondencia de sus predecesores asirios, pero aparentemente se eliminaron los documentos administrativos de ese período (Veenhof, 1986, 8).

Profundizar en las fuentes documentales mesopotámicas es algo que escapa al conocimiento de quien esto escribe, y es muy probable que también al interés del lector medio, que difícilmente se va a plantear la investigación de sus documentos. Una parte significativa está digitalizada y accesible en los sitios web de los principales museos de antigüedades, universidades y academias; pero su utilidad está limitada al acompañamiento de su transcripción y de su traducción a una lengua viva. Transcribir un texto implica trasladar los signos de un sistema de escritura, en este caso la cuneiforme, a otro sistema en uso, como el alfabético latino. De ello se ocupan la paleografía, para documentos hechos sobre soportes blandos (papiro, pergamino, papel), y la epigrafía, para inscripciones sobre materias duras (piedra, metal). Interpretar la escritura cuneiforme exige conocimientos altamente especializados para desvelar los trazos y, además, conocer la lengua para trasladar los elementos fonéticos, fonológicos, léxicos y morfológicos; lo que resulta en extremo difícil, porque se trata de lenguas desaparecidas, poco conocidas, a veces sin correlato con otras de las que se tenga constancia. La transcripción da lugar a un texto en la lengua fuente escrito en alfabeto latino, por ejemplo, que después debe ser traducido a una lengua viva para comprenderlo, con la dificultad añadida de que incluso en las lenguas mejor estudiadas hay palabras, nombres propios, topónimos... desconocidos. A esto se añade el estado de conservación de las fuentes, porque se trata de fragmentos, más o menos amplios, rara vez de documentos completos, donde la interpretación puede depender de elementos nimios en apariencia. La ausencia de una palabra o de unas letras en una línea, su interpretación dudosa, puede hacer que un texto adquiera sentido o lo pierda por completo. Veamos uno de entre la plétora de ejemplos. En 1868, en territorio de la actual Jordania se halló una inscripción en piedra, la estela de Mesha, escrita en el siglo IX a. C. sobre basalto negro, en la que se narra la guerra entre los reinos de Moab e Israel. Al final de la línea 31 del texto fragmentario hay un grupo de signos: la letra *bet* (interpretable por casa) seguida de huecos y las letras *vav* y *dalet* (transcritas como... vid). Un grupo de estudiosos afirma que el texto dice la casa de David, mientras que otros ven una referencia a Balac, rey de los moabitas. Según la primera interpretación, probaría la existencia del mítico monarca israelita. Utilizando fotografía de alta definición y *software* de tratamiento de imágenes, Michel Langlois, una autoridad en la materia, descubrió un punto al final del texto, lo que en las inscripciones semíticas antiguas significaría el fin de una frase y, por lo tanto, la referencia al rey de Israel. Otros consideran que puede tratarse de una simple anomalía de la piedra. Unas pocas letras y la presencia de un punto marcan la diferencia entre un documento que, desde el punto de vista histórico, daría por válido parte del texto de la Biblia[1].

La aplicación de las tecnologías a la transcripción de los textos mesopotámicos está dando sus frutos. Así, un equipo de investigación de las universidades de Mainz y Halle-Wittenberg ha desarrollado una inteligencia artificial capaz de transcribir tablillas de forma automática a base de un algoritmo entrenado con la imagen en 3D de varios miles de documentos, con los que ha podido establecer los modelos de cada signo gráfico y comparar versiones[2]. Otro grupo de las universidades de Toronto, Frankfurt y Leipzig ha desarrollado un sistema de traducción automática de las trans-

---

1. https://www.smithsonianmag.com/history/how-unorthodox-scholar-uses-technology-expose-biblical-forgeries-180981290/
2. https://i3mainz.hs-mainz.de/en/projekte/hafttappeh/

cripciones en lengua sumeria (Pagé-Perron *et al.*, 2017). Y tan solo son dos muestras de las posibilidades que abren las técnicas de la IA, el PLN (Procesamiento del Lenguaje Natural) para mejorar el conocimiento de civilizaciones desaparecidas.

Universidades como Oxford, Cambridge, Harvard y en España la Autónoma de Madrid, la Autónoma de Barcelona, la de Murcia, el CSIC, entre otros, ofrecen estudios sobre Oriente Próximo, lengua sumeria, acadia... Por supuesto, son muchos los recursos en Internet, y los grandes museos como el British o el Louvre, academias, grupos de investigación y centros de arqueología, ofrecen infinidad de materiales. Desde el siglo XIX se vienen publicando ediciones de textos con reproducciones de tablillas, transcripciones y traducciones, y muchas están digitalizadas y en acceso libre: también hay diccionarios en línea como el de acadio, publicado por la Universidad de Chicago, tras noventa años de trabajos, que consta de veintiún volúmenes y tiene una versión gratuita en PDF[3]. Incluso podemos disfrutar de la primera película rodada en babilonio, la muy recomendable *The Poorman of Nippur* (El pobre de Nippur), un cuento popular de hace 3.000 años, en una creación de Cambridge Assyriology[4].

En el caso de la Grecia clásica, también en el de Roma, estamos acostumbrados a considerar las inscripciones en piedra como únicas fuentes originales conservadas, placas y estelas en mármol, arenisca, granito, así como en metal; al punto de darnos la impresión de que llegaron a ser la for-

---

3. https://oi.uchicago.edu/research/publications/assyrian-dictionary-oriental-institute-university-chicago-cad
4. https://www.youtube.com/watch?v=pxYoFlnJLoE

ma favorita para transmitir los actos públicos y privados. En Grecia, la abundancia de mármol seguramente facilitó la publicación de resúmenes o extractos de leyes, decretos y otros documentos oficiales en estelas y planchas, sobre todo los de general conocimiento y amplia difusión (Posner, 2003, 96). Conviene señalar, asimismo, que no conocemos prácticamente nada de sus archivos salvo del Metroon de Atenas, el templo de Meter, la madre de todos los dioses, y algo del Egipto ptolemaico, cuando la Grecia antigua comprendía numerosas ciudades-Estado y territorios. El Metroon fue erigido hacia el 500 a. C. y destruido por los persas veinte años después, aunque nada tuvo de archivo, porque entonces el archivo estaba en el Bouleuterion, órgano administrativo y político central del Estado, a donde volvería en el siglo IV d. C. Boule y Metroon eran edificios adyacentes. Reconstruido el Metroon, destruido de nuevo a mediados del siglo III a. C. y vuelto a reconstruir en época helenística, adquirió la función de archivo desde el siglo II a. C. hasta el último cuarto del III d. C. (Posner, 2003, 105 y ss.). Se trató de un razonablemente bien organizado archivo público donde los documentos estaban instalados y accesibles. Contenía escrituras públicas (legislación, decretos...) y privadas (manumisión de esclavos, deudas, propiedades...), en papiro, pergamino, tablas de madera y ocasionalmente en tablillas de bronce (Davies, 2003, 327-329).

Determinados documentos solían tener su réplica o resumen en inscripciones en monumentos y estelas, con una variada tipología: decretos honorarios (sobre todo a extranjeros por servicios prestados), tratados y decretos sobre las relaciones externas, cuentas asociadas a la construcción de templos... Los epigrafistas consideran que son copias de documentos realizados en papiro o madera, que los secretarios de Atenas (grammateis) decidían pasar a piedra en consideración a su valor y para acercarlos a una audiencia mayor, pero no todos eran trasladados, ni mucho menos completos. Parece que los hechos en madera eran los destinados a conocimiento general exhibiéndolos en lugares públicos y eran eliminados una vez cumplida su finalidad (Sickinger, 1999, 231-241). En cualquier caso, poco nos ha llegado aparte de las inscripciones epigráficas. La mayoría de los archivos de la época se han encontrado destruidos, quemados, y los que se conservan se han hallado en lugares diferentes a los de su naturaleza, lo que indica un deseo de ponerlos a salvo. Tal es el caso del archivo de Karanis, ciudad del Egipto ptolemaico, hallado escondido en el hueco de una de las puertas de entrada; o la Cueva de las letras en Nahal Hever, desierto de Judea, donde se refugiaron los huidos de la revuelta de Bar Kokhba (132-136). Entre ellos había una tal Babatha que enterró treinta y cinco documentos habiendo tenido cuidado previamente de agruparlos en fardos envueltos en lino y atados con una cuerda, acomodados en una bolsa de cuero, a su vez metida en un odre. Tales atenciones demuestran que Babatha quería recuperarlos, una vez restablecida la calma, para hacer valer sus derechos sobre ciertas propiedades (Fournet, 2018, 178).

Las fuentes de información que tenemos sobre Roma son muy similares a las griegas; se trata sobre todo de inscripciones en piedra y planchas de metal. Los pocos documentos hallados hasta ahora son fragmentos de papiro, tablas enceradas, madera y pergamino, y los más abundantes son muy tardíos, de los siglos V y VI, es decir, posteriores a la caída de Roma (476). Los romanos mostraron cierta inclinación por la escritura en lugares públicos y nos han legado buen número de grafiti, destacando por su número los descubiertos en Pompeya y Herculano gracias a la conservación de estas ciudades en un sarcófago de lava y cenizas. Hechos con pintura o a base de rayar la superficie de los muros, se trata de eslóganes electorales, gamberradas, frases hirientes, procaces y otros productos de la expresividad y del atrevimiento.

En Internet existe un punto de acceso central a todo tipo de textos clásicos, Trimegistos[5], una base de datos surgida en 2005 de la colaboración entres las universidades de Lovaina y Colonia y que actualmente cuenta con casi un millón de entradas de los años 800 a. C. a 800 d. C. sobre documentos papirológicos, inscripciones y tablillas de todo el mundo antiguo. Ofrece metadatos que enlazan con los sitios web asociados, donde se puede encontrar más información, que a menudo incluye fotografías, transcripciones y traducciones de los textos. Es también destacable la iniciativa EpiDoc[6] que proporciona pautas y herramientas para codificar en XML ediciones académicas y educativas de documentos antiguos, lo que facilita la publicación digital de inscripciones antiguas, papiros y manuscritos.

Las tecnologías también funcionan en este terreno y ayudan a la reconstrucción y recuperación de textos perdidos. Así, durante las primeras excavaciones en las mencionadas ciudades de la bahía de Nápoles, en el siglo XVIII, entre las ruinas de la Villa de los Papiros se encontraron casi dos mil

---

5. https://www.trismegistos.org
6. https://sourceforge.net/projects/epidoc/

rollos completamente carbonizados. Tras más de doscientos años de intentos infructuosos por recuperarlos y desvelar su contenido, la mayoría de las veces con el resultado de su destrucción, la aplicación de una sofisticada técnica de resonancia magnética, junto con la inteligencia artificial, está permitiendo reconstruir su contenido sin necesidad de manipularlos, ya que dado su estado es muy difícil desenrollarlos sin destruirlos (Mocella *et al.*, 2015). Se trataba de una biblioteca de textos epicúreos, casi todos escritos en griego y pertenecientes a un filósofo poco relevante, Filodemo de Gádara, amigo del propietario. Merece también una mención Ithaca[7], un programa de inteligencia artificial consistente en una red neuronal profunda ideada para documentos e inscripciones en griego clásico, que permite reconstruir el texto perdido con una precisión algo superior al 70%, la misma que ofrece para establecer el lugar geográfico donde se redactó, y asimismo es capaz de datar con un margen de error de 30 años.

Si tan escasas y fragmentarias son las fuentes documentales para el mundo grecorromano, cabe preguntarse cómo es posible que nuestro conocimiento de su historia sea superior al que poseemos sobre las otras civilizaciones de la Antigüedad, más generosas en su legado documental. Además de la distancia geográfica y cronológica, la principal diferencia radica en la penetración y la continuidad cultural. Grecia se expandió por sí desde el mar Negro hasta las columnas de Hércules, conquistó Egipto y Mesopotamia y llegó hasta la India en época de Alejandro Magno, quien configuró un vasto imperio fragmentado a su muerte, al

7. https://ithaca.deepmind.com/

par que permaneció unificado por la koiné, la lengua griega común. La conquista romana de estos territorios se verificó manteniendo en uso la cultura helena, que empapó asimismo la latina y así se perpetuó en el tiempo. Hasta tal punto que cuando se dividió el Imperio Romano entre el de Oriente y el de Occidente, a la muerte de Teodosio en el 395, en el primero prevaleció el griego como lengua no solo de comunicación, que ya lo era, sino también oficial, frente al latín. También hubo una imbricación en el otro sentido, el de la influencia latina sobre el mundo griego, sin olvidar la aculturación de Europa y el norte de África, completamente romanizadas. Proximidad, uniformidad y continuidad cultural son factores de primer orden para el sostenimiento de un mundo de referencias, al contrario de lo sucedido con el mesopotámico y el egipcio. Las invasiones bárbaras y la división del Imperio Romano de Occidente en un rompecabezas de pequeños reinos y Estados se llevaron a cabo desde la base del predominio de la lengua y de las instituciones romanas, que contaron con la robusta estructura de la Iglesia cristiana para afianzar su transmisión, de modo que tanto en la Baja Edad Media como en el Renacimiento, la recuperación del mundo romano tuvo más elementos de continuidad que de descubrimiento.

La codificación del Derecho fue otro factor de éxito para la pervivencia de la cultura clásica, algo en lo que influyeron el lugar y el momento. Fue en Constantinopla, capital del imperio de Oriente, donde Justiniano I (527-565) Impulsó su sistematización en el *Corpus Iuris Civilis*, desde donde se expandió por toda Europa. Aunque para entonces el Imperio de Occidente era más historia que otra cosa, Rávena había tomado el relevo de Roma, asumió su capitalidad y lo mantuvo con vida durante trescientos años entre las oleadas de los pueblos esteparios y el surgimiento de los primeros reinos bárbaros altomedievales, como el visigodo, el merovingio o el lombardo, sobre los que ejerció un influjo notable, hasta que a mediados del siglo VIII Carlomagno se erigiera en el primer continuador medieval del conocido como Sacro Imperio Romano Germánico. Al igual que la lengua común, el Código de Justiniano empapó las instituciones de los nuevos reinos europeos y mantuvo la romanización más allá en el tiempo.

Incluso la cultura antagónica más fuerte, la árabe, ayudó a perpetuar la grecorromana a través de la traducción de textos, al punto de constituir en bastantes casos la única vía para su recuperación. Y son las obras clásicas, tanto las conservadas en su lengua originaria como las volcadas al árabe, la fuente de información que, junto con la arqueología, nos ha permitido adquirir un conocimiento cabal sobre la historia de esa era, a pesar de la endeblez documental. Dionisio de Halicarnaso, Tito Livio, Dion Casio, Frontón, Tácito, Amiano, Símaco, Libanio, Cicerón o el Siracusano son algunos de tantos autores en cuyas obras se hallan referencias acerca del papel que los documentos y los archivos desempeñaron en la época. A falta de documentos privados y oficiales, sobre las columnas de las inscripciones, la arqueología y los textos se eleva el edificio de la historia de Grecia y de Roma.

Actas, cartas y privilegios

La Edad Media tiende a presentarse como una época encajonada entre lo antiguo y lo moderno, algo que está en medio y por lo tanto carente de mayor interés; sin embargo, fue un período amplio en el tiempo, en el que la cultura occidental experimentó grandes avances y transformaciones. Cronológicamente abarca unos mil años, desde la caída de Roma en el 476 hasta finales del siglo XV, con varios hitos en liza: la invención de la imprenta hacia 1450, para unos, la caída de Constantinopla en 1453, para otros, o la llegada de Colón a América en 1492. Un milenio de cambio y evolución constante que comenzó culminando la fragmentación del Imperio Romano en una nebulosa de pequeños reinos y territorios, en los que sobre el sustrato común del latín o bajo su influencia fueron surgiendo las lenguas romances y las germánicas. Un tiempo de poder multipolar con un eje religioso, que también será vertebrador ideológico y cultural y ejercerá de aglutinante frente a los embates expansivos de la cultura ascendente, la árabe, y de su religión, el islam. La Iglesia cristiana fue en cierto modo heredera del Imperio Romano, se organizó a su imagen, en provincias eclesiásticas, y mantuvo instituciones de gobierno a su semejanza. Permaneció indiscutida en lo espiritual y evolucionó con el signo de los tiempos en lo terrenal.

En el ámbito que nos ocupa, las cosas sucedieron del modo acostumbrado y único posible, habida cuenta de que los documentos y su organización son trasunto de las instituciones de su tiempo. La Alta Edad Media comenzó con la recopilación del Derecho romano, lo acabamos de ver, que se aplicó uniforme en el Imperio de Oriente, mientras que la parte occidental atravesó una situación muy distinta. Durante los tres primeros siglos Rávena (Herrin, 2022) jugó el papel de Roma como cabeza de un imperio desaparecido, ejerciendo cierta tutela sobre los nuevos reinos bárbaros instalados en su territorio a título de federados, y, como subsidiaria del emperador de Constantinopla, trató de mantenerlos a raya cuando fue posible. Godos, vándalos, alanos, visigodos, longobardos, burgundios, merovingios y francos fueron los principales y todos ellos terminaron siendo romanizados desde su entrada en el limes del Rin y del Danubio hasta su asentamiento definitivo, proceso que sería culminado con la conversión al cristianismo.

Los visigodos son un buen ejemplo y por razones obvias vamos a tomarlos como hilo conductor. Telegráficamente diremos que en el 378 irrumpieron por Oriente derrotando a los imperiales en la batalla de Adrianópolis (actual Edirne, en Turquía); tras recorrer la península griega y los Balcanes, saquearon Roma en el 410 para terminar ocupando el sur de la Galia e gran parte de Hispania e instalar su capital en Tolosa (Toulouse) desde el 418. Era una minoría desde el punto de vista demográfico que se impuso a la mayoría de la población galo e hispanorromana; bárbara, pero no salvaje, sino romanizada, había adquirido la lengua y la cultura institucional del Imperio. Recopiló su costumbre en el Código de Eurico (finales del s. V) y el Derecho romano vigente en su territorio en la *Lex Romana Visigothorum* (506), aunque no se sabe con certeza si rigieron separadamente para ambas comunidades. Un año después los francos ocuparon su parte de la Galia expulsándolos a Hispania, donde se circunscribiría a partir de entonces el reino visigodo con capital en Toledo. Con el tiempo, la legislación se fusionó en una sola materializada en el *Liber Iudiciorum* o *Lex Visigothorum*, una ley para un reino que superaba la división poblacional. Una ley que a mediados del siglo XIII recuperará Fernando III «el Santo», tras el paréntesis árabe, en el Fuero Juzgo, su versión castellana. Baste con decir que el reino se mantuvo incólume hasta la batalla de Guadalete (711), que supuso el inicio de la dominación musulmana.

Dado su tamaño, su economía agropecuaria y la reducida dimensión del aparato administrativo, el volumen documental producido tuvo que ser forzosamente discreto, como lo es aún más su legado. Sabemos por fuentes indirectas que en el *Thesaurus* del palacio real de Toledo, donde se conservaban las joyas de la corona y los caudales del rey, se guardaban también los documentos de la monarquía, aunque nada conocemos de cierto sobre su volumen y organización. Las grandes familias y los nobles poseían sus *tablinia*, como los obispos o los notarios, en consonancia con la herencia romana. La carestía del papiro y la, al parecer, escasa pericia en la fabricación de pergamino también explican lo poco que se ha conservado. Hubo falta crónica de materia escriptoria y su coste fue en general difícil de afrontar, salvo para las grandes instituciones y personajes potentados. Existe también una explicación de carácter jurídico tanto en la costumbre visigoda como en la de los pueblos bárbaros en general: la prueba testifical primaba sobre la documental propia del Derecho romano. Testimonio oral frente a documento escrito.

De ahí la escasez de fuentes directas, unos cuantos documentos y algunos fragmentos en papiro y pergamino, restos de otros tantos instrumentos reales, que se conservan en el Archivo Histórico Nacional, como la suscripción de Teudeberto y el precepto de Mederma; unos cientos de pizarras halladas en Ávila y Salamanca fundamentalmente, también Zamora y Asturias, de carácter privado y temática doméstica: trabajos agrícolas y compraventas, invocaciones, así como borradores y ejercicios escolares (Velázquez, 1989). Y sobre todo copias posteriores, del siglo XII en adelante, cuando, tras la liberación de territorio cristiano, las comunidades monásticas reprodujeron los documentos y los fragmentos de época que recogían las donaciones y otras pruebas escritas de su patrimonio y de sus privilegios (Tomás y Martín, 2017). Los visigodos habían adoptado el latín y la escritura romana, y solo en sus postrimerías iniciaron una escritura característica que se desarrollará en los reinos cristianos entre los siglos VIII y XII, conocida como escritura visigótica, aunque cuando se utilizó su origen no fuera ya más que un recuerdo (Núñez, 1994, 367 y ss.). Una vez más, las fuentes principales son indirectas: las obras históricas de autores coetáneos de las que se conserva una buena veintena, donde destacan Isidoro de Sevilla por su *Historia Gothorum, De Viris Ilustribus* y *Las Etimologías;* Juan de Biclaro y su *Chronica,* el *Chronicon* de Idacio, la *Crónica Cesaraugustana* de autoría anónima...; obras que recogían los hechos más destacados de aquella época, semblanzas de reyes y altos dignatarios, correspondencia con personalidades y variadas descripciones. También se conservan las actas de los dieciocho concilios generales celebrados en Toledo, y algunas de los veintitrés provinciales (Paniagua, 2011): Tarraconense, Cartaginense, Bética, Gallaecia, Lusitania y Narbonense, que, aun tratando de cuestiones de fe, eran convocados por el rey, que a veces proponía materias de Estado a la consideración de los conciliares, entre los que asistían también miembros de la élite laica (Orlandis, 1980). Sin olvidar la arqueología, fuente de información primordial de la Antigüedad, que en el caso visigodo ofrece novedades de manera constante al ritmo de las excavaciones sobre una época que no cesa de brindar nuevas luces.

Por varias razones, nos resulta difícil tratar sobre los archivos y los documentos de la España musulmana (711-1492). Fundamentalmente porque tanto el avance de Al Ándalus como su retroceso se hicieron a base de la conquista militar y la destrucción de las instituciones públicas y religiosas, sustituidas por las propias de los vencedores. Asimismo, al no haber continuidad institucional ni cultural, los actos y los derechos materializados en sus documentos perdieron todo su valor, en definitiva, se hizo tabla rasa sobre el pasado. Lo más probable es que los documentos fueran destruidos en el flujo y en el reflujo, y lo que nos ha quedado es algo de correspondencia, pactos, paces, convenios... con los reinos cristianos y, sobre todo, escrituras privadas en protocolos notariales. Por lo demás, fuentes indirectas de ambos bandos en liza y la inestimable arqueología.

A partir de aquí entramos en el ámbito de lo inabarcable, aun limitándonos al espacio de la Europa occidental. Es tal la cantidad de reinos, de entidades productoras, la variedad de archivos y de tipos documentales que solo es posible resumir a base de generalizaciones un tanto imprecisas. En vez de ello, tomaremos como hilo conductor un archivo que es considerado modelo y ejemplo prototípico de la época en la que nos estamos moviendo y materializó la acción de gobierno de la mayor entidad estatal, la Corona de Aragón. Hubo otras esenciales, como el Imperio Carolingio seguido del Sacro Imperio Romano Germánico, cuya pretensión fue ser continuadores del romano de Occidente, aunque tras la muerte de Carlomagno (814) se quedó en una superestructura asentada sobre Estados soberanos. De entre todos, la Iglesia de Roma fue la mayor organización y la más compleja en sus dos ramas, el clero secular o diocesano y el regular o monástico, y en la práctica la que mejor supo superponerse a las estructuras romanas y la que merece ser tenida por su continuadora en un sentido cultural.

Siguiendo la división imperial del territorio, la Iglesia estableció su sede en Roma bajo la autoridad del papa y del Consejo del Sacro Colegio (cardenales) y en cada provincia —que tomó el nombre «diócesis» de la división territorial bajoimperial romana— instituyó una silla catedralicia con su clero y un delegado papal al frente, el obispo, de quien dependía una plétora de iglesias urbanas y rurales con sus sacerdotes. En la Edad Media se fundaron numerosas órdenes religiosas: benedictinos, cluniacenses, cistercienses, camaldulenses, cartujos, jerónimos, mercedarios, franciscanos, clarisas, carmelitas, y así hasta cerca de sesenta entre monásticas y mendicantes, masculinas y femeninas. A las que podrían añadirse, si bien su naturaleza es más laica que eclesiástica, las órdenes militares: Calatrava, Santiago, Alcántara, Montesa y el Temple, por lo que se refiere a España, que desempeñaron un papel fundamental en la Reconquista. La Iglesia fue un poder económico, político, cultural e ideológico como no hubo otro en aquel tiempo, y si bien no actuó en todo al unísono, algunos de sus institutos fueron más poderosos que los reinos y señoríos sobre los que se asentaban. En el sentido que nos interesa, también se comportó con diversidad.

Es muy poco lo que queda del papado desde sus orígenes hasta el siglo XII. Se sabe por referencias que en los inicios hubo un archivo denominado unas veces *Santo Scrinium*,

Chartarium otras, que iba con el papa en sus frecuentes desplazamientos, lo que facilitó su pérdida, junto con los que fueron destruidos por las persecuciones en los primeros siglos, y después en los saqueos a manos de los bárbaros. Posteriormente se ubicó en la basílica de San Juan de Letrán, en la de San Pedro y en el Palatino, y más tarde se trasladó a Avignon. Entre idas y venidas, más los enfrentamientos con los Estados vecinos y, en especial, con el Sacro Imperio, poco es lo que se conserva anterior al siglo XIII. El archivo que hoy conocemos se fundaría mucho después (1610) como Archivo Secreto Vaticano, que fue abriéndose paulatinamente a la investigación a partir del siglo XIX, hasta que el papa Francisco cambió su nombre por el de Archivo Apostólico Vaticano (2019). Custodia los fondos que recogen la gestión terrenal y espiritual de la Iglesia Católica y todos los grandes casos del Medievo en adelante, como las cruzadas, los templarios, las herejías... Aunque la página web apenas ofrece información, ni acceso a documentos, a diferencia de la biblioteca, que posee una bien provista sección digital, en la red hay recursos interesantes para hacerse una idea de su riqueza.

En el clero secular las catedrales, algunas colegiatas, grandes santuarios y basílicas instauraron sus archivos en época medieval, manteniéndolos con regularidad hasta nuestros días. Las catedrales señeras del norte de España, como las de Oviedo, León, Lugo y Santiago de Compostela, entre otras, tienen por ello documentos desde el siglo IX en adelante. Los archivos parroquiales también iniciaron su andadura, primero con los fondos de cofradías, testamentos y donaciones, visitas *ad limina* y algunos, raros, libros sacramentales, pero no se instituyeron hasta que el Concilio de Trento (s. XVI) encomendó a los párrocos utilizarlos para registrar los bautismos, los matrimonios y las defunciones, lo que se considera origen de los archivos parroquiales. Hasta la creación del Registro Civil en 1871, los libros sacramentales son la mejor y más segura fuente documental para los estudios genealógicos, ya que permiten reconstruir la secuencia cronológica de nuestros antepasados. También lo son para el estudio de la demografía, pues, aunque no recogen la natalidad, sino solo los bautizados —lo que deja fuera la mortalidad perinatal, es decir, los fallecidos en las primeras 48 horas, que era muy elevada—, a falta de censos de población fiables antes de bien entrado el siglo XIX, permiten hacer estimaciones bastante ajustadas a la realidad.

Las órdenes procuraron mantener un cierto estilo instituyendo en cada monasterio y abadía un archivo, habitualmente custodiado en el tesoro (De la Cruz, 2016, 180 y ss.) y con un responsable a su frente. Además de lugares de espiritualidad, en aquellos tiempos y mucho más allá fueron centros de poder local, regional y, en conjunto, interterritorial. Un poder económico basado en propiedades obtenidas por vía de donación de sus fundadores, reyes y nobles, ampliadas con legados sucesivos de los fieles y compras, cuya justificación y defensa jurídica se fiaba a los documentos. Unas comunidades que eran administradas, tomaban decisiones colegidas, cobraban rentas, recibían limosnas, se comunicaban con terceros..., todo lo cual se materializaba en los documentos custodiados con dedicación y esmero, por lo mucho que les iba en ello. Durante la Alta Edad Media muchas de estas casas fueron destruidas y tuvieron que ser abandonadas a causa de las invasiones musulmanas y de los pueblos nórdicos. A partir del siglo XI, con la recuperación del espacio por parte de los reinos cristianos, dichas comunidades o sus herederas volvieron a los antiguos solares e iniciaron un proceso de rescate de sus propiedades, para lo cual se valieron de los documentos que conservaban, fueran completos o fragmentos, como pruebas de su derecho. Mas como quiera que eran pocos, parciales e insuficientes, se dieron a la reescritura según conveniencia, en unos casos transcribiendo los originales con interpolación de palabras, frases o párrafos beneficiosos, en otros elaborando ejemplares *ex novo* mediante la imitación del tipo de escritura de la época y sobre todo del recurso a testigos que, evocando historias, recuerdos transmitidos de tiempo inmemorial, podían confirmar las pretensiones. Como señaló Le Goff (1991, 155), «la memoria cumplía un rol considerable en el mundo social, en el mundo cultural, en el mundo escolástico y, no hay necesidad de decirlo, en las formas rudimentarias de la historiografía». Por eso en la Edad Media se veneraba la figura del anciano, como hombre de memoria, prestigioso y útil. Pero la confianza estable la procuraban los documentos, y por eso se lanzaron a recopilar en cartularios, tumbos y becerros, nombres con los que eran conocidos, las escrituras de propiedad, donaciones, privilegios... que igualmente elaboraron reyes, nobles, familias y entidades civiles como medio de mantener unidos y a salvo sus documentos esenciales.

Los archivos eclesiásticos son un recurso sin par para la historia hasta nuestros días, y mejor cuanto más atrás nos remontemos. La Iglesia ha gozado de una continuidad temporal difícil de encontrar en el orden civil, donde, con la excepción de los ayuntamientos, tanto los reinos como las coronas, los nobles o las empresas han experimentado profundos cambios, incluida su desaparición. Los archivos de los institutos católicos poseen series documentales desde su fundación, y en cuanto propietarios y agentes sociales permiten reconstruir la economía y la sociedad en siglos en que las fuentes civiles son menos abundantes. Muchos son los que han desaparecido por su destrucción con motivo de guerras, revueltas campesinas y revoluciones. En España se da la paradoja de que la disolución de las órdenes y la incautación de sus bienes a consecuencia de la conocida desamortización de Mendizabal (1836), en vez de propiciar la pérdida de sus archivos, dieron la ocasión de unirlos y mantenerlos a salvo. En aquellos años el país estaba inmerso en una guerra sucesoria entre los partidarios de Isabel II (isabelinos), hija de Fernando VII, y los de Carlos (carlistas), hermano del mismo rey, que al tiempo representaban dos visiones diferentes de España, liberal la primera e integrista la segunda. Como quiera que la situación de la Hacienda pública atravesaba serias dificultades, se optó por disolver las órdenes religiosas (clero regular), proclives por lo demás al carlismo, incautarse de sus bienes y venderlos en subasta, con la excepción de sus archivos y bibliotecas. Mal que bien, la operación surtió los efectos deseados, y otros no por previstos menos perversos, como la transferencia de un volumen fabuloso de tierras y otros bienes que pasaron a manos de quienes ya los poseían en abundancia, reforzando así el latifundio. Los fondos de archivo se concentraron primero en la Real Academia de la Historia (1850) hasta la creación del Archivo Histórico Nacional[8]

8. https://www.cultura.gob.es/cultura/areas/archivos/mc/archivos/ahn/portada.html

(1866) con la finalidad, entre otras, de hacerse cargo de estos archivos. Aquí forman una de sus secciones más importantes, la de Clero, con más de dos mil fondos procedentes de otros tantos conventos, e idéntica cantidad perteneciente a catedrales, parroquias y colegiatas, obras pías y hospitales, más los de las órdenes militares. Mil años de historia preservados y en servicio, a salvo de las guerras civiles que han asolado el solar patrio desde los años 30 del XIX a los del XX.

El archivo del Mediterráneo

Tendemos a considerar la Edad Media un tiempo de señores feudales, de reyes y clérigos, de guerras intestinas y de cruzadas. Y es cierto, como también lo es que se recuperaron instituciones civiles de la Antigüedad, como el Derecho romano y el municipio, como base de la articulación del territorio. Ciudades, villas y lugares serán las sedes de las manufacturas, además del sector primario, del comercio y del transporte desde el nivel local al transnacional, de las grandes ferias, de la banca, de las nuevas vías y ejes de desarrollo, como lo fue el Camino de Santiago, vía espiritual y de intercambio económico y cultural. En resumen, una época de profundos cambios y transformaciones en todos los órdenes, en las antípodas del oscurantismo y el retraso con los que se la ha querido presentar.

Este proceso fue acompañado por la creación de sus respectivos archivos, como los municipales, que nacen de ciudades hispanorromanas reactivadas (León, Barcelona...) y de las localidades de nuevo cuño, comenzando por la primera del territorio cristiano, Brañosera, fundada en el 824 en la montaña palentina; los archivos notariales, resultado de la recuperación de los depositarios de la fe pública; los de las compañías comerciales y bancarias, como el Consulado de Burgos: los de la familia Ruiz: los de las ferias de Medina del Campo y de Medina de Rioseco, o los de la Hermandad de las Marismas, entre tantos otros. Muchas y nuevas organizaciones que encuentran en el papel un medio más económico y versátil para dar soporte a sus actividades escritas, como hemos visto páginas atrás.

Además de los cartularios, se empastaban originales de especial valor para protegerlos y mantenerlos agrupados, como se hacía con las actas, la contabilidad y los registros, que adoptaban el formato códice una vez cerrado el año o el período determinado. Los documentos sueltos se agrupaban en función del organismo productor, cuando había más de uno, y después se ordenaban cronológicamente formando paquetes o legajos. De acuerdo con el armario y cajón donde se guardaran, se les adjudicaba una signatura topográfica a base de combinar letras y números indicativos del lugar de instalación (Delsalle, 2017, 77). Como vemos, poco habían evolucionado las técnicas respecto de las conocidas en Mesopotamia miles de años antes.

Los reyes solían encomendar sus escrituras a la custodia de uno o más monasterios, por lo general el que fuera sede del panteón real. La antigua costumbre de hacerse acompañar del archivo en los desplazamientos podía tener consecuencias nefastas, y hubo casos suficientes como para aprender en cabeza ajena. Así, cuando Ricardo I de Inglaterra derrotó a Felipe Augusto de Francia en la batalla de Fréteval (1194), se apoderó del bagaje en cuyos carromatos iba también el archivo real. A partir de entonces se instaló en el palacio del Louvre hasta que su nieto san Luis lo acomodó en el piso superior de la sacristía de la Sainte Chapelle, donde permaneció sin moverse hasta 1783 (Delasalle, 2017, 70). Es muy probable que este acontecimiento fuera el detonante que hiciera aprender en cabeza ajena a otros monarcas coetáneos.

La costumbre de recurrir al amparo de la Iglesia, a la protección divina en un recinto sacro, estuvo también en los orígenes del sistema archivístico mayor y más desarrollado que vio la Edad Media. Nos referimos a los archivos de la Corona de Aragón, que dominó el Mediterráneo occidental, estableció factorías por toda la costa hasta el mar Negro e influyó poderosamente en ambas orillas. La entidad política surgió a partir del reino de Aragón formado en el siglo XI de la unión de los condados de Aragón, Sobrarbe y Ribagorza en la antigua Marca Hispánica (imperio carolingio), que como resultado de la lógica de la Reconquista fue ganando territorio hacia el sur y un siglo después (s. XII) se unió con el condado de Barcelona, dando lugar al núcleo originario de la Corona de Aragón. De los archivos de los condados primigenios nada se sabe, excepto del de Barcelona, de la que, a pesar de ser arrasada por Almanzor en el 985, se conservan sesenta y tres documentos anteriores a esa fecha, de los cuales aproximadamente una tercera parte pertenecerían al primitivo archivo condal (López, 2007, 415-416). A ellos se unirían varios cientos de los años posteriores antes de la unión dinástica en 1164. Esta relativa abundancia documental en el área catalana es al parecer resultado de la pervivencia del «hábito de escriturar los hechos jurídicos» (Conde, 1998, 19). La prueba documental como consecuencia de la pervivencia del Derecho romano.

   Los documentos de la casa de Aragón se repartieron entre el monasterio de San Juan de la Peña (Huesca), el de
Santa María de Sijena (Huesca), el Hospital de la Orden
de San Juan de Jerusalén y la Casa del Temple, además del
propio palacio real, estos tres en Barcelona (Conde, 1998,
20-22). La dispersión geográfica se debe a la conocida itine-
rancia de la corte, y la preferencia por Barcelona bien pudo
estar determinada porque se trataba de la ciudad principal
desde todos los puntos de vista, y en especial a que, como
centro del poder ultramarino, ejerció como capital de hecho,
aunque los reyes fueran proclamados en Zaragoza.

   La corona aragonesa continuó creciendo al ritmo de la Reconquista, y en 1238 agregó el reino de Valencia, pero en vez
de limitarse a incorporar los nuevos territorios, mantuvo sus
diferencias, respetando las instituciones forales de cada uno.
Otro tanto hizo con las adquisiciones posteriores: Cerdeña
(1323), Mallorca (1344), Sicilia (1412) y Nápoles (1442); de
modo que se configuró institucionalmente como una monarquía compuesta a base de reinos y otras entidades unidas en
la persona del rey. Un espacio geográfico tan amplio y varia-
do fue dirigido a distancia de forma coordinada mediante virreyes, lugartenientes o delegados regios, componiendo así
un modelo novedoso de gobernanza. Esto implicó una burocracia también creciente, activa, que producía documentos
de todo tipo, soporte de la administración, sustento de la acción política y, sobre todo, base de la legitimidad monárqui-
ca y de sus aspiraciones a perpetuarse e incluso aumentar los
reinos y señoríos que constituían su patrimonio. En paralelo,
se procedió a establecer un modelo archivístico igualmente
novedoso que partiendo de un nodo central se prolongaba
en las capitales territoriales. En 1318 Jaime II ordenó que en

la antigua capilla del palacio real en Barcelona se construyera una cámara para instalar el archivo, encima de ella otra similar donde guardar sus joyas y guardamuebles y una tercera estancia en los antiguos establos donde custodiar los documentos contables y financieros del oficio del mestre racional de su corte. Hasta allí fueron llegando los fondos dispersos por conventos y hospitales para dar origen al Archivo Real de Barcelona, epicentro de la administración del Estado aragonés. Tiempo después, en 1384, Pedro el Ceremonioso daba las ordenanzas para el funcionamiento del archivo, las primeras de España y de las más antiguas de Europa (Conde, 1998, 22-24). Un archivo en el que en realidad convivieron dos diferentes, con personal distinto: el archivo de la Cancillería Real, de carácter político y administrativo, con uno de sus escribanos al frente, y el del mestre racional, de carácter económico y en manos de dicho titular. Esta división se aplicará en el resto de los de la corona.

La red de archivos en los dominios mediterráneos jugó un papel importante en el dominio territorial. Alfonso IV instituyó en el seguro castillo de Cagliari (1332) el archivo central del reino de Cerdeña, cuya gestión fue encomendada al lugarteniente del mestre racional, encargado personalmente de auditar las finanzas del reino. «El archivo asumió un papel clave para la gobernanza de la isla, ya que permitió a los lejanos reyes aragoneses mantener bajo control los recursos económicos de ese reino y la actividad de sus oficiales simultáneamente» (Silvestri, 2016, 441); pero su dominio era débil debido a la amenaza genovesa y a la enemiga de los señores feudales de la isla. Tras la conquista de Mallorca (1344), se mantuvo el sistema de archivos vinculado a las autoridades locales. Tras la de Sicilia (1412) se reorganizaron los archivos en un sistema nuevo, centralizado en el palacio del Hosterium (Palermo), sede oficial de los virreyes. En Valencia y Aragón también se establecieron sendos archivos del reino separados.

«Además de las oficinas existentes en Barcelona y Sicilia, los aragoneses también establecieron el mestre racional en Valencia (1419), Aragón (1420), Mallorca (1451) —y posteriormente en Cerdeña (1480)— para facilitar el control sobre las cuentas en esos territorios y, si era posible, aumentar el patrimonio real. En cada estado, este funcionario se encargaba de gestionar su repositorio documental» (Silvestri, 2016, 446). Y otro tanto se hizo en Nápoles tras su conquista (1442). La esencia de esta red era lograr el control de las finanzas del reino y proteger el patrimonio real y sus derechos dinásticos, lo que incluía controlar los feudos, esto es, la legitimidad de la propiedad y de los derechos en manos de los señores feudales de los distintos territorios, que podían ser, y lo fueron, objeto de revisión a conveniencia de la corona. Necesitaban un control exhaustivo sobre el estado de la Hacienda real para sostener la política expansionista en Italia en particular y en todo el Mediterráneo en general. Y para ello los archivos fueron declarados secretos, y nadie podía acceder ni obtener copia de documento alguno sin el permiso expreso del rey, salvo sus delegados personales; eso supuso una anticipación respecto del rol encomendado a los archivos durante la Edad Moderna.

Tras la muerte de Fernando II (el Católico) en 1516,

... los nuevos reyes de España heredaron la Corona de Aragón y todos sus dominios. Como sugirió evocativamente John Elliot, los aragoneses contribuyeron así a la construcción del

Imperio español al poner a su disposición su experiencia gubernamental. Esto es especialmente evidente, por ejemplo, en la preservación y ampliación del sistema virreinal para gobernar desde lejos territorios distantes. El *know-how* técnico acumulado al desarrollar y gestionar una red tan compleja de archivos en todo el Mediterráneo era otro aspecto de su legado. Fue en parte retomando un proyecto elaborado por Fernando II en las últimas décadas del siglo XV, por ejemplo, que en 1540 Carlos V (1516-1556) finalmente estableció un archivo central para la Corona española en la fortaleza de Simancas, cerca de Valladolid (Silvestri, 2016, 450).

A partir de entonces el gobierno se castellaniza, el Consejo de Aragón rige el territorio peninsular desde la capital del reino y el Consejo de Italia los territorios respectivos. Los archivos se mantienen, más que como una red efectiva, como rescoldo del pasado y depósito de la producción documental de las autoridades virreinales. Y de entre todos, el central, el Archivo Real de Barcelona, se convertirá a partir del siglo XVIII en el Archivo de la Corona de Aragón, institución hoy vigente que ha ido recibiendo en los dos últimos siglos más fondos documentales de instituciones ya de antiguo régimen, como el Consejo de Aragón y otros.

El Archivo de la Corona de Aragón[9], de titularidad estatal y gestionado por el Ministerio de Cultura, es el más importante del mundo para la historia medieval del Mediterráneo, con influencias más allá en toda Europa y parte de Asia. Mantiene su sede originaria en el palacio real, posteriormente de los virreyes, y desde 1993 una segunda en el moderno

---

9. https://www.cultura.gob.es/archivos-aca/portada.html

edificio de la calle Almogàvers. El documento más antiguo se remonta al año 844 y conserva los fondos originales de la Cancillería Real y de Real Patrimonio, a los que se agregaron los de la Generalitat (ss. XIV-XVIII), Consejo de Aragón, Real Audiencia, Protocolos notariales, etc., hasta completar unos quince kilómetros lineales de documentación. Las exposiciones virtuales de su página web nos proporcionan una buena imagen de lo que atesora.

¿Y qué era de los archivos de los demás reinos medievales españoles? Ninguno de ellos alcanzó grado tal de desarrollo. En el caso de Castilla, las primeras referencias se encuentran en las Cortes de Valladolid (1299 y 1307), donde el rey dispuso mantener separados los registros de ambos reinos en manos de los notarios respectivos de Castilla y de León, custodiados en la cámara real. Las Cortes de Toro (1371) acordaron una reorganización consistente en establecer dos fondos, uno para los documentos administrativos y otro para los de justicia, cada uno en poder de los escribanos de cámara y de sala, que al concluir el año deberían ponerlos en manos del camarero para que los custodiara en el tesoro real. Pero no hay constancia de que estas disposiciones llegaran a efecto. La causa de que no se desarrollara un sistema archivístico como el aragonés estriba, por un lado, en la falta de una capital *de facto,* como Barcelona, y por el otro en el modelo territorial a base de absorción de territorios, en lugar de crear nuevas unidades político-administrativas (Conde, 1998, 14-15). «Los reyes parecen actuar de forma descentralizada, encomendando a cada organismo la conservación de sus propios documentos [...] encomiendan a las instituciones y a los particulares conservar los documentos de privilegios y derechos expedidos por los monarcas anteriores» (Dávila, 2010, 64). Ello obligaba a obtener la confirmación de cada nuevo rey, con el consiguiente peregrinaje tras la corte para conseguirla y con ello la prórroga de los derechos y privilegios. Un buen ejemplo de ello lo encontramos en los archivos de los municipios fundados en la Edad Media, donde es fácil encontrarse con el original de la carta puebla u otro documento fundacional, así como privilegios, y con distintas versiones confirmadas por los reyes sucesores. Salvo verse envueltos en la urgencia de algún litigio mayor, se solía esperar al desplazamiento de la corte al punto más cercano para acudir con los originales y sus confirmaciones en demanda de una nueva.

En el siglo XV parece avanzarse algo en la organización archivística. Las Cortes de Toledo (1436) trataron de solucionar los problemas derivados del traslado continuo de la documentación fiscal, acordando que solo se moviera la parte activa y enviando el resto a Valladolid, «a la casa de las cuentas». Pero hasta los Reyes Católicos no hay certeza de la creación, o el intento al menos, de unos archivos estables. Las Cortes de Toledo (1480) establecieron la obligación de que los concejos guardaran sus escrituras en un arca de las tres llaves, y se creó un archivo para los acuerdos del Consejo Real. En 1485 se organizaron los de la Chancillería de Valladolid, órgano judicial con competencia en la mitad norte del reino, que tres años después fue sede del archivo de corte. A pesar de estas medidas, la corona castellana siguió sin tener un archivo central hasta la creación del de Simancas, medio siglo después.

Navarra fue un reino independiente hasta su incorporación a la corona castellana en 1512. Los primeros datos que se tienen son del inventario de escrituras de 1328, cuando los fondos documentales, que se remontaban a mediados del siglo XII, estaban repartidos en tres ubicaciones distintas, los castillos de Tiebas y Estella y la ciudad de Pamplona. Se trató de unos archivos de carácter patrimonial y fiscal al servicio de la corona y de sus derechos dinásticos y económicos. A tal efecto existía un organismo especializado, la Cámara de Comptos, tribunal que se ocupaba de la fiscalización de las cuentas y de velar por el patrimonio de los reyes de Navarra. A mediados del siglo XIV fijó su sede en la capital (Pamplona), convirtiéndose su archivo en el central de hecho (Conde, 1998, 16-18).

El castillo donde no se ponía el sol

A la muerte de Isabel la Católica (1504), el rey Fernando se mostró consciente de los peligros que podía afrontar su hija y heredera al trono, Juana, y de la importancia que tenían los documentos patrimoniales en la sujeción del entramado monárquico. Conviene recordar que con su matrimonio los reyes habían unido sus coronas, pero manteniendo su independencia y sus formas de gobierno específicas. Había demasiadas incógnitas en el horizonte: Castilla y Aragón podían separarse y volver por sus fueros, siempre que Fernando tuviera un heredero varón; a su hija le correspondía reinar en Castilla como Juana I, como lo hizo alalimón con Felipe I su esposo, hasta la muerte de este en 1506. Fernando el Católico había retenido la Corona de Aragón, como le correspondía, y, tras inhabilitar a su hija, tuteló la castellana hasta morir en 1516. A partir de entonces su nieto de 16 años, tras haber sucedido a su padre en los Estados alemanes, accedió al trono de España como Carlos I junto con su madre, tutelada bajo capa de un desequilibrio psíquico que no mostró en sus actos de gobierno, en los que fue una reina prudente y juiciosa. Junto con los territorios de ambas coronas peninsulares, la incorporación del reino de Navarra (1512) había completado el dominio sobre España entera, a lo que se añadían el ducado de Borgoña y los títulos anexos que aportó el Hermoso, más las Islas Canarias (1496), algunos presidios en el norte de África, las Indias e Islas del Mar Océano y Tierra Firme, nombre con el que se designaba la América recién descubierta, más los Estados Italianos, a lo que se añadiría la pretensión al trono de Portugal, tras casarse con Isabel, hermana del rey de dicho país. Todo ello con la discordancia de los reyes de Francia, que disputaban por el control de Italia y de Navarra, la enemiga del turco, las siempre complicadas relaciones con el papa y con los príncipes alemanes.

Se entiende que en este escenario se pusiesen las bases de lo que había de llegar a ser el archivo por antonomasia de la monarquía absoluta. En 1509 Fernando el Católico encomendó al letrado Diego de Salmerón que se centrase en buscar y recuperar todas las escrituras interesantes para la corona, por castillos, conventos o en manos de particulares, y que las concentrara en el edificio de la Chancillería de Valladolid, como archivo real, que extendió sus instalaciones al convento de San Benito de la misma ciudad y al castillo de la Mota, en Medina del Campo. En ello estuvo trabajando como tenedor de las escrituras reales hasta su muerte en 1519, cuando le sucedió su yerno, el licenciado Francisco Galindo, y, después, Cristóbal Vázquez de Acuña. Durante la guerra de las Comunidades de Castilla (1520-1522) se destruyeron y secuestraron documentos importantes para los derechos del rey, lo que empujó a Carlos I a adoptar las medidas necesarias para su adecuada salvaguarda. Encomendó la tarea a su secretario Francisco de los Cobos (Keniston, 1980), y a partir de 1540 se ordenó el traslado de los fondos a la fortaleza de Simancas, en una de cuyas torres, denominada desde entonces «cubo del archivo», se habilitó un depósito adecuado y seguro con armarios y cofres dotados de cerraduras, donde dar custodia a los documentos de patrimonio real y derechos de la corona. En 1544 designó a Antonio Catalán tenedor del archivo de las escrituras tocantes a la corona y patrimonio real de Castilla en la fortaleza de Simancas, con el encargo accesorio de continuar con la recogida de papeles.

La capital del reino se trasladó a Madrid en 1561, por lo que no parecía muy a propósito que el archivo permaneciera apartado, como lo hicieron saber algunas voces autorizadas, partidarias de que se instalase en el alcázar de Toledo, pero Felipe II tenía otros planes. Ordenó rehabilitar la fortaleza simanquina entera como archivo, encomendando el diseño a Juan de Herrera, su arquitecto por excelencia, y dispuso la ubicación de los fondos documentales producidos por todos los organismos encargados del gobierno de la monarquía, consejos, secretarías, contadurías... Puso al frente a Diego de Ayala, quien trabajó como archivero de Simancas, como después lo harían su hijo y sucesores en un oficio hereditario. Para concluir su obra archivística, Felipe II se inspiró en Portugal, que acababa de incorporar a su persona. Durante su estancia en Lisboa (1581-1583) había visitado la Torre do Tombo, el archivo real portugués, donde quedó admirado de la calidad de la conservación y del cuidado dado a los documentos. Así es como conoció a Cristóbal de Benavente, archivero de aquel reino, y a su regreso a España mantuvo correspondencia con él y le pidió que prodigara sus consejos a Diego de Ayala. En 1584-1585, Benavente estuvo en Madrid y dio su opinión sobre «lo que convenía imitar en los archivos de Simancas». La actitud de Diego de Ayala fue muy reveladora: no hace falta, dijo, copiar la organización de los fondos porque «los reinos de Castilla son diferentes de aquellos en las oficinas y en las divisiones de papeles y de negocios». El proyecto alcanzó su perfección con las ordenanzas que el rey dio para Simancas (24 de agosto de 1588), primer reglamento de la archivística moderna y quintaesencia de un modelo de éxito que se propagará por todas las cortes europeas y más allá (Cruz, 2019, 31).

El reglamento establecía la plantilla del archivo, el método de organización, las medidas de seguridad para la conservación de los fondos y todo cuanto tenía que ver con su mantenimiento, uso y régimen de acceso. A partir de esta acta de nacimiento, el modelo español se expandió a otros muchos territorios europeos: Francia inició un proceso similar en 1589 que culminaría con Richelieu, en Italia se crearon los de Florencia, Siena y los Archivos Vaticanos (1610), a la vez que en Inglaterra se fundaba el State Paper Office (1619). Simancas materializa un nuevo modelo de archivo al servicio de la legitimación del monarca, de la administración de su corona y objeto de interés para la historia. Es un salto importante en el concepto que de los archivos tendrán los gobernantes como fuente de poder e instrumento de información, preciso y necesario, para su ejercicio dentro y fuera de sus fronteras, para la afirmación, en definitiva, de los derechos del Estado. Esto hará que todas las monarquías sin excepción reclamen a sus servidores el reintegro de los documentos que, por causa del ejercicio de sus cargos, tuvieran en su poder. En definitiva, se trata del ejercicio del derecho superior que posee el Estado sobre el conjunto de la documentación y el derecho que le asiste a reivindicarla. De la importancia y el valor que tienen los archivos para la monarquía española nos da idea el hecho de que Felipe II nombrara en 1558 a Juan Berzosa archivero de la embajada en Roma, dada la importancia de la cuestión religiosa en su política europea y la necesidad de documentar con precisión el fundamento de sus derechos al respecto. Su afán no se detuvo en poner archiveros allí donde se sustanciaban los grandes temas de la monarquía, sino siempre que fuera útil para garantizarse la plena disponibilidad de los documentos, su custodia y remisión a la metrópoli con regularidad y siempre que conviniera a la salvaguarda de los derechos y preeminencias de la corona; además, añadió al nombramiento el incentivo económico. Hacia 1586, los secretarios de embajada recibían un salario de 300 ducados anuales, a los que el rey añadió otro tanto para los que además se ocuparan del archivo.

Esta visión no fue privativa de los soberanos, sino de todo tipo de entidades, lo que las llevó a tomar conciencia paralela de la importancia que tenía la organización de sus fondos documentales. Y como fuente de poder, se refuerza la concepción del archivo como territorio infranqueable, presidido por el principio de secreto e incomunicabilidad. Comenzando por el reglamento de Simancas y continuando por los que lo siguieron, se instituye el principio del secreto, lo que es decir la prohibición de acceso y comunicación sin autorización real, aunque se tratara de altos dignatarios de la administración. Por todo ello, los archiveros continuaban siendo personalidades y altos oficiales antes que especialistas, dada la importancia que el control de los documentos tenía, más que su organización. Los archivos eran considerados una fuente de justificación jurídica del poder, no por lo que hacía a su ejercicio, sino a la fundamentación de su existencia, de la legitimidad de su acción política, de sus orígenes; en resumen, de la legitimidad del sistema monárquico absolutista.

La Edad Moderna es una época en la que se cuestionaron muchas cosas: el dogma católico, la monarquía, el sistema feudal y los derechos en los que se sostenían, el *statu quo* en definitiva. Comunidades campesinas, hermandades y ciudades pleitearon para socavar el poder de la nobleza; señores contra señores, reyes contra señores, y viceversa, contra la Iglesia, entre órdenes religiosas, entre lugares, villas y ciudades por cuestiones de términos, de jurisdicción..., en una melé judicial que sacudió a toda Europa y que en Alemania fue bautizada como *bella diplomatica* ('las guerras de los diplomas'). Mientras el continente se desangraba en los campos de batalla, los patrimonios se dilapidaban también en interminables pleitos judiciales, a los que se debía acudir pertrechados de pruebas documentales que avalaran las pretensiones de cada cual. Por eso, este período de la historia se caracterizó por la dimensión que alcanza el archivo, entendido como arsenal de armas jurídicas al servicio de quien lo ostenta y territorio secreto al exclusivo servicio de su propietario. Los documentos son objeto de especial atención y protección. Desde los reyes más poderosos hasta los más simples ayuntamientos se lanzan a la búsqueda del documento perdido en algún traslado, en manos de particulares o de funcionarios, se acopian y concentran férreamente guarnecidos en fortalezas y se protegen con reglamentos minuciosos que determinan su uso y evitan su manipulación.

Estas y otras medidas de poco valieron para frenar lo inevitable, pues si quien poseía pruebas las tenía a buen recaudo, quien no teniéndolas las necesitaba procuraba su fabricación por el medio que fuere. Los documentos se convierten como nunca en objeto de controversia: jurisconsultos, feudistas, genealogistas... los procuran por cuestiones de derecho, privilegios, prerrogativas, pretensiones territoriales, genealógicas y de todo tipo. Tal estado de cosas servirá como caldo de cultivo para que se vayan perfeccionando los conocimientos y las técnicas que permiten aclarar su autenticidad. Una de las primeras aplicaciones del método humanista de la crítica textual a los documentos se hizo para demostrar la falsedad de la Donación de Constantino, la controvertida prueba del poder terrenal del papado, que veremos enseguida con algún detalle.

Desde el siglo XV, el Humanismo arrojó una mirada nueva sobre el documento como fuente, también, de conocimiento. Hasta entonces, la historia se había escrito a base de crónicas por parte de testigos de los acontecimientos narrados, e inspirados en fuentes orales, así como en la narrativa de cronistas anteriores; a partir de ahora la historiografía da un giro considerable y pasa a interesarse por los documentos originales para revisar los presupuestos de la historia. Pero el desarrollo del método crítico requería el acceso a los papeles, lo que colisionaba con su carácter secreto e infranqueable. Ni siquiera se planteó la consulta directa; la fórmula era mediante copia, tras solicitarla y obtener licencia excepcional, lo que estaba reservado a una reducida élite de eruditos bien relacionados con los círculos del poder y a su servicio.

La distancia entre Madrid y Simancas tornó pronto inserible el archivo como soporte de la gestión y de la acción de gobierno. Los consejos, las contadurías y demás organismos centrales establecieron sus propios repositorios administrativos, de los que salían remesas hacia el archivo del rey transcurrido un tiempo y perdido su valor corriente. En 1633 Felipe IV abrigó la idea de crear uno nuevo en palacio, aunque no se llevó a efecto: «Que dentro de palacio haya un archivo general al modo de Simancas, donde se archiven todos los papeles de mis Consejos [...] con la obligación que cada cuatro años se hayan de llevar y archivar los que hubiere, quedando en casa oficio de inventario de los que se entregaren» (Dávila, 2010, 77). Igualmente, los virreinatos, gobernaciones, audiencias y demás organismos de la monarquía en América y Filipinas crearon sus propios archivos, donde se mantuvieron y, tras los procesos de independencia, constituyeron el núcleo de sus archivos nacionales.

Simancas es el archivo del Imperio donde nunca se ponía el sol, el del Rey Planeta, sobrenombre con el que se designaba a Felipe IV, cuando la monarquía española alcanzó el cenit de su expansión. Por eso mismo es el archivo de referencia mundial en cuyos fondos encontramos documentos sobre la historia de España, de sus posesiones y de muchos otros espacios sobre los que no gobernó pero con los que mantuvo relaciones diplomáticas o cuyos países fueron descritos por navegantes, por espías y oficiales del rey. Son más de doce kilómetros lineales de documentos que comprenden desde la Edad Media hasta el siglo XIX, pues se continuó empleando en el XVIII, durante la dinastía Borbón, y hasta que Isabel II lo declaró archivo histórico abierto a la investigación en 1844.

Tiempos nuevos

La Revolución Francesa marca el inicio de la Edad Contemporánea. Así es también desde la perspectiva archivística, ya que la toma del la Bastilla (1789) y la proclamación de la República (1793) tuvieron consecuencias. La disolución de la monarquía llevó aparejada la de todas sus instituciones, bajo la etiqueta de Ancien Régime (Antiguo Régimen) con la que se designaba al sistema de la monarquía absoluta, cuyos fondos documentales dejaron de tener valor administrativo, legal y de prueba. Todos los archivos que desde época medieval habían sostenido ininterrumpidamente la legitimidad de la monarquía francesa pasaban a ser venero de la investigación y base para la elaboración de la nueva historia, la del Estado-nación; y pasaban a formar parte de un modelo de archivo hasta entonces inexistente, el archivo histórico bajo la denominación de Archives Nationales. Si antes eran los archivos del rey, ahora pasaban a ser los archivos de la nación. La legalidad republicana era nueva, se estaba configurando todavía, y sus instituciones de gobierno, legislativas y judiciales fundaban en ella su legitimidad, por lo que su producción documental también era nueva y, por fuerza, pequeña.

La necesidad de poner en servicio los fondos históricos llevó a la creación de un cuerpo especializado formado en una escuela de la administración, la École des Chartes (1821), de la que saldrán los archiveros-paleógrafos especializados en documentación medieval y moderna. Este modelo, la creación de archivos históricos y de archiveros-historiadores, será imitado en los demás países, hubieran conocido o no un proceso revolucionario. El caso español es representativo, pues la monarquía se mantuvo como forma de Estado, aunque transitó de absoluta a constitucional, lo que llevó a parecido destino, en tanto los archivos de la primera perdieron su valor primario y pasaron a ser netamente históricos. En distintos momentos del reinado de Isabel II fueron recibiendo tal consideración los fondos del Antiguo Régimen (Simancas, Corona de Aragón, Chancillería, Indias...). Uno de ellos, de gran trascendencia internacional, se había creado unos años antes (1781) con una intencionalidad si no histórica, al menos ideológica. El Archivo General de Indias (González, 1995, 11-32; Romero, 1995, 33-52), ubicado en la Casa Lonja de Contratación de Sevilla, edificio herreriano rehabilitado íntegramente para su nuevo destino, aglutinó los documentos de los organismos centrales de gobierno y comerciales de los territorios de ultramar. Carlos III lo creó con la idea de concentrar la información dispersa sobre los territorios españoles de América y Filipinas para facilitar la escritura de una obra que contrarrestara la leyenda negra y los movimientos independentistas y resaltara la acción civilizadora española. Las instituciones del gobierno metropolitano seguían operando desde la corte y enviaban a Sevilla los documentos con más de quince años de antigüedad. Pronto se convertiría en el repositorio de referencia para la historia del continente americano, desde Alaska hasta Tierra de Fuego, del sureste asiático, de Oceanía y de parte de África. Con el tiempo, en los años ochenta del siglo pasado, fue pionero en la aplicación de las tecnologías, y uno de los primeros del mundo en ser digitalizado.

En consonancia con los nuevos aires, en 1858 se creó el Archivo General Central del Reino, ubicado en el palacio arzobispal de Alcalá de Henares, y se ordenó que todos los ministerios enviaran allí los fondos históricos y administrativos. Ese mismo año se creó el Cuerpo Facultativo de Archiveros, Bibliotecarios y Anticuarios, funcionarios especializados en el manejo de los archivos, las bibliotecas y los museos del Estado. En 1866 se creó el Archivo Histórico Nacional para hacerse cargo de los fondos de carácter histórico del General, que estaba llamado a ser el central de la nueva administración, además de ocuparse de los fondos eclesiásticos de la desamortización y de otros procedentes de Simancas. El Archivo General Central tuvo una vida efímera. La falta de previsión y de conciencia quiso que en 1939, tras la Guerra Civil, se instalara junto al archivo un depósito de vehículos inservibles para el desguace, con la consiguiente acumulación de aceites y combustibles, que en agosto de ese mismo año entraron en combustión provocando un incendio pavoroso que destruyó gran parte del acervo documental del siglo XIX y comienzos del XX (Dávila, 2010).

Mientras los países europeos pasaron el siglo XIX y parte del XX reorganizando los fondos históricos del Antiguo Régimen, como base para la historia de sus naciones, al otro lado del charco una nueva potencia emergente, los Estados

Unidos de América, iba labrando un modelo nuevo de sociedad, de economía y de gobierno, que tendrá su correspondencia en los archivos. Se trata de un país que empieza a formarse a finales del siglo XVIII (1776, Declaración de Independencia), apenas consolidado su territorio nacional se ve envuelto en una guerra civil (Guerra de Secesión, 1861-1865) y a partir de ahí, por resumirlo en pocas palabras, entra en un proceso de industrialización y de crecimiento económico que le permite adquirir un papel predominante en la escena internacional al estrenarse el siglo XX. La Gran Depresión producida tras el crac bursátil de 1929 obligó a los poderes públicos a intervenir en la economía a través de inversiones en infraestructuras, servicios sociales... conocidas como *New Deal*. El sector público aumentó enormemente sus actividades y su tamaño, aplicando nuevas técnicas burocráticas basadas en la gestión científica *(Management)* y configurando un enorme entramado administrativo que produce y maneja volúmenes ingentes de papeleo.

En ese contexto se fundaron los National Archives en 1934 (Ricks, 1979, 29-36) con una doble misión: erigirse en archivo histórico de la nación y dirigir la organización de los documentos en los organismos federales. Aunque los Estados Unidos no sentían el peso de siglos de historia, como les sucedía a los países del viejo continente, los documentos fundacionales y los producidos por sus autoridades se encontraban dispersos entre diferentes organismos, en manos de colecciones privadas y de museos, lo que llevó a encomendar a los recién creados archivos la tarea de recuperarlos y construir así sus archivos históricos en la sede de Washington. En cierto modo se repetía la operativa de los reinos medievales, aunque no se trataba de recuperar las pruebas de la legitimidad dinástica, ni de su patrimonio, sino los documentos de la experiencia colectiva de la nación americana.

Donde fueron novedosos y crearon un nuevo modelo, vigente en la actualidad, fue en el ámbito de la actividad cotidiana de las organizaciones, que desde principios de siglo son cada vez más, mayores, más complejas y competitivas, con un volumen creciente de funciones que deben ser documentadas, que necesitan datos para la planificación, información para la competitividad, pruebas para los litigios... En este nuevo estado de cosas, la organización de los documentos se volvió crucial, pero no en su concepción clásica y vinculada a la custodia, sino como fuentes de datos, de información, de conocimiento para el desarrollo de las actividades y para la toma de decisiones. Son los tiempos en que las teorías de la organización científica (taylorismo, burocracia weberiana, fordismo...) se aplican para perfeccionar el funcionamiento de las empresas y de las administraciones, y también se trasladarán a los archivos con la denominación de *Records Management* o gestión de documentos. Se trata de un conjunto de técnicas y de procedimientos para organizarlos y recuperarlos mientras son necesarios para la conducción de las actividades corrientes, lo que implica medidas de diseño, de simplificación y racionalización del papeleo, la clasificación, la descripción, la conservación y otras técnicas que favorecen el uso y la explotación de los documentos al ritmo de las necesidades de las organizaciones. Su desarrollo coincide con la eclosión sucesiva de nuevos soportes, nuevos medios de registro, nuevas tecnologías, aspectos que tratamos en otros capítulos y no conviene reiterar.

Su adopción en Europa llevó un tiempo, hábida cuenta de que los Estados contemporáneos habían encomendado a los archivos nacionales la organización de los fondos acumulados durante siglos, una tarea inmensa para los medios humanos comprometidos. Las nuevas instituciones habían echado a andar en el XIX y durante este siglo se bastaron para responder a sus necesidades documentales. La primera mitad del XX transcurrió entre dos guerras mundiales y la consecuente reconstrucción, por lo que será a partir de entonces cuando se den las condiciones objetivas para que los archivos ocupen el nuevo espacio de actividad.

Los National Archives and Records Adminstration[10] (NARA), que es su nombre oficial, encarnan el modelo archivístico contemporáneo que, en resumen, se caracteriza por estar dotado de un soporte normativo estable que lo crea y define sus funciones. Se trata del título 44 del Código de los Estados Unidos, que en nuestro sistema equivaldría a una serie de leyes y disposiciones normativas que establecen el régimen jurídico y competencial de los archivos. Es una agencia federal independiente del gobierno de los Estados Unidos y posee el mismo nivel que la Reserva Federal, la CIA o la NASA, lo que nos da una idea de su importancia. Se ocupa de los fondos históricos, de la gestión de los documentos de las administraciones federales, del Federal Register que publica las leyes y las disposiciones presidenciales, de los quince archivos de los expresidentes distribuidos por todo el país (Presidential Libraries), de los dieciocho archivos intermedios (Federal Records Centers), de los del poder legislativo y los de la defensa, los de la Oficina Ejecu-

10. https://www.archives.gov/

tiva del Presidente. Es la sede de la Oficina de Supervisión de la Seguridad de la Información (Information Security Oversight Office), y recibe y autentica los votos del Colegio Electoral.

Está repartido en cuarenta y tres edificios, en diecisiete estados, y contiene 13.500 millones de documentos, 136.500 kilómetros de película, 40 millones de fotografías y otro tanto de imágenes aéreas, 10 millones de mapas, planos y dibujos arquitectónicos y de ingeniería y 835 Tb de documentos electrónicos (a finales de 2022). Es el sistema archivístico mayor y más desarrollado, sin parangón en el mundo, y ha inspirado otros, como el británico, que merecen un lugar especial en el siglo XXI. Como corresponde a una potencia global, sus fondos recogen los grandes acontecimientos desde finales del siglo XIX y las cantidades de información desbordan la escala humana. Por citar algún ejemplo, durante la Segunda Guerra Mundial el ejército utilizó unos discos de vidrio, precursores de los vinilos, para grabar transmisiones del enemigo. Hay unos 70.000 de estos dispositivos en el archivo y cada uno contiene hasta dos horas de grabación. A un investigador que quisiera escucharlos a un ritmo de ocho horas diarias, le llevaría setenta y tres años completar la tarea. Durante la guerra de Vietnam el Pentágono destinó a cientos de soldados a filmar los campos de operaciones, las batallas... Tal es la cantidad de película conservada que su visionado completo consumiría varias vidas. Asimismo, los Archivos Nacionales de Washington constituyen una fuente de información de primer orden para la investigación histórica contemporánea de cualquier país del mundo, especialmente de aquellos que observan políticas secretistas. España es, desafortunadamente, uno de ellos y el recurso a estos archivos es imprescindible para el estudio desde la Guerra Civil o el franquismo en adelante. Mientras que allí rige el principio de libertad de acceso a la información y así lo regulan las leyes, en nuestro país predomina el secreto incluso contraviniendo los plazos establecidos por la legislación que tangencialmente trata el tema, a falta de una específica que lo regule, aspecto del que nos ocuparemos en capítulo aparte.

Desenterrar tesoros, investigar en los archivos

Investigar en los archivos puede resultar tan estimulante como buscar un tesoro siempre que tengamos la preparación adecuada o seamos conscientes de nuestras limitaciones, pues de lo contrario la frustración está asegurada. No se trata de leer documentos y reescribirlos, o decir lo mismo con otras palabras; ni siquiera consiste en parafrasear. Investigar implica analizar, y para ello hace falta tener una preparación adecuada, como haber estudiado una carrera de historia o de alguna rama de las humanidades en función del objeto de la investigación: histórica, artística, lingüística... Para ser historiador hace falta estudiar historia, como derecho para ser abogado, magisterio para ser maestro o medicina para ser médico; es algo meridiano e indudable. Claro que se puede reescribir, parafrasear y divulgar lo que otros han investigado, es legítimo y en ocasiones muy beneficioso para quien lo practica, aunque como primera regla deba huirse de semejante literatura. Cualquiera con capacidades cognitivas básicas puede comprender las leyes, mas no por eso osaría representarse en juicio a sí mismo. Hay escritores que pontifican con pluma ágil y florida, algún otro de letras más gruesas, tropezones y palabras malsonantes trufando textos cargados de tanta emoción narrativa como de flojedad histórica; en fin, incluso algún exterrorista pasado de cuerda retuerce lecturas y hechos hasta casarlos con su alucinada visión del pasado. Nos tratan de vender gato por liebre, y con qué éxito. Tales lecturas no son el punto de partida para iniciar una incursión por la historia. Hay obras de divulgación, muchas y muy buenas, escritas en todos los casos por historiadores profesionales; basta con leer los créditos de un libro para constatarlo, si es que no nos sonaran los nombres principales.

A fructibus cognoscitur arbor: por sus frutos se conoce el árbol, decían los clásicos. La autoría es regla de oro número uno para el uso de la bibliografía. El autor cuya obra vayamos a leer o a consultar debe ser una autoridad en la materia. Es fácil de comprobar, aunque lo desconociéramos todo sobre el uno y la otra: basta con buscarlo en Internet, donde podremos averiguar su filiación, actividad profesional, publicaciones, si tiene una entrada en alguna enciclopedia y, sobre todo, su presencia en bases de datos bibliográficas (Dialnet es fundamental en este campo) y catálogos de bibliotecas (por ejemplo, el catálogo de la Rebiun, la red de bibliotecas universitarias). Son fáciles de localizar. Huelga aclarar que los autores deberán ser especialistas en el ámbito o en la época que nos interese, porque además de su sesuda narrativa citan fuentes documentales y bibliografía que nos pueden orientar sobre qué archivos visitar, qué fondos concretos consultar; en fin, tirar del hilo en la dirección que buscamos. Conviene trazar círculos concéntricos, como un ave de presa, para acercarnos a nuestro objetivo;

lleva tiempo e implica esfuerzo, pero merece la pena por los resultados.

Cuanto más especializadas sean las obras, más difíciles son de encontrar, lo que exige depurar las búsquedas y hacerlas en repositorios de investigación. Sirven los mencionados, como también Google académico, Academia.edu, Researchgate y otros donde los autores ponen a disposición los trabajos de su entera propiedad, no sujetos a derechos. Cada vez son más las obras en abierto, en algún formato de lectura, y, en el peor de los casos, sabremos en qué biblioteca se encuentra, y, si no nos es dado desplazarnos, podremos pedirlo en préstamo a través de otra cercana. Las bibliotecas nacionales suelen ofrecer clásicos y prensa histórica digitalizados; la de España aloja la Biblioteca Digital Hispánica, la francesa, Gallica, y así sucesivamente. También está Hispana, el portal de acceso al patrimonio digital español, la Biblioteca Virtual de Prensa Histórica, la de Patrimonio Bibliográfico, Europeana y un sinfín de recursos electrónicos que facilitan enormemente el acceso a las fuentes bibliográficas; sin perder de vista las de carácter local, que suelen quedar fuera de los grandes agregadores.

Otra regla de oro: precisar bien el tema, el objeto de nuestro interés. Las ideas imprecisas, los intereses genéricos, no se pueden llevar a la práctica. Conviene dedicar un tiempo a pensar y dibujar los límites de lo que pretendemos. Una vez definido, hay que buscar los términos que describan su contenido, un conjunto de palabras que lo condensen, que también funcionen tomadas individualmente, y buscar sinónimos. Esto nos servirá para hacer búsquedas por materias. Cuando no tenemos preferencia por un autor o un título concretos, cuando no sabemos qué podemos encontrar al respecto, los catálogos de las bibliotecas y las bases de datos nos permiten buscar por materias; son palabras clave que representan el contenido de las publicaciones. Por ejemplo, «historia económica» nos permitirá recuperar todas las obras que traten de esta materia, lo que puede arrojar demasiados resultados, pero si usamos la voz «industrialización», siendo un concepto bastante amplio, delimitaremos la búsqueda, a partir de la cual podemos aplicar otros filtros: geográficos, cronológicos, etc.

Retomamos la idea inicial, la de la formación especializada, porque es fundamental según la época y el tema sobre el que queramos investigar. Si nuestro interés está en la Antigüedad, necesitamos conocer alguna de las llamadas «lenguas muertas»: sumerio, griego clásico, latín; paleografía y epigrafía, que nos permitan leer sobre soportes blandos o duros sus respectivas formas de escritura: cuneiforme, jeroglífica, alfabética; y sus ciclos o tipos de letras: hierática, demótica, capital, uncial, cursiva, minúscula. Sin tales conocimientos, nos queda solamente la investigación de segundo rango, sobre fuentes publicadas, transcritas y traducidas. Si se trata de la Edad Media, en los primeros siglos es imprescindible el latín, y siempre la paleografía para los diferentes ciclos de escritura y sus variantes regionales: visigótica, carolina y gótica con sus variedades cursiva y redonda o libraria, de privilegios, de albalaes, cortesana y procesal; hasta la humanística, ciclo escriturario en el que nos encontramos y que se inició en el Renacimiento. Hasta el siglo XVIII los documentos presentan sus dificultades de interpretación, y después siempre, no lo olvidemos, en función de la destreza del amanuense. Las recetas médicas son todo un clásico ilustrativo. En el siglo XVII los escribanos emplearon una variante denominada «procesal encadenada», que con márgenes generosos unía unos con otros amplios rasgos formando una suerte de cadena que permitía ocupar las cuartillas con poco texto, y pues cobraban por folio, resultaba muy rentable para el oficio. Es famoso el episodio de Sierra Morena en *El Quijote,* cuando encomienda a Sancho que lleve una carta a su amada Dulcinea:

> ... y tú tendrás cuidado de hacerla trasladar en papel, de buena letra, en el primer lugar que hallares donde haya maestro de escuela de muchachos, o, si no, cualquiera sacristán te la trasladará; y no se la des a trasladar a ningún escribano, que hacen letra procesada, que no la entenderá Satanás (Primera parte, capítulo 25).

La epigrafía sigue siendo de utilidad para la Edad Media. Cualquiera que haya visitado iglesias románicas y góticas, se habrá sentido frustrado tratando de comprender en vano las lápidas conmemorativas. La diplomática es otra disciplina auxiliar del historiador, sobre todo del medievalista, que funciona en paralelo con la paleografía. Su objeto es el estudio formal de los documentos, la estructura, las fórmulas y otros elementos que permiten establecer su tipología y determinar su originalidad y autenticidad. Un documento puede no ser original, sino una copia que lo traslade íntegramente, o una copia alterada, o puede ser contrahecho, falso. La diplomática nos proporciona elementos de juicio para analizar los documentos históricos y determinar su fiabilidad.

Una vez que hemos definido el tema, nos hemos documentado con lecturas y conocemos el contexto histórico del objeto de nuestro interés, viene la parte más emocionante: investigar en el archivo. Para ello deberemos seguir otra regla de oro: cambiar la estrategia de búsqueda. Las bibliotecas nos tienen acostumbrados a encontrar con facilidad lo que necesitamos. Tal libro o artículo de un autor, obras que traten de jardinería o de papiroflexia, el periódico de un día concreto o los números de una revista en un rango de fechas, una película, un disco... Salvo que no sepamos lo que queremos o no esté disponible, la respuesta satisfactoria es muy rápida. Si lo que buscamos está en formato electrónico y accesible en Internet, la inmediatez está asegurada, si bien es cierto que el exceso de respuestas, de opciones posibles, puede complicar la búsqueda, tanto más cuanto más genérica sea; pero si es concreta, está hecho. Los archivos funcionan con otra lógica, que ya habrá entrevisto el lector en las páginas precedentes y vamos a tratar de precisar.

Las publicaciones (libros, revistas, discos, películas...) cuentan con cientos, miles de ejemplares, todos iguales, por lo que su catalogación se puede compartir; hecha una vez, sirve para todas las demás bibliotecas, cuando no está contenida en un código y se toma de ahí. Los documentos, por el contrario, son únicos y deben describirse individualmente, uno a uno, sean unos pocos o miles. Las publicaciones son resultado de autores, personas físicas la mayoría, llevan asociado un título que las identifica y se refieren a materias conocidas y clasificadas universalmente. Los documentos son resultado de la actividad de las organizaciones y de los individuos, la autoría es con frecuencia colectiva, una organización o una parte de ella, van dirigidos a individuos y a colectividades, no tienen un título y, como se refieren a asuntos tan variados como impredecibles, hay que resumir su contenido, uno a uno, para describirlo. Las publicaciones son individuales y se conservan, se instalan una tras otra; todas las novelas en las estanterías de novelas por orden alfabético, por ejemplo. Los documentos se agrupan por unidades mayores, expedientes, legajos, ficheros, carpetas, analógicos o digitales, tanto vale, y lo que los une no son unas pastas, un cosido y una paginación correlativa, sino la secuencia con la que se han producido o acumulado.

Como se trata de investigar en archivos históricos, en ellos se conserva lo que nos ha llegado y en el estado en que lo haya hecho. En todos los casos lo que poseemos son fragmentos, parte de la producción documental original, lo que se ha salvado de la destrucción y del paso del tiempo. Pueden estar afectados por diferentes grados de deterioro, lo que implica la pérdida parcial del contenido, manchas que dificultan más la lectura y situaciones por el estilo. En un archivo histórico es frecuente que no haya documentos sobre un período de tiempo completo, caso típico de las guerras, e incluso de todo lo anterior a una determinada, que se lo llevara todo por delante; en algunas tipologías abundan las ausencias: pergaminos, sellos, diplomas, fotografías, mapas, planos... objeto favorito de hurto, y siempre el azar caprichoso y el invencible paso del tiempo. Vestigios, en conclusión, por abundantes que puedan parecernos.

Otra característica que hay que tener presente cuando vayamos a un archivo es qué podemos encontrar. Lisa y llanamente, lo que haya producido su titular, y, de ello, lo que se conserve. Los fondos documentales son el producto de las actividades documentadas de personas, familias, instituciones, empresas... Son resultado de su campo de actividad, de sus competencias, y en función de ellas así será lo que nos ofrezcan. Mientras que en una biblioteca es posible encontrar las mismas obras que atesoran muchas otras, en cada archivo solamente hallaremos el fondo de su productor. Así, en un archivo municipal podremos consultar el expediente de una construcción realizada en ese municipio, pero no el de otro diferente. Si lo que nos interesa es seguir el rastro de una empresa, una fábrica, por ejemplo, posiblemente se conserve el expediente de obtención de la licencia de actividades, el de la construcción de las instalaciones, quizá alguna denuncia por contaminación, los pagos de tasas e impuestos municipales, pero nada relativo a su actividad diaria, producción, ventas, a lo que sea propio de su funcionamiento, salvo que hayan donado su archivo al municipal o este lo haya rescatado de la demolición.

Sea cual sea el fondo documental y el tema de nuestro interés, lo más probable es que debamos buscar la información en distintas secciones o divisiones del mismo. Los archivos utilizan una herramienta fundamental para organizar los fondos llamada «cuadro de clasificación». Consiste en agrupar los documentos y los expedientes de acuerdo con la actividad que recogen, como hemos visto en páginas precedentes, formando series documentales; así, como resultado de controlar el movimiento de la población en el municipio, los ayuntamientos producen el padrón de habitantes, lo mantienen y actualizan todos los años, y la secuencia de todos los padrones de habitantes constituye la serie documental del mismo nombre. Esta se agrupa con otras series como las de altas, bajas, etc. para formar otra agrupación mayor, la función estadística de las corporaciones locales, junto con otras agrupaciones que reflejan la producción derivada de otras funciones como la urbanística, la asistencial, etc., y así sucesivamente. El cuadro de clasificación funciona al modo de una anatomía, de un mapa si lo prefieren, nos permite ver el todo y las partes y cómo se relacionan y conectan. Su consulta nos permitirá orientarnos en el territorio y seleccionar las agrupaciones donde buscar.

Las publicaciones se describen a base de datos presentes en ellas y fáciles de localizar: autor, título, lugar de edición, editorial, año y número de páginas. Con suerte, un expediente administrativo nos puede proporcionar datos básicos en la carpetilla, pero en otros casos hay que ordenarlo, leerlo y resumir su contenido en un párrafo significativo, tomar cuenta de las fechas extremas y de las personas y organizaciones actuantes. Si se trata de una carpeta con documentos sueltos o de un legajo, la tarea es mucho mayor y con frecuencia el archivo se limita a informarnos acerca del productor, de las fechas aproximadas (año inicial, año final) y poco más. Pensemos en los típicos de los consejos, como el Consejo de Guerra. Suele haber varios legajos por año con cientos de documentos cada uno y un solo punto en común, el organismo productor, con competencias muy amplias. Por ejemplo, en un legajo de 1600 podemos encontrarnos, entre correspondencia varia, el informe de un espía, otro sobre el estado de las fortalezas de una demarcación determinada o sobre fabricación y compra de armamento, sobre la epidemia de peste atlántica, memoriales pidiendo destino en los tercios, salarios atrasados, retiros... Para describirlos adecuadamente haría falta leerse uno a uno los cientos de documentos de cada legajo y catalogarlos, es decir, que sería necesaria una legión de archiveros de la que ningún archivo dispone. Conclusión, investigar requiere tiempo y la paciencia del cazador.

Las tecnologías han aportado muchas ventajas en este terreno por cuanto ofrecen el acceso a los catálogos, sean bases de datos, hojas Excel, manuscritos digitalizados...; tanto da porque acortan la distancia y abrevian el trámite. Cada vez es más frecuente encontrarse, junto con la descripción, los documentos digitalizados, lo que agiliza enormemente la investigación y ahorra tiempo y costes. Internet permite plantear búsquedas simultáneas en diferentes archivos, sin importar dónde se encuentren. Pero todo no está accesible, ni mucho menos, y lo más prudente antes de desplazarse a un archivo es utilizar el correo electrónico o las redes sociales del centro pidiendo orientación. Es raro el archivo sin página web donde informarse de lo que ofrece, desde su localización y horarios y servicios hasta cuadro de clasificación y alguna descripción de los fondos, por somera que sea. El alcance y la profundidad de la información accesible dependen de la consideración del archivo por parte de la entidad titular, y desafortunadamente son bastantes los que carecen de archivero; de los medios puestos a su disposición: hay archivos cuya página se encuentra tras un laberinto de enlaces, mientras que otros están visibles a la primera, y también depende de la iniciativa y de la profesionalidad personal, como en cualquier servicio.

Consideración, medios e iniciativa son factores clave en todos los niveles de archivo. El ejemplo de los Estados Unidos es claro al respecto: los archivos gozan de alta consideración en el entramado institucional, lo que explica las competencias que les confieren; en consecuencia, poseen una dotación adecuada a su desempeño, y en ese suelo fructifica la iniciativa. Basta darse una vuelta por el portal web de los National Archives para hacerse una idea del alcance de su cometido, de la información ofrecida a la sociedad y de los servicios que prestan. Fije cada quien su atención donde el interés o la curiosidad le orienten y podrá ver los resultados.

Una vez encontrados los documentos, las informaciones, los datos que nos interesan, viene la parte más difícil: qué hacer con ellos. No basta con reproducirlos con las mismas o parecidas palabras, sino que hay que analizarlos en su contexto: temporal, circunstancial, histórico, para lo que necesitamos conocimiento y criterio. El primero nos lo dan los estudios, ya lo hemos dicho, y el segundo es una mezcla de saber, saber hacer, saber estar, juicio crítico y sentido común.

Podríamos continuar dando consejos sobre cómo llevar adelante una investigación basada en fuentes documentales, pero desbordaría el propósito que nos inspira. Son tantos los temas posibles, cada uno con sus especificidades, que resulta inabarcable. La última indicación, aunque obvia, es que debemos prepararnos antes de lanzarnos a la aventura. Cada día hay más recursos gratuitos o a precios razonables, adaptados a públicos muy amplios, como los Mooc *(Masive Online Open Courses)* que ofrecen las universidades, tutoriales y cursos sobre temas de moda, como la genealogía y la historia familiar, con herramientas como Family Search, iniciativa mormona, el mayor repositorio mundial. La Biblioteca Nacional de España tiene un micrositio en su web con información al respecto, al igual que grandes archivos, como los nacionales de Estados Unidos y el Reino Unido, o el Archivo Histórico de la Nobleza. En las últimas décadas se ha despertado una verdadera pasión por el tema, sobre todo en los países anglosajones. Una vez más los Estados Unidos y Gran Bretaña han sido pioneros, debido fundamentalmente a la gran cantidad de población emigrante y a la elevada movilidad intraterritorial de los norteamericanos, lo que ha llevado a muchas personas a plantearse el reto de conocer de dónde vienen y a elaborar su árbol genealógico. Es tal la pasión por el tema que saltó a la televisión con *Who do you think you are?* (¿Quién te crees que eres?), un exitoso programa que a través de personajes famosos va dando a conocer sus orígenes y cómo se han investigado.

Incluso podríamos decir que hay una religión de corte genealógico, la Iglesia de Jesucristo de los Santos de los Últimos Días, cuyos fieles son conocidos como mormones. Entre sus creencias está la de que pueden salvar a los antepasados que no han conocido este credo, por lo que se imponen el deber de reconstruir su genealogía y el de facilitarle la tarea a toda la humanidad y alcanzar la salvación. Para ello pusieron en marcha un ambicioso plan de recopilación de datos y documentos. Provistos de la tecnología puntera en cada momento, recorren archivos de todo tipo para reproducir libros sacramentales de las parroquias, censos y padrones de población y cualquier otro tipo de documento que contenga listas de personas. De resultas de su empeño, por ejemplo, se han salvado la mayoría de los archivos parroquiales españoles. A finales de los años setenta del siglo pasado iniciaron un proceso de microfilmación de sus fondos; un ejemplar de la copia quedaba en manos del obispado, al que dotaban de lectores reproductores de microfilm; a cambio, y para evitar la dispersión de las fuentes, los obispados concentraban los documentos históricos de las parroquias en sus respectivos archivos históricos diocesanos, que se creaban cuando no existían. Aunque no todos se avinieron, los que si lo hicieron lograron que los fondos documentales de las parroquias rurales, repartidas por toda la geografía española, muchas de ellas cerradas salvo en los momentos de culto, no corrieran la misma suerte que el arte sacro y se libraron del saqueo. Al concentrarse y estar al cuidado de profesionales, los diocesanos son archivos con una alta demanda de investigación; de hecho, fueron los primeros en establecer la exigencia de cita por la imposibilidad de dar cabida a los que diariamente se acercan a ellos, y muchos dan acceso en línea a la información básica y, en caso necesario, a la reproducción digital. Los mormones, por su parte, mantienen en Salt Lake City (Utah, Estados Unidos) un archivo de alta seguridad con los microfilms y los discos digitales, y dan acceso a todo el mundo en el sitio web al que hemos hecho referencia unas líneas más arriba.

Los archivos desbordan historias pendientes de ser descubiertas, y su uso requiere metodología imposible de condensar en unas líneas. Una tarea pendiente.

Fake es falso

Juego de palabras

Es común utilizar voces en inglés o sus variantes castellanizadas para describir fenómenos sociales de actualidad, en especial los anglicismos vinculados al entorno digital. Chatear, tuitear, selfi, escanear, espóiler o *ciberbullying,* son algunos ejemplos. Unas derivan del uso de las nuevas tecnologías, como chatear, tuitear, selfi y escanear, otras se han impuesto a expresiones preexitentes ya sean castellanizadas (espóiler es un aguafiestas y el verbo apropiado es chafar) o sin adaptar (*ciberbullying* es ciberacoso). Sin embargo, no es cierto que *fake* equivalga a falso, o no solamente; en inglés se emplea más la expresión *false*. Una búsqueda sencilla en Internet realizada en marzo de 2024 arroja unos cinco mil ochocientos millones de resultados *(false),* frente a los tres mil millones setecientos de la anterior. *Fake* se asocia sobre todo a la falsedad digital, y así se habla de noticias falsas (*fake news*), de mensajes, vídeos, fotografías...; también se usa *deepfake* como superlativo, ultrafalso.

El *Lexicon* de Nebrija (1492) y el *Tesoro* de Covarrubias (1611) recogen la voz «falso» como derivada del latín *falsus*, 'contrahecho), 'engañoso', 'falaz'. El Diccionario de Autoridades (1732) dedica siete entradas a este adjetivo: engañoso, fingido, simulado, falto de ley o realidad; vale también como incierto y contrario a la verdad. En genealogía se habla del falso nombre, o falso linaje, o falsos parientes; en germanía significa 'verdugo'. Falso se llama al caballo, mula, u otra bestia caballar, que tiene resabios que no se conocen ni distinguen: y sin tocarle, al llegarse a él descuidadamente, tira coces. Se pueden hacer citas falsas, falsos argumentos y levantar falso testimonio, contra lo que nos previene el octavo mandamiento. Cuerda falsa se llama entre los músicos la que naturalmente es disonante, y no se puede ajustar y templar con las demás en el instrumento. Del edificio que no tiene buenos cimientos se dice que está hecho en falso, y de la herida mal curada, que se cerró antes de tiempo, se dice curada en falso. El perjurio es juramento falso, como falsa llave la ganzúa; moneda falsa es la que imita la legítima; puerta falsa es la trasera o de servicio, y también se designa así familiar y jocosamente a la vía por donde se expelen los excrementos mayores, y nos da la risa falsa con simulación de alegría. En algunas regiones al hombre flojo o haragán se le reputa de falso. Podemos tener un accidente por pisar en falso, un falso negativo deja escapar una enfermedad inadvertida, como un falso positivo la acusa donde no la hay. Entre los árboles abunda el falso plátano, abeto, acacia y álamo; a la que no se apoya en el esternón se le dice costilla falsa, y falso techo es el que sirve para cubrir la obra y las instalaciones de una habitación. Falsear, falsedad, falsario, falseador, falsificador, falsete, falsía son sus principales derivadas.

Da la impresión de que en inglés y en las demás lenguas se está abriendo paso la expresión *fake* en referencia a cuanto de inauténtico sucede en el entorno digital, sean noticias, fotografías, vídeos, textos y documentos, a lo que la inteligencia artificial le puede dar un grado de verosimilitud que solo la lógica y el sentido común son capaces de desenmascarar. «Falso» podría limitar su uso al mundo material y que afecta a la moda, al arte, a la literatura, la ciencia... y a los documentos.

¿Verdadero o falso?, se pregunta en los concursos televisivos. ¿Es cierto que...?, pueden interrogarnos, y contestar que es falso de toda falsedad. En el ámbito que nos ocupa, verdadero y falso no se contraponen. Un documento puede ser verdadero y falso a un tiempo. Si fotocopiamos, fotografiamos o escaneamos un documento, el resultado es un texto o una imagen conforme al original, verdadero y digno de confianza en cuanto a su contenido; si además está autorizado, legalizado, es un documento auténtico; pero si pretendemos hacerlo pasar por el original, será falso.

Es un tema recurrente desde los orígenes de la escritura. Los documentos se crearon para retener información y transmitirla con seguridad, y el deseo de alterarla en pro de un interés ilegítimo llevó a su falsificación, y de ahí, a tipificarla como delito, al tiempo que se mejoraban los medios materiales para evitarlo, en una persecución sin fin como el galgo tras la liebre mecánica.

Así empieza lo malo

Y también fue en Sumer, como sugiere la evolución de las técnicas escriturarias. Lo veíamos en el primer capítulo: las bolas de barro que contenían las fichas y su impresión en el exterior, el uso de sellos y otras marcas personales, finalizar los documentos con un colofón para evitar el añadido de más texto, la propia cocción para hacer inalterables las tablillas eran prácticas para garantizar la autenticidad. La existencia misma de conceptos como fraude, estafa y falso testimonio, recogidos como delitos en el Código de Hammurabi, refuerza la hipótesis. Sin olvidar la búsqueda de custodia segura que el archivo representó desde sus comienzos.

En la Grecia clásica era la protección de los dioses al depositar los documentos en el templo lo que les confería autenticidad. Mas hay que avanzar hasta Roma, la cultura del Derecho y del documento como medio de prueba para obtener certezas, referencias firmes y abundantes.

El Derecho romano instituyó el documento escrito como medio preferente de prueba. Conocidos también como instrumentos (*instrumenta*) se redactan para dejar constancia de una gran variedad de actividades en el ámbito público y en el privado: las actas del Senado, las listas de electores, las cuentas públicas, las concesiones, los contratos... se materializaban por escrito. A partir de entonces, a cada acto le corresponde un tipo documental, es decir, una forma individual que lo hace reconocible y deriva de su propósito, de su funcionalidad. Unos se diferencian de otros a simple vista por la estructura, por las fórmulas de salutación y de dirección con que comienzan, por el orden de las cláusulas, por el uso de fórmulas, expresiones, estilos de redacción e, incluso, tipos de letra diferentes, y así unos se escribían con letra cursiva y apretada sobre tablillas de cera, y otros, con letra uncial de trazo regular y elegante. También se contemplaba la inclusión de la *suscriptio* o firma autógrafa con nombre y cargo de los intervinientes, la imposición de la *signa* o sello, personal u oficial según el caso; en fin, elementos que individualizan los documentos y que seguirán evolucionando en el tiempo hasta nuestros días.

Otras muchas prácticas documentarias implantadas en esta época se han perpetuado. El registro consistía en transcribir el texto completo o consignar partes significativas o el resumen de los documentos emitidos por una autoridad a fin de dejar constancia, prueba de su contenido, de lo que disponían, como instrumento de gobierno. Si por pérdida u otra circunstancia era necesario redactar un nuevo ejemplar, se valían del registro para obtener certeza de su tenor. El *vidimus* consistía en la certificación o compulsa realizada sobre la copia literal de un documento público a la vista de su original; de ahí el nombre, que comenzaban con la expresión «vimos»... Y para invalidar uno *(cancellare)* se trazaban dos gruesas líneas oblicuas que se entrecruzan en el centro, en signo de nulidad. Estas instituciones se fueron implantando de forma progresiva en los trece siglos trascurridos entre su fundación (753 a. C.) y su caída (476), y nos han llegado a través de la administración papal, que como heredera de las instituciones romanas las mantuvo y transmitió.

Al mismo tiempo se fueron desarrollando las técnicas archivísticas, a las que ya hemos hecho referencia en otro capítulo. Simplemente recordemos que la conservación de los documentos oficiales en un lugar público, el archivo, procede de la necesidad de acabar con la costumbre de los magistrados de guardar los relativos a sus cargos públicos en los *tablinia* o archivos familiares, lo que daba lugar a numerosos fraudes. Aunque el mero lugar no parece que cambiara las cosas demasiado. En el marasmo final de la República hay quejas sobre los *scribae* del *aerarium* que controlaban el archivo y daban a conocer los documentos a su voluntad; también sobre el registro ilegal de decretos de remisión de deudas, o por inscribir falsos beneficiarios en las listas de los acreedores del Estado. El propio Cicerón fue denunciado por falsedad en documento público cuando, siendo cónsul, se le acusó de no anotar entre los conjurados contra la República, en la intentona de Catilina, a Publio Cornelio Sila, familiar del dictador.

La inclusión en los archivos de documentos falsos parece que fue el medio más utilizado para obtener rápidos beneficios, por parte de los mismos servidores del estado.

A Marco Antonio, entre otros delitos, se le atribuía el de haber robado 600 millones de sestercios mediante órdenes de pago y donaciones falsas, el haber ingresado en los registros públicos, como auténticos, falsos senadoconsultos o el haber hecho desaparecer de los mismos contratos y tratados que perjudicaban sus intereses. En carta a su amigo Cicerón, Attico le pide que investigue si es cierto que Lucio Pisón quería marchar como legado a una provincia, a base de un decreto senatorial falsificado, sin que este hecho causara ya estupor a nadie (Muñiz, 1998, 375-376).

En este contexto adquiere todo su valor la *Lex Cornelia testamentaria nummaria* (81 a. C.) promulgada por Lucio

Cornelio Sila para los delitos de falsificación de testamentos y de monedas. La costumbre era testar oralmente en público, *coram populo*, ante testigos que podían ser el Senado, las legiones para un general, amigos y familiares. Más tarde se introdujo la costumbre de redactarlos por escrito en tablillas de cera selladas y cerradas en secreto. Ante las alteraciones observadas, la ley vino a tipificar una serie de figuras delictivas que iban desde crear *(scribere)*, firmar *(signare)* y usar en juicio *(recitare)* un testamento falso hasta cambiarlo por uno falso *(subicere)*, abrirlo indebidamente o por persona no autorizada *(resignare)*, destruir uno *(delere)*, sustraerlo *(amovere)*, alterar su escritura *(interlinere)* y ocultarlo *(celare)*. En segundo lugar, la ley sancionaba la falsificación de sellos en general *(signum adulterio),* así como la fabricación y el tráfico de moneda falsa. Desde estos supuestos, la ley se fue extendiendo a todo tipo de falsedad documental y monetaria, por lo que con el andar del tiempo pasó a ser conocida como *Lex Cornelia de Falsis*.

La comisión de irregularidades administrativas, incluidos los instrumentos que debían acreditarlas, fue siempre un problema en la burocracia romana, sobre todo al final de la República. Entre los diversos tipos documentales falsificados los más frecuentes fueron los senadoconsultos y otros instrumentos emanados del Senado. Los magistrados también falseaban las *tabulae* personales que registraban sus actos... El problema de la corrupción documental persistió siempre, pese a las leyes y otras medidas. Basta recordar que Plinio el Joven, en una de sus cartas a Trajano, y refiriéndose a las *epistulae* de algunos emperadores anteriores, le hace saber que no se las ha enviado «porque los textos le parecían poco correctos y algunos de dudosa fiabilidad, pensando además que los textos auténticos y correctos figuraban en los archivos de Roma» (Rodríguez, 2014, 169-170).

En época imperial se fueron perfeccionando las medidas y añadiendo otras nuevas, como que solo los escribas pudieran acceder a los documentos y copiarlos, de modo que alterarlos no resultara tan fácil. Ello incluía aspectos prácticos, como el uso de la escritura en letra cursiva, en líneas apretadas, o la taquigrafía en que se recogían las sesiones de los órganos deliberativos y los dictados. Hacía falta conocimientos especializados y muy buena vista, lo que dificultaba el fraude, si bien no lo evitaba.

Es Libanio en el siglo IV quien se lamentaba de que «es muy sencillo para quien no está en absoluto preocupado por su buen nombre conseguir abundantes documentos que le permitan sacar beneficio a despecho de la justicia. Pues los falsificadores de documentos son más numerosos aquí que los pintores» (Libanio, Epistulae, 2.115) [...] Sin embargo, es oportuno recordar que este no fue un problema exclusivo del Bajo Imperio: tanto Cicerón como Plutarco ya habían expresado su preocupación por las falsificaciones en el siglo I a. C. y II d. C. respectivamente (García, 2021, 210).

El fin y los medios

La recopilación del Derecho romano que supuso el *Corpus Iuris Civilis* también recogió las disposiciones al respecto del delito que nos ocupa, como asimismo lo hizo el *Liber iudiciorum* para el reino visigodo y posteriormente saltó en la España medieval al Fuero Juzgo, a los fueros locales navarros, aragoneses y castellanos, así como a las Partidas, introduciendo variaciones sobre la falsificación de documentos reales y notariales, ampliando y matizando los supuestos y las penas (Alejandre, 1972). La Edad Media es conocida como la época de los falsos claustrales, elaborados en beneficio de monasterios, abadías, conventos y sedes episcopales. Los primeros tiempos se caracterizaron por recuperar escrituras perdidas en todo o en parte; son los conocidos como reescritos o rehechos, reconstrucciones en principio sin intención fraudulenta, sino de recuperación. A veces, cuando había pasado poco tiempo entre el original y la copia, se podía imitar la letra, el estilo y demás elementos hasta llegar a pasar posteriormente por auténticos. La mayoría de las veces se hicieron transcurrido mucho plazo, siglos, tomando los datos de crónicas, de tradiciones orales, con frecuencia inventados o alterados, y a pesar de emplear fórmulas, nombres, cargos, instituciones y circunstancias anacrónicos, y formas de escritura que no se corresponden con las de la época pretendida, han pasado por auténticos durante siglos.

El proceso conocido como la recepción del Derecho romano iniciado a partir del siglo XII despertó una cierta fiebre documental falsaria. Los usos, la costumbre, necesitaban a partir de ahora medios de prueba escritos, los cuales o se habían perdido o directamente nunca habían existido. Será entonces cuando el clero y la nobleza se empeñen en la tarea de consolidar y de aumentar sus propiedades, derechos feudales, jurisdicciones y preeminencias, para lo que hacían falta instrumentos que los avalaran. Junto con la copia y la reconstrucción de los pocos conservados de tiempos violentos y la confirmación de los que pudieran existir en los registros cancillerescos, la fábrica a conveniencia dependía de la habilidad y sobre todo de la capacidad para comprar voluntades. Un recurso muy habitual era la obtención de *vidimus*, certificados en definitiva, sobre la base de registros remotos, cuya letra presentara dificultades de lectura y dieran ocasión para interpretarlos a la medida, de forma que cuanto más antiguos fuesen los originales, mayor era el número de los falsos. La elaboración de subrepticios era otra fórmula consistente en añadir texto en documentos auténticos una vez redactados y validados (interpolado) o alterar el contenido tras borrado y manipulación de pasajes del original. Se calcula que entre la mitad y las dos terceras partes de los anteriores al siglo XII son falsos o están alterados. Por ejemplo, el número de pergaminos originales conservados del período condal castellano (ca. 800-1038) es bajísimo (apenas cuarenta de un total de unos 700 documentos conocidos) y el corpus está plagado de piezas falsificadas o ampliamente alteradas (Serna y Escalona, 2022, 888). Como demostrara Manuel Zabalza en su tesis doctoral, la mayoría de la documentación es eclesiástica, copias transcritas en cartularios, mientras que la perteneciente a instituciones y laicos es escasísima, tanto por las dificultades de conservación como porque las familias ilustres de estos tiempos se extinguieron a lo largo de los siglos XIII y XIV y sus archivos se perdieron. En un contexto de analfabetismo y escasez de medios era una tarea inalcanzable para los particulares:

Los monasterios e iglesias, por el contrario, contaban con modelos de instrumentos, repertorios y hábiles escribas o pendolistas y, en ocasiones, con la benevolencia o la complicidad de otros monasterios. Por otra parte, la atribución de diplomas o concesiones a personajes del pasado sirvió de argumento de antigüedad ante muchos tribunales a la hora de justificar beneficios, derechos o propiedades (Zabalza, 1998, 16).

Hacia finales del siglo XII el monasterio de San Pedro de Arlanza elaboró un cartulario donde se recogió copia pretendidamente literal de sus documentos más antiguos e importantes hasta la fecha, en uno de los cuales atribuyó su fundación a Fernán González (912), primer conde de Castilla, cuando en realidad se debió a Gonzalo Téllez de Lantarón, un conde poco conocido, aunque miembro desatacado de la aristocracia, que entre finales del siglo IX y el principio del siglo X se disputaba el control de los pequeños condados situados entre los reinos de León y de Pamplona y el califato de Córdoba. Algo muy parecido hicieron los cenobios de Santo Domingo de Silos y San Quirce de Ausín. San Millán de la Cogolla, a imitación del famoso falso de los *Votos de Santiago*, se inventó los *Votos de San Millán* (fechado en el 934 aunque elaborado a comienzos del siglo XIII), un privilegio de censo anual sobre todas las aldeas del condado de Castilla supuestamente concedido por el conde Fernán González en acción de gracias por la milagrosa intervención de san Millán junto con Santiago en favor de los cristianos durante la batalla de Clavijo en el 844, un hecho de armas de dudosa existencia (Escalona, 2014, 228). El principal problema para rebatir la mayoría de las falsificaciones era el tiempo transcurrido: «de tanto tiempo acá que memoria de ome non es en contrario», en expresión típica de la época para cerrar el paso a cualquier género de duda. Y también, fundamental, el crédito y la dignidad de quienes ostentaban las escrituras disipaban las sombras sobre las copias recopiladas en becerros, cartularios y tumbos, cuya autenticidad era reforzada por el testimonio añadido en caso necesario de preminentes eclesiásticos, que interponían sus órdenes ante las dudas.

Había conciencia de las manipulaciones, pero se trataba de una sociedad feudal donde la aplicación del derecho era estamental, entre iguales en dignidad y señorío, no atravesaba las clases sociales en sentido vertical. Aun y todo se pusieron medios prácticos para evitar o minimizar la alteración de los instrumentos; uno de ellos era la elección del soporte, como hemos visto en otro capítulo, pergamino de oveja. La piel de este animal tiene un mayor contenido en grasa, que al desaparecer en la fabricación da un material menos compacto y más fácil de romper con el raspado, necesario para trasmutar un texto. A todos los otros procedimientos utilizados, firmas, testigos, confirmantes, sellos..., se unía en ocasiones otro consistente en segurizar los huecos. Muchas veces se empleaban formularios, el escribano redactaba el documento dejando espacios en blanco para introducir los elementos personalizados, como la fecha, nombres, etc. Una vez añadidos, se procedía a ocupar el hueco restante mediante una sucesión de líneas y puntos u otros rasgos, en evitación de un posterior uso, al estilo de lo que se ha hecho durante mucho tiempo con determinados documentos mercantiles, como los cheques bancarios.

A pesar de todo resultó imposible evitarlo. A finales del 2022 saltó a los medios de comunicación españoles la noticia de la falsedad del documento más antiguo del Archivo Histórico de la Nobleza, fechado el 26 de diciem-

bre de 943 y perteneciente al fondo de Osuna: una donación de Asur Fernández y su esposa Gontroda, condes
de Castilla, al monasterio de San Pedro de Cardeña, en
la que le entregaban entre otras cosas la iglesia de Santa
María de Cuevas; escrito sobre pergamino de la época,
en letra visigótica impostada y a la vista del probable original, de cuya existencia no se duda tanto como de la extensión de los bienes donados. De su análisis se han desprendido las suficientes incongruencias y anacronismos
como para asegurar que se trata de una falsificación. La
hipótesis más probable es que se hiciera hacia 1175 con
motivo de un conflicto con los concejos de Peñafiel y de
Castrillo de Duero sobre la posesión del templo (Serna
y Escalona, 2022, 888). Los ejemplos de este estilo me-
nudean en la historia medieval europea y poco más nos
aportaría su comentario individual. Hubo, en cambio,
un caso de grandes dimensiones por el alcance de su dispositivo y por la naturaleza del falsario, que dio origen
al que se considera primer estudio sobre la falsedad documental de la historia.

«Tú eres Pedro...

... y sobre esta piedra edificaré mi iglesia», recoge el evan-
gelio de san Mateo como acto fundacional de la Iglesia cristiana, que con el andar del tiempo se asentó en Roma, cabeza del Imperio. Es cosa sabida. Lo que no resulta tan
conocida es la legitimidad de su poder jurisdiccional en
todo el orbe cristiano, y del terrenal en lo referido a Italia,
los conocidos como Estados Pontificios.

Todo comenzó, según el testimonio coetáneo de Lactancio y de Eusebio de Cesarea, cuando Constantino luchaba por hacerse con la corona imperial frente a Magencio, su oponente. En vísperas de la batalla final, conocida como la del puente Milvio (312), Constantino tuvo un sueño en el que se le apareció un ángel que le mostraba un emblema formado por la cruz con una P sobrepuesta a una X, el crismón o anagrama griego de Cristo, y le decía ἐν τούτῳ νίκα, o en latín *in hoc signo vinces*, «con este signo vencerás». Así que ordenó ponerlo en los escudos y estandartes de sus tropas y la profecía se cumplió, convirtiéndose en emperador de Occidente bajo el nombre de Constantino el Grande, que es como ha pasado a la historia. Una segunda versión cambia el sueño por el sol radiante del mediodía, sobre el que sucedería la aparición. Hasta aquí la leyenda que vendría a dar soporte narrativo a la verdad histórica: que el emperador inició una política de acercamiento y beneficio a los cristianos, donando al papa Silvestre I diferentes edificios, financiando la construcción de templos importantes como la basílica de San Juan de Letrán, otra donde se erige ahora San Pedro en Vaticano, y señaladamente proclamando el Edicto de Milán (313), por el que se declaraba la libertad religiosa y el fin de las persecuciones.

Tras la caída del Imperio de Occidente y trasladada a Rávena la capital de hecho sobre lo que quedaba, las alianzas cambiaban según soplaran los vientos variables de aquellos siglos convulsos; unas veces el valedor era el emperador de Constantinopla, y otras, el pueblo invasor con mayor fuerza militar y más romanizado. En este contexto, a mediados del siglo VIII, el papa Esteban II —que veía peligrar su silla apostólica por la presión de los longobardos, que dominaban casi toda la península itálica— viajó hasta París, donde pactó con el merovingio Pipino el Breve una coalición de conveniencia; le coronaría rey de los francos y le nombraría *patricius romanorum*, una suerte de primer civil y protector de la Iglesia de Roma con derecho a intervenir en territorio itálico, ambos títulos tendrían carácter hereditario en su estirpe. Pipino se enfrentó a los longobardos y los venció, librando al papado del peligro. La alianza continuó con su hijo Carlomagno, rey de los francos y desde el año 800 coronado emperador del Sacro Imperio Romano Germánico, título que continuó transmitiéndose durante toda la Edad Media y más allá durante cerca de mil años en las cabezas de diferentes dinastías. El pacto incluía el respeto al poder terrenal del papa, que se fundamentaba en los Estados Pontificios, cuyo dominio según la tradición oral procedería de la donación con la que el emperador Constantino distinguiera a Silvestre I. La misma fuente de la autoridad papal para otorgar la corona imperial.

En resumidas cuentas, el pacto no estaba exento de tensiones entre los intereses de las partes, no solo territoriales, sino de sujeción del papado al emperador. Este conflicto alcanzó notoriedad en tiempos de Federico I Barbarroja, tantas veces evocado por el sin par Umberto Eco en ensayos y obras de ficción (Eco, 1992, 209 y ss.). A la vista de la credibilidad decreciente de la tradición oral y del peligro que suponía para la estabilidad, en la línea de codificación de las fuentes del derecho, la sede de Roma se dio a sistematizar las del Derecho canónico. En fecha imprecisa se había redactado un decreto imperial atribuido al mencionado emperador y bautizado como *Donatio Constantini*. Para unos, se habría elaborado a mediados del siglo VIII, con el fin de esgrimirlo ante Pipino como fuente del poder papal; para otros sería de mediados del XI con motivo de una controversia entre la Iglesia de Oriente y la de Occidente. Lo trascendental es que el texto del decreto imperial fue interpolado «en la *Concordia discordantium canonum*, más conocida como *Decretum Gratiani* —que este monje, Graciano, redactara entre 1140 y 1142—, lo que hizo que quedara insinuado *(insinuatio)* al ser registrado *apud acta* entre los cánones eclesiásticos» (Biosca y Sevillano, 2011, 9). El texto completo circula en latín y otras lenguas en numerosas publicaciones en papel y electrónicas, pero por su alcance histórico merece la pena sintetizar su contenido.

Firmado el 30 de marzo de 315, disponía acerca de la jurisdicción eclesiástica, materia sobre la que el emperador era competente como sumo pontífice y por la naturaleza divina de su persona. Resuelta la autoridad espiritual del papa, procedía a señalarle las bases de su poder territorial. Respecto del primer aspecto, señalaba al papa, como vicario de Cristo en la tierra, «un poder de gobierno mayor que el que posee la terrena clemencia de nuestra serenidad imperial».

También, manifestaba el deseo de que la Santa Sede Romana fuese honrada con veneración, como el poder imperial, y de que la santísima sede del beato Pedro fuera gloriosamente exaltada, más que el trono terrenal, confiriéndole potestad y dignidad gloriosa, autoridad y honor imperial. El emperador Constantino no sólo concedía esta potestad superior al poder imperial, sino que también sancionaba la supremacía de la Santa Sede Romana sobre la Iglesia cristiana. Así, mandaba que la sede romana tuviera preeminencia sobre las cuatro sedes principales de Antioquía, Alejandría, Constantinopla y Jerusalén, y todas las iglesias de

Dios en la tierra; y que el pontífice reinante sobre la sacrosanta Iglesia romana fuese el más elevado y primero de todos los sacerdotes del mundo, disponiendo acerca de todo lo necesario al culto y la firmeza de la fe de los cristianos.

Junto a tales prerrogativas, el decreto hacía donación de los derechos sobre ingentes bienes e inmensos territorios. Se acordaba a las iglesias de los santos apóstoles Pedro y Pablo rentas de posesiones, para que siempre estuvieran encendidas las luces y estuviesen enriquecidas de formas varias, además de conceder el emperador tierras en Occidente y en Oriente, hacia el norte y hacia el sur, en Judea, Tracia, Grecia, Asia, África, Italia y en varias islas. Constantino también concedía al papa Silvestre su palacio imperial de Letrán, el manto purpúreo y la túnica escarlata, además de cualquier otra indumentaria imperial. Asimismo, le hacía donación de la ciudad de Roma y de todas las provincias, lugares y ciudades de Italia y del Occidente, por lo que el emperador Constantino manifestaba que había considerado oportuno transferir el imperio y el poder del reino hacia Oriente, y fundar en la provincia de Bizancio una ciudad con su nombre para establecer su gobierno, puesto que «no es justo que el emperador terrenal reine allí donde el emperador celestial ha establecido el principado de los sacerdotes y la cabeza de la religión cristiana» (Biosca y Sevillano, 2011, 8).

Después de Constantino y hasta la caída de la ciudad, hubo más de treinta emperadores romanos de Occidente, ninguno de los cuales parece que gobernara bajo la autoridad del papa, y más de uno profesó las antiguas creencias politeístas y el culto a su persona divinizada. Una vez disipada su memoria, y tras siglos de control vaticano, fue cuando se forjó la leyenda de la donación, que tuvo sus detractores;

fundamentalmente los emperadores, cuyo objetivo era que el poder del pontífice se quedara en el plano ideológico, en el sentido de conferir un aura de divinidad a su corona imperial, pero sin sujeción alguna en materia territorial y política. El enfrentamiento suscitó la creación de dos bandos, el de los imperiales (gibelinos) y el de los papales (güelfos), que mantuvieron dividida Europa durante toda la Baja Edad Media, produciendo luchas y facciones. En el campo intelectual, que no escapaba a las banderías, Marsilio de Padua en su tratado *Defensor pacis* (1324) puso en duda la plenitud de la concesión y, sin cuestionar su autenticidad, consideró que tenía límites temporales y territoriales, afirmando «la superioridad del poder temporal de los príncipes sobre la autoridad universal de los pontífices». Guillermo de Ockham en su tratado sobre el poder temporal del papado *De principatu tyrannico papae* (1340) y Nicolás de Cusa en su *De concordantia catholica* (1433) afirmaron que la potestad imperial no dependía del papa, ni podía fundamentarse en un documento apócrifo (Biosca y Sevillano, 2011, 9-14).

En este contexto, y bajo los auspicios del rey Alfonso V de Aragón, cuyas conquistas en Italia, en especial el reino de Nápoles, suscitaron roces con el papa, surge la figura de Lorenzo Valla, eminente intelectual y humanista que en 1440 publicó su *De falso credito et eminentia Constantini donatione declamatio* (Discurso sobre la falseada y ficticia donación de Constantino). La obra está considerada la cumbre del método humanista de la crítica gramatical que Valla, como reputado latinista, puso en práctica para evidenciar las numerosas incongruencias textuales que demostraban su impostura. Según el estudio, se trataba de una leyenda sobre una concesión que jamás hizo el emperador, para lo que carecía además de potestad legal, ni el papa Silvestre obtuvo. Había sido su predecesor, Melquiades, quien había recibido de Constantino algunos modestos bienes para su sostenimiento personal, como regalo por haberlo bautizado. La mayor parte de la refutación se centra en señalar incorrecciones como el empleo de la palabra «sátrapas», la rudeza de ciertos pasajes y la ampulosidad de otros, impropias de la redacción imperial, y anacronismos como Constantinopla, nombre que aún no había recibido la ciudad, bautizada como Nueva Roma y antes Bizancio; tampoco había iglesias en Roma al tiempo de la conversión; numerosos barbarismos, como confundir la diadema con la corona, llamar *rex* al emperador, y otros muchos; la incorrecta conjugación de algunos tiempos verbales, o atribuir a Constantino que defendiera ante posibles contradictores el respeto de su voluntad profiriendo maldiciones con anatemas impropios de su dignidad. La refutación de Lorenzo Valla invalidó el documento y desde entonces nunca más fue esgrimido por la Iglesia en sus disputas territoriales y jurisdiccionales (Biosca y Sevillano, 2011, 16-23). La primera edición la hizo en 1517 Ulrich von Hutten, amigo de Lutero (Le Goff, 1991, 234), encabezando un libelo dirigido al papa León X, que de inmediato pasó a engrosar el índice de los libros prohibidos *(Index librorum prohibitorum)*.

La larga lucha contra la falsedad documental

El trabajo de Valla tuvo un efecto inmediato. Al provocar la retirada de la Donación, probó y estableció una metodología de crítica textual aplicada a las fuentes que, a partir de entonces, fue adoptada por los eruditos interesados en esclarecer episodios dudosos de la historia; aunque para avanzar se encontraran con una seria limitación: el acceso restringido a los documentos. Recordemos que por entonces y durante siglos, los documentos son medios para la defensa de la propiedad, la jurisdicción, la legitimidad, las preminencias... y se custodian en archivos cerrados, territorio secreto al solo servicio de quienes los poseen. Auténticos o no, la posesión de medios de prueba es un activo que merece tener a recaudo y no exponerlo a la duda antes de su exhibición en juicio, cuando debe surtir los efectos deseados. De modo que el avance del método crítico lo tuvo difícil hasta que nuevamente surgiera la ocasión, esta vez también en el seno de la Iglesia, y entre sus propios miembros.

En 1643 se inició la publicación del *Acta sanctorum*, una obra hagiográfica —que ha costado acabarla trescientos años— cuyo objetivo era establecer la relación de mártires y santos, junto con sus biografías limpias de inexactitudes y falseamientos. La idea partió de un grupo de jesuitas belgas conocidos con el tiempo como bolandistas, en referencia a uno de sus primeros directores (Jean Bolland), que emplearon como base el método de la crítica literaria, al que añadieron el trabajo en grupo. Cada miembro se encargaba de investigar y elaborar el borrador de una biografía, que después se sometía a crítica y discusión colectivas, para producir un nuevo borrador que posteriormente era debatido hasta alcanzar la redacción final. El filtro de la discusión representó una segunda capa de análisis en el caso de unas vidas basadas muchas veces en leyendas y en fuentes dudosas que hacía falta depurar. Uno de los autores, Daniel van Papenbroeck, se ocupó de redactar un opúsculo que sirviera de orientación para trabajar con textos antiguos, «aportando toda una serie de directrices para poder discernir la autenticidad o falsedad de un documento. Su título era *Propylaeum antiquarium circa veri ac falsi discrimen in vetustis membranis* (Amberes, 1675)» (Santiago, 2012, 311-312) y estaba dividida en tres partes. La primera, centrada en los documentos anteriores al siglo XI, que consideraba falsos en su mayoría; la segunda, en los santos carmelitas, y la tercera, en los de la diócesis de Brescia.

La primera parte es la más interesante porque en ella fijó su método de crítica de las fuentes, consistente en comparar cada documento sospechoso con otros de la época y estudiar por analogía numerosos aspectos formales como: el tipo de letra, el estilo de datación, las fórmulas y la redacción, la congruencia genealógica de las personas mencionadas, los elementos validatorios, como los sellos y los monogramas, la antigüedad del soporte y la aparición de anacronismos e incongruencias, y entre los ejemplos de falsos citó varios de la abadía benedictina de Saint Denis. Las otras dos partes son una suerte de estudios de caso, que despertaron la reacción de las órdenes afectadas por la limpieza. Los carmelitas llevaron la obra ante el Santo Oficio y consiguieron al menos que en España fuera prohibida. Los benedictinos, con más sosiego, dieron la vuelta a los argumentos del bolandista y mejoraron su metodología. Había un problema difícil de resolver en el contexto de secretismo que rodeaba a los archivos, «emplear los ejemplos adecuados para el cotejo», y aunque Papenbroeck viajó en numerosas ocasiones para consultar los originales, en muchas otras tuvo que recurrir a reproducciones impresas y a transcripciones de autoría diversa, no siempre autorizada. Consciente de ello, solicitó y obtuvo el asesoramiento y la ayuda de muchos eruditos (Santiago, 2012, 330 y ss.).

De entre los benedictinos franceses, cuyos documentos más antiguos de Saint Denis habían sido tachados de falsos, hubo uno, reputado intelectual, Jean Mabillon, que en vez de rebatir la obra del jesuita elaboró un tratado sobre el análisis de los documentos titulado *De re diplomática* (1681), que es considerado el texto fundacional de la paleografía y de la diplomática. Mabillon parte de la idea de estudiar los documentos en sí mismos, no en cuanto fuentes para la historia, y lo hace analizando sus aspectos formales, sin juzgar el contenido. El estudio se divide en seis libros o partes; empieza por establecer los diferentes tipos de documentos, describe y analiza los elementos externos: el soporte, la tinta, los tipos de escritura usados en Francia y su caracterización. En el segundo libro se ocupa en detalle de la estructura diplomática de los instrumentos, del estilo, de la invocación, intitulaciones, cláusulas sancionadoras, suscripciones, sellos y datación cronológica. En el tercer libro, Mabillon resume y emplea el método diplomático proporcionando reglas de aplicación universal para la evaluación de las fuentes. Los otros tres libros contienen la relación de topónimos mencionados en los documentos merovingios, transcripciones y reproducciones de diplomas medievales.

Lejos de sentirse desautorizado, Papenbroeck felicitó al autor y defendió su obra, que recibió algunos ataques con el argumento de que los documentos altomedievales no podían haberse conservado durante más de diez siglos y, por consiguiente, eran falsos. Por ello, Mabillon incorporó un apéndice a la segunda edición (1704), el *Supplementum,* donde defendía la conservación de los soportes, fundamen-

talmente el papiro, de los diplomas altomedievales, y añadía nuevos conocimientos, así como reproducciones de
más documentos (Zouhar, 2010, 357-388). *De re diplomatica*
fue un compendio para el análisis documental de cara a establecer su autenticidad o falsedad y puso las bases de la
metodología de las ciencias y técnicas historiográficas, asegu-
rándose la continuidad a través de sus numerosos seguido-
res desde el siglo XVIII en delante.

La llegada de la casa de Borbón a España, tras la guerra
de Sucesión (1701-1714), se caracterizó por la introducción de reformas en la administración y en la Hacienda
real. En esta última se trató de rescatar fuentes de ingresos enajenadas en manos de particulares, sustentadas en
privilegios y concesiones dudosos en su origen y duración. En 1729 se creaba el Cuerpo de Revisores de Firmas
y Documentos, que con los años se dividió en dos espe-
cialidades: los revisores de letras antiguas, para el análisis
de los documentos históricos, hasta que con la creación
del Cuerpo de Archiveros, Bibliotecarios y Anticuarios
(1858) estos ocuparon su lugar, y los revisores de firmas y
papeles sospechosos, para los contemporáneos (Cotarelo,
1916, 196-198). La creación de los archivos históricos a
partir de la Revolución Francesa tuvo sus repercusiones
en la falsedad documental, ya que, desprovistos de fuerza
legal, los documentos antiguos, auténticos o no, carecían
de valor para el sostenimiento de derechos, salvo para dirimir asuntos de genealogía, donde los documentos históricos y sus falsificaciones siguieron desempeñando un cierto
rol. Por lo demás, en cuanto territorio de la historia, fueron
los investigadores quienes haciendo uso de las herramientas historiográficas continuaron la tarea de depuración de

las fuentes, así como de las obras históricas fraudulentas elaboradas en los siglos precedentes.

En los siglos XVI y XVII, junto con la manipulación documental, se publicaron numerosas obras históricas tergiversadas, en las que se entremezclaban hechos contrastados documentalmente con otros basados en personajes y situaciones alterados, mitos y fantasías. Es el caso de las crónicas y de los falsos cronicones, que remontaban la historia a míticos fundadores como Tubal, reyes fantásticos como Gárgoris y Habidis, genealogías imposibles, hechos apócrifos urdidos por falsarios sin escrúpulos, entre los que destacó como autoridad una y mil veces invocada el dominico Giovanni Nanni (1437-1502). Conocido por Annio de Viterbo, fabricó una crónica posterior al diluvio universal adjudicada a un sabio babilonio, Beroso, surgido de su imaginación, quien atribuía la fundación de España a Noé y a Tubal. La nómina de los fabuladores es larga: las obras de Florián de Ocampo, el padre Jerónimo de la Higuera, Lupián Zapata o fray Joan Gaspar Roig inundaron de fantasía los siglos XVI y XVII. Una fabulación que influyó mucho en su época, pero duró relativamente poco, porque ya desde mediados del XVII y sobre todo en el XVIII un nutrido grupo de historiadores críticos fueron desentrañando el fraude, siendo los más destacados el marqués de Mondéjar (Gaspar Ibáñez), Nicolás Antonio, Gregorio Mayans y Enrique Flórez (Caro, 1992).

Circunscritos a la historia los antiguos, hay otra categoría secular de orígenes igualmente remotos; nos referimos a los falsos persistentes que afectan a escrituras públicas y privadas, de la rama civil, mercantil, fiscal, etc. Delitos de poca monta y también de mayor cuantía que por su naturaleza no han trascendido a su tiempo, aunque han sido abundantes, y más según nos acercamos a nuestros días. Es una cuestión de volumen y de dimensión social, que ha ido en aumento en paralelo al de la sociedad, al de las actividades documentadas y al avance de las tecnologías; hasta el punto de que se han ido sucediendo nuevas técnicas como la peritación caligráfica, la pericia documental, la documentología, la documentoscopia y, más reciente, la informática forense, denominaciones que recibe esta actividad en el entorno de la pericia forense y de la policía científica. Su objetivo es comprobar la autenticidad de los documentos a base de estudiar la escritura (manuscrita o mecánica), el soporte, las tintas, los sellos y marcas, los metadatos y otros elementos que puedan desvelar el fraude y la falsedad en el momento de un contrato, de aceptar por válido un documento del que se deriven derechos y obligaciones, o en juicio.

El delito de falsedad documental alcanza tales dimensiones, son tantos los casos presentes a diario en los medios de comunicación, que desborda las pretensiones de estas páginas; vinculados a la política y la administración de bienes públicos, al tráfico de personas, al blanqueo de capitales, a los delitos societarios, a los diplomas de estudios y a los certificados. Tantos nombres de tramas, empresas, partidos y personas acuden a la memoria que darían como para una enciclopedia de transgresores del capítulo XVIII del Código Penal.

La falsificación más mortífera de la historia

Existió al parecer un documento que detallaba un imaginario complot judío para dominar el mundo, conocido como

Los Protocolos de los Sabios de Sion (Cruz, 2020). Se trata de un conjunto de veinticuatro actas que recogen las supuestas sesiones secretas habidas en otras tantas ocasiones por parte de un grupo de influyentes judíos, cuya personalidad no se revela, con el objeto de socavar las instituciones públicas, las bases de la economía, la religión y la moral; el orden mundial, en definitiva, para ser sustituido por un gobierno global hebreo. El texto, intrincado y de confusa lectura, podía haberse quedado en una alucinación literaria, mas, lejos de ello, alcanzó enorme notoriedad en la primera mitad del siglo XX. Se publicó en forma de libro en muchos países del mundo y una enorme cantidad de personas creyó en la veracidad del plan, que fue editado una y mil veces convirtiéndose en un éxito de ventas sin precedentes. Sirvió como elemento de prueba para justificar el ataque a comunidades hebreas en Rusia y otros países de Europa oriental, y fue esgrimido como justificación de la Solución Final, que llevó al exterminio de millones de ciudadanos europeos de religión judía.

En resumen, el texto contiene los planes para acabar con la democracia, que se pretende una quimera, ya que las masas no se pueden gobernar y carecen de capacidad para elegir a sus representantes. Para los conspiradores, el absolutismo había sido el único sistema capaz de asegurar la prosperidad y de velar por el interés común, pero el liberalismo había acabado con el viejo régimen, y él mismo desaparecería en breve, porque solo un déspota podía asegurar el orden y la sujeción de las masas. El plan se basa en un movimiento, que lleva siglos en acción, para poner todo el poder en manos de unos pocos, los Sabios de Sion, que lo entregarán al príncipe de los judíos. Para logarlo se valdrán del liberalismo, de las revoluciones y de sembrar el descontento, los enfrentamientos y la confusión. La masonería les permite infiltrarse en los gobiernos y colocar títeres al frente que cumplan con las órdenes recibidas en forma de políticas que lleven a sus países a la ruina. Infiltrados asimismo en las masas, impulsarán las huelgas y la revolución y sembrarán la destrucción. Y a todos los niveles van expandiendo la depravación con el fomento del alcohol, el juego, los vicios, la degradación de la educación, el desprecio de la religión, la persecución del clero... y la inoculación de epidemias. Los Estados, enfrentados entre sí y con disensiones internas, serán conducidos a una creciente dependencia de los únicos que han ido durante siglos apropiándose de las riquezas del mundo, los judíos. Y al final, los Estados gentiles entregarán gustosos el poder a los salvadores, los que desde la noche de los tiempos llevan preparando la venida del mesías de la estirpe de David, a quien entregarán el reino de la tierra. Y si algo fallara en el entretanto y los gentiles opusieran resistencia, las principales ciudades están atravesadas por túneles del transporte metropolitano, listos para llenarlos de explosivos y hacerlas saltar en pedazos. Esta es, en forma condensada, la delirante historia de *Los Protocolos de los Sabios de Sion* (Cruz, 2020, 21-22).

Estos *Protocolos* son la culminación de una sucesión de teorías conspirativas que empezaron a circular por nuestro continente desde comienzos del siglo XVII, cuando aparece en escena la orden de los Rosa-Cruz, una misteriosa hermandad fundada por un personaje portentoso, Christian Rosencreuz, nacido en el siglo XV y formado con los magos y nigromantes más célebres de la Antigüedad egipcia, discípulo de cabalistas y doctorado en el conocimiento esotérico. Tras fundarla en Alemania, la hermandad se expandiría por todo el mundo. Una sociedad secreta cuyos miembros no pueden ser conocidos, ni sus identidades reveladas, que están presentes en todas partes y a cuyo entendimiento nada escapa. Tras un discreto éxito de público, se les pierde de vista; según sus propagandistas, se trasladaron a Oriente huyendo de las guerras de religión hasta que un siglo después un pastor protestante alemán la refundó bajo el nombre de Rosa Cruz de Oro, pero sin éxito.

En el XVIII, el mundo de lo oculto lo ocupa la masonería simbólica, nacida de la mano de algunos aristócratas ingleses que se declaran continuadores de los constructores del templo de Salomón. El modelo, basado en la creación de comunidades elitistas, cerradas y de acceso restringido siguiendo un ritual de innegable teatralidad, triunfó entre la nobleza, la alta burguesía y el alto clero, formando una red de comunidades locales en torno a diferentes credos o interpretaciones. Así es como fue calando la idea de la existencia de unas sociedades secretas, dispuestas a alterar el *statu quo* y a hacerse con el dominio del mundo. La Revolución Francesa, la era napoleónica, el liberalismo, los movimientos sociales, políticos y obreros posteriores se explicarían de este modo por parte de los añorantes del viejo orden, como el resultado de la acción de conspiradores ocultos. Téngase en cuenta que el siglo XIX y parte del siguiente transcurrieron en un ir y venir de sistemas políticos que propugnaban ora el viejo orden, ora su disolución. En este contexto de cambio político, económico (industrialización) y social (lucha de clases), echaron raíces algunos ideólogos y propagandistas que encontraron en las teorías conspirativas un negocio redondo. Una explicación simple para realidades complejas, un argumentario dúctil que permite afirmar una cosa y su contraria, no exige el esfuerzo de investigar, analizar y razonar ni por parte de quien lo emite ni mucho menos de quien lo recibe, pues basta con creer; y ello es fácil siempre que coincida con los prejuicios sociales y vaya asociado a una identidad de grupo y al sentimiento de pertenencia.

Solo faltaba un hilo conductor que encarnase el complot, del que no podían formar parte ni la nobleza, ni la jerarquía eclesiástica ni la burguesía. Y ahí estaba como víctima propiciatoria el pueblo de Israel, una comunidad inexistente como tal, pues carecía de territorio, de Estado, de organización, en resumen, sin capacidad coactiva; pero que vivía en grupos dispersos por todo el continente más o menos cohesionados en torno a un credo religioso, en franco retroceso entre la población urbana de países laicos en Europa y América, pero deseosos de integrarse plenamente en sus sociedades. Así se pasó de la figura literaria del judío astuto y hermético a la del conspirador. Pero cuándo, cómo y por qué se fabricaron los *Protocolos*.

La policía secreta rusa, la temida ocrana, fue la punta de lanza en la lucha contra los opositores al régimen zarista dentro y fuera de su territorio. A finales del siglo XIX, París se había convertido en refugio de anarquistas, socialistas y todo tipo de exiliados políticos, entre los que la comunidad rusa era numerosa. Por lo mismo, su embajada fue el centro de operaciones de su activa policía secreta, al mando del agente Piotr Ivánovich Rachkovsky, que utilizó la falsificación de documentos y su puesta en circulación como forma de descrédito de la oposición. Eran los años del asesinato del zar Alejandro II, de los inicios de la industrialización y de la modernización económica de Rusia, que venía a alterar el viejo orden, cuando Rachkovsky tuvo la idea de inventar la historia de una conspiración para destruir la madre patria a manos de los judíos por medio de la modernización de la economía, de la educación, del laicismo... Así fue como hacia 1898 puso el punto final a los Protolocos, cuyo manuscrito envió al ministro del Interior, su jefe, ofreciéndole una ventaja al bando reaccionario y a sí mismo la esperanza de un ascenso. El propio zar lo consideró ridículo y el proyecto fue rechazado. Eran años de intenso antisemitismo, en los que el caso Dreyfus tuvo repercusión internacional. Abundaba la literatura antijudía, la prensa extremista vivía sus años dorados los pogromos menudeaban en Rusia y en Polonia, los países con mayores comunidades semitas. Aun y así el texto pasó desapercibido hasta que la casualidad quiso que cayera en manos de un loco visionario con relaciones en la corte, Serguéi Nilus, al que los acontecimientos darían la ocasión anhelada. Tras varias ediciones discretas, publicó el falso bajo el llamativo título de *Está cerca, a la puerta... Aquí llega el Anticristo y el reinado del Diablo en la Tierra*. Fue en 1917, a las puertas de la Revolución Rusa, acontecimiento que vendría a rematar en las mentes proclives el triunfo del complot.

A partir de aquí el éxito estuvo asegurado, los *Protocolos* saltaron de un continente a otro y se publicaron como un documento al que la Revolución de Octubre había revestido de autenticidad; fueron traducidos a numerosas lenguas, y calaron entre incautos y también algunas personalidades, como Henry Ford, que financió su edición y algunas otras publicaciones antisemitas. Tampoco faltaron las voces autorizadas que advirtieron de la infamia, hasta que una serie de artículos redactados en agosto de 1921 por el corresponsal del *Times* en Egipto revelaron la mixtificación. Como tema de actualidad, el hallazgo del periodista, Phillip Perceval Graves era su nombre, corrió como la pólvora por la prensa mundial, y dio lugar a posteriores investigaciones que fueron revelando nuevos detalles de la falsificación. Una vez más la razón, la evidencia, poco pudieron frente a la creencia ciega de la fe, aunque fuera en un ídolo de papel. Los falsos *Protocolos* se siguieron publicando y el naciente fascismo los adoptó como dogma incuestionable. Ante las pruebas en contra, los teóricos de la conspiración reconocieron, con notable cinismo, que poco importaba que fueran falsos si revelaban una verdad. Así que, contra toda lógica, los años treinta fueron los de su máxima difusión a partir de las ediciones alemanas, cuyos derechos de autor poseía el partido hitleriano. Traducidos a múltiples lenguas, en Alemania se establecieron como lectura escolar obligatoria; además de que la prensa y la radio bombardeaban con constantes extractos, comentarios y pequeñas revelaciones de nueva invención. Poseer al menos un ejemplar era obligado en todo buen hogar del Tercer Reich. Esta política de difusión puso el antisemitismo en máximos en todo el orbe, y aunque se tratara de una burda falsificación, *Los Protocolos de los Sabios de Sion* se convirtieron en el vector ideológico del exterminio de más de seis millones de ciudadanos europeos sin más nexo que profesar una religión o haberlo hecho sus antepasados.

Hoy, convertido en un artefacto de mendacidad ridícula, continúa circulando, especialmente en los países musulmanes. Desacreditado, en Occidente deriva hacia nuevas teorías complotistas como el Plan Kalergi, el Plan Andinia,

QAnon y cuantas se apuntan a la simplona, como exitosa, fórmula de atribuir a un grupo de poderosos desconocidos cuanto escapa al alcance de la ignorancia perezosa. Así, ¿quién necesita buscar las causas profundas de los flujos migratorios?, una constante en la historia, si se pueden atribuir a un solo hombre cuyo apellido es un palíndromo y bien pudiera ser uno de los Sabios de Sion empeñado en colorear la raza blanca.

Vidas ejemplares

El objetivo de la falsificación es obtener un beneficio o causar un perjuicio de forma fraudulenta, pero en ocasiones, pocas, lo es producir un beneficio mayor, como apoyar causas humanitarias o salvar vidas, poniendo la propia en riesgo. Tal ha sido el caso de algunas personas, por lo general humildes, que en situaciones extremas decidieron poner sus habilidades en pro de un bien superior, aun a sabiendas del mucho riesgo que asumían y de la nula ganancia que había de reportarles. El cine ha rescatado algunas biografías en películas como *El falsificador de pasaportes*, *Un hombre de acción*, *Los falsificadores*, y aunque no coincida con el perfil social del que hablamos, merece un lugar destacado la fascinante de Frank Avagnale Jr. en *Atrápame si puedes*, dirigida por Steven Spielberg; pero la mayoría de los personajes reales habría pasado sin dejar huella de no ser por algún biógrafo empeñoso. Vamos a centrar nuestra atención en tres casos relacionados por la época en la que actuaron y las circunstancias que rodearon sus vidas, dos españoles (Malagón y Urtubia) y uno argentino (Kaminsky).

Domingo Malagón Alea nació en Madrid en 1916 en el seno de una familia humilde. Su padre falleció en un accidente laboral y con cinco años fue internado en el Hospicio de El Pardo, de donde poco después pasó al de La Paloma, ambos en su ciudad natal. Este era al mismo tiempo una escuela de oficios dotada de buenos talleres y profesorado competente, donde pudo desarrollar su capacidad innata para el dibujo y la pintura en las clases del profesor José Urea Gallardo, quien le preparó para algo poco menos que imposible: que un hospiciano aprobara el riguroso examen de ingreso en la Academia de Bellas Artes de San Fernando, en el curso 1933/1934. Su nueva vida de estudiante le permitió desplegar una intensa actividad cultural, deportiva y social, mientras su vínculo con La Paloma, a pesar de haber superado la edad, le permitió subsistir en lo esencial. La Guerra Civil le impidió hacer el último curso y concluir los estudios; su compromiso le llevó a alistarse voluntario y en el transcurso de la contienda inició su militancia en el Partido Comunista de España (PCE).

Tras la derrota, pasó por los campos de concentración de Barcarès y Saint-Cyprien, de donde huyó para instalarse clandestinamente en Perpiñán como retratista, con la ayuda de Miguel Mucio, tabernero español y hábil conseguidor, al paso que retomaba el contacto con el partido y sus actividades organizativas. Dadas sus capacidades y la situación de clandestinidad en que se movían él mismo, sus compatriotas y pronto los franceses de la resistencia tras la invasión nazi, empezó enseguida a falsificar cartas de identidad francesas y a preparar documentos oficiales españoles para los que debían pasar la frontera. En medio de la escasez de una economía de guerra, tuvo que ingeniárselas para fabricar con lo que tuviera a mano tampones, sellos y entrenarse para imitar con pincel las letras de imprenta. Hizo una y mil pruebas para el manipulado del papel, aprendiendo teñidos y tintados, buscó libros técnicos sobre artes gráficas. Fueron años en riesgo permanente de caer en una redada, pues, a pesar de las estrictas medidas de seguridad que se adoptaban en la resistencia, su oficio le obligaba a participar de manera constante en las acciones más comprometidas.

Tras la liberación, el partido le trasladó a Toulouse, donde se instaló el nuevo equipo de falsificaciones, esta vez asistido por un par de fotógrafos, dos grabadores y un dibujante, que para financiarse hacía trabajos de fotograbado para algunas publicaciones de la ciudad. Fueron conocidos desde entonces como el Equipo Técnico, entre los cuales estuvieron Jesús Beguiristain, Ramón Santamaría y José Larreta. Fabricaban salvoconductos para moverse por las provincias españolas, cédulas personales, carnets sindicales, de Falange, acreditaciones comerciales, tarjetas de visita, certificados de buena conducta supuestamente expedidos por la Guardia Civil y distintos municipios, cartillas de racionamiento, etc. Era un trabajo técnicamente complejo porque los documentos diferían según la zona donde fueran expedidos, de las numerosas en que se dividía España según su cercanía a la frontera, a territorio en guerra con el maquis u otras cuestiones de seguridad; además de que cambiaban regularmente de sellos y formatos para dificultar su falsificación. A pesar de lo cual, los trabajos eran de tal calidad que ninguno de los portadores cayó por tal motivo durante todo el período franquista. Por cuestiones de seguridad interna, solo trataban entre sí y con el contacto del partido y pasaban jornadas interminables encerrados manejando sus instrumentos con precisión, en ambientes insanos entre emanaciones de tintas, disolventes, fijadores y otros productos necesarios. A cambio recibieron un salario de miseria, como una tercera parte del de un peón, y apenas si podían ver a sus familias durante largas temporadas. El testimonio de Santamaría lo evoca así:

El responsable político era Domingo Malagón, un pintor que podría haberse ganado la vida con mucha holgura viviendo de su pintura y la sacrificó por el trabajo clandestino. Jesús Beguiristain, natural de San Sebastián, era el responsable técnico. Era un profesional que había trabajado en litografía, le llamábamos «Andrés». Desgraciadamente falleció víctima de un cáncer y está enterrado en St. Maur, en la región parisina. El tercer camarada no era un dibujante, pero con los medios que teníamos se ocupaba del fotograbado y de las tiradas de los documentos. Se llamaba José Larreta y lo llamábamos «Paul».

[...] La seguridad de los camaradas que utilizaban nuestros documentos era para nosotros una constante preocupación. Los camaradas que los utilizaban nos decían: «Con vuestros documentos, yo me siento totalmente seguro». Y tenemos el honor y el orgullo de poder decir que ningún camarada cayó entre las garras de la policía por defecto de los documentos que llevaba. Personalmente, viajé más de una vez sin problemas con tales documentos.

Residía y trabajaba en mi casa, los horarios nos los imponíamos nosotros mismos. No realizábamos ningún otro trabajo, el del Partido ocupaba todo nuestro tiempo. Más de una vez nos tocó empalmar la noche y el día siguiente trabajando. Una de las medidas de seguridad que se adoptó, y de forma muy estricta, fue la de aislarnos: desaparecíamos de la circulación, no pertenecíamos a ninguna organización del Partido, no podíamos participar en actos o manifestaciones... Tampoco podíamos caer en el error de aparecer en fotografías en ningún lugar (Rodríguez, 2008).

En 1947 el equipo se trasladó a París con la dirección, añadiendo a sus tareas la encomienda de microfilmar el archivo del partido. A partir de 1950, la ilegalización del PCE en Francia puso las cosas aún más difíciles. A las medidas de seguridad que rodeaban su fatigosa existencia, se añadirían las de la clandestinidad respecto de las autoridades galas. Fue el primero en lograr falsificar el DNI que las autoridades franquistas reputaban de infalsificable, el mismo año de su emisión en 1951, así como los pasaportes franceses que utilizaban los camaradas, tomados en préstamo, falsificados y vueltos a legalizar para ser devueltos a sus legítimos propietarios. Sobre este particular y otros trabajos, proporciona abundantes detalles técnicos en su biografía, fuente de estas líneas (Asenjo y Ramos, 1999). El equipo de falsificación dependía orgánicamente de Julián Grimau, quien fuera ejecutado por el régimen franquista en 1963.

Domingo Malagón, que vivió buena parte de su existencia bajo el nombre de Pedro Jiménez, se encargó entre otros casos famosos de la documentación con la que Santiago Carrillo entraría en España con su peluquín en los inicios de la Transición, hasta que fue detenido en vísperas de la legalización del PCE (1977). Fueron casi cuarenta años de clandestinidad, primero respecto de las autoridades españolas, de las francesas de Vichy y de las alemanas, y después, nuevamente, de las francesas. Dada su militancia comunista, se añadía la dureza que la dirección del partido imprimía a la existencia de sus militantes más comprometidos, en lo que tenía de obediencia ciega, plena disponibilidad y una vida privada y personal casi inexistente, con la intromisión constante y la tutela de las relaciones familiares y de amistad, que debían contar con el visto bueno de los dirigentes. Una vida de entrega a la causa. Tras la amnistía pudo regresar a España, donde se le asignó, entre otras funciones, la de organizar el archivo del partido. Su figura fue evocada por Jorge Semprún en varias ocasiones, y así, en su *Autobiografía de Federico Sánchez* (1977), en el pasaje donde relata cómo conoció a Luis Miguel Dóminguín, nos dice:

Éste me había presentado a su hermano por mi nombre oficial de entonces: Agustín Larrea y ahora, en este relato o memorial en que no pienso callarme nada, voy a callarme el nombre, a silenciar la identidad del camarada al que tantos debemos la libertad, y algunos la vida, porque eran los papeles que fabricaba o amañaba tan prodigiosamente parecidos a los auténticos que nadie podría sospechar de ellos; y alguna vez le he visto trabajar, manejar casi amorosamente las tintas, las gomas, los plásticos, los colores, las imprentillas, los hornos, en un taller donde los documentos falsos adquirían categoría de objetos artísticos, de salvoconductos fraternales para cruzar los posibles temporales de la vida clandestina; y voy a callar su nombre, y al callarlo recordarlo, celebrarlo en mi memoria, ese nombre no nombrado, porque ¿quién sabe?, quizá sea todavía necesario en el porvenir su diabólica, o angélica, habilidad, su genialidad de falsificador, y en todo caso uno de los falsos documentos de identidad que me había fabricado ostentosamente el nombre de Agustín Larrea, por el cual me conoció Luis Miguel Dominguín (Asenjo y Ramos, 1999, 296-297).

Adolfo Kaminsky nació en Buenos Aires en 1925. Sus padres, Salomón (sastre) y Anna, eran judíos rusos emigrados primero a Francia y después a la Argentina, él por motivos políticos como miembro del Bund, organización de trabajadores judíos, y ella huyendo de los pogromos. En 1932 regresaron a Francia, donde vivía la familia de la madre, y primero residieron en París y posteriormente en Vire (departamento de Calvados). Tras obtener el certificado de estudios primarios, Adolfo entró a trabajar en una fábrica, de donde fue despedido por judío tras la ocupación alemana; así es como empezó de aprendiz de tintorero y realizó sus primeros experimentos de química, materia por la que sintió una pronta y profunda inclinación. Se hizo con un laboratorio químico que vendía el farmacéutico de la localidad e incrementó sus investigaciones haciéndose con cuanto libro y revista cayera en sus manos; y para perfeccionar sus conocimientos, iba una vez por semana a ayudar como voluntario al químico de la mantequería, con quien aprendió los efectos del ácido láctico en el borrado de la tinta de azul de metileno, método empleado para conocer el contenido en grasa de la leche. Además, en su casa fabricaba velas, jabón y otros productos con cuya venta ayudaba a la economía familiar de guerra, corrosivos para deteriorar las líneas de transmisiones y pequeños detonadores para la resistencia, con la que colaboró desde el primer instante.

Su madre fue asesinada por los nazis durante un viaje en tren de regreso de París, y en 1943 él junto con su padre y sus cuatro hermanos fueron internados en el campo de detención de Drancy, antesala de los de exterminio. Allí pasaron tres meses de terror, del que les liberó su nacionalidad con la mediación del consulado argentino. De allí a París, donde al poco tiempo fueron de nuevo detenidos y conducidos de vuelta a Drancy, donde en medio de una gran confusión fueron nuevamente liberados el mismo día en que Argentina rompió las relaciones diplomáticas con Alemania. En cuanto llegaron de nuevo a la capital, su padre contactó con antiguos camaradas del Bund, cuyo plan de salvación era dispersarlos en granjas de la comarca con documentación falsa.

Adolfo fue el elegido para el encuentro con el contacto, que tendría lugar en el Collège de France, simulando ser estudiantes, para hacerle entrega de las fotografías. De manera casual surgió en la charla la dificultad que se les había presentado para borrar la tinta Waterman, a base de azul de metileno, a lo que respondió que la solución estaba en el ácido láctico. Llevaba desde los catorce años entre tintes, disolventes y ensayos químicos, no había tinta que se le resistiera. Así es como ingresó con su nueva identidad como Julien Keller en el equipo clandestino de falsificación, cinco jóvenes que se hacían pasar por pintores, pertenecientes a la sección 6.ª secreta de la UGIF (Union Générale des Israélites de France), organización colaboracionista en la cual se creó una facción clandestina. Ello les permitía saber de antemano los planes de deportación, con las listas de los afectados, y poder preparar los documentos y anticiparse a las redadas. Tan pronto se incorporó al equipo, Kaminsky lo puso todo patas arriba en la pequeña buhardilla donde trabajaban para mejorar los métodos, fabricando sus propios documentos desde cero, en vez de reutilizar otros auténticos, e instaló un taller artesanal de fotograbado en un cuartucho de la pensión donde se alojaba, a base de material recuperado en los mercadillos y con recursos mínimos.

Todas las organizaciones de la resistencia francesa se beneficiaron del excelente trabajo de aquel equipo, que funcionó a un ritmo insostenible, a veces hasta quinientos documentos por semana. En una ocasión se preparó una redada simultánea y masiva de niños en diez hogares de la UGIF, por distintos puntos de la región parisina. Había que confeccionar documentos para más de trescientos: cupones de racionamiento, certificados de bautismo, actas de nacimiento, documentos de identidad para los pasadores, órdenes y salvoconductos colectivos, más de novecientos documentos distintos en un plazo de tres días. De inmediato se puso a fabricar papel...

apretado, bien compacto, o delgado, con o sin grano, según el tipo de documento a realizar. Debía apurarme. El cronómetro acababa de ponerse en marcha. La carrera empezaba. Una carrera contrarreloj, una carrera contra la muerte...

Los olores de los productos químicos invaden poco a poco la habitación, y se mezclan con los del sudor. Cortamos, recortamos, sellamos, coloreamos, tecleando a todo trapo, trabajando a destajo y en cadena... Cuando cae la noche y los demás vuelven a sus casas, salgo rumbo al otro laboratorio... Mantenerme despierto. El mayor tiempo posible. Luchar contra el sueño. El cálculo es sencillo. En una hora fabrico treinta documentos vírgenes. Si duermo una hora, morirán treinta personas... (Kamisnky, 2011, 36-39).

Y así se mantuvo activo durante setenta horas sin descanso hasta que en la última cayó desmayado, perdió el sentido. La operación se había culminado a tiempo.

Tras la liberación, fue reclutado como falsificador de Estado, encuadrado en los servicios secretos del ejército. Entre otras misiones, debía fabricar documentos para los agentes que eran lanzados en territorio enemigo para controlar los campos de exterminio antes de que los nazis destruyeran las pruebas. Documentos alemanes de todo tipo: hojas de ruta, billetes de ferrocarril, documentos de identidad, pasaportes, credenciales militares y acreditaciones de trabajadores extranjeros en Alemania. Ahora sí, con muchos medios y un coche con chófer a su disposición. Pronto, la rendición de Alemania puso fin a la guerra y las actividades de su equipo se orientaron hacia las fuerzas coloniales, con la vista puesta en la inmediata guerra por mantener el control francés de Indochina. Pacifista, contrario al colonialismo y a participar en una política que consideraba injusta, abandonó el ejército.

En 1947 fue captado por las organizaciones judías que trabajaban por la emigración de los supervivientes a Palestina (Haganá) y por la creación del Estado de Israel (Stern). Durante ese tiempo se dedicó en cuerpo y alma de nuevo a preparar grandes remesas de documentación para los supervivientes, para las tripulaciones de los barcos que los transportaban, para sus acompañantes... Mientras tanto él mismo se había convertido en clandestino en el país por el que había luchado, privado de papeles y al borde de la expulsión, que logró evitar poniendo su arte a su propio servicio. A partir de la independencia de Israel, se negó a emigrar, pues no se identificaba con el modelo de Estado confesional, y en 1948 reorientó sus actividades e inició una nueva vida como fotógrafo profesional. Trabajó para grandes cineastas y arquitectos, prosperó en todos los sentidos, hasta que la represión del movimiento de liberación argelino por parte de las autoridades francesas le llevó en

1961 a aceptar de nuevo el compromiso con los desfavorecidos. En un equilibrio cada vez más difícil, compaginó su faceta profesional con la de falsificador, tanto para la red francesa de apoyo al movimiento argelino como para los exiliados españoles, con quienes mantuvo siempre contacto y a cuyos expertos ayudó en las dificultades; y a partir de aquí se fueron concatenando todos los movimientos revolucionarios y de resistencia a las dictaduras en América (Guatemala, Brasil, República Dominicana...), de Europa (España, Portugal, Grecia, Checoslovaquia...) y los de liberación africanos (Angola, Sudáfrica...). Fueron años de una actividad incesante, agotadora, hasta que en 1971 la llegada de un mismo encargo −falsificar pasaportes sudafricanos− por tres vías diferentes que empleaban el mismo documento de muestra le hizo barruntar que su exquisita prudencia en las vías de contacto había fallado y la cárcel o la muerte le rondaban, y en aquel instante decidió poner fin definitivo a un periplo como falsificador que había durado treinta años. Tuvo que malvivir de su trabajo, cuando podía compaginarlo, y de sus ahorros, pues jamás admitió dinero a cambio de sus servicios, ni perdió su independencia para negarse cuando no estaba conforme con las finalidades, y nunca ayudó a grupos terroristas. Al final de sus memorias dice: «Mi vida como falsificador fue una larga resistencia ininterrumpida, porque después del nazismo, seguí resistiendo contra las desigualdades, las segregaciones, el racismo, las injusticias, el fascismo y las dictaduras» (Kaminsky, 2011, 223).

La tercera de nuestras vidas ejemplares difiere de las anteriores en bastantes aspectos, aunque confluyen todas en la falsificación. Lucio Urtubia nació en la localidad navarra de Cascante en 1931, tercero de seis hermanos de una familia muy pobre. Tras una infancia de estrecheces y dotado de un espíritu rebelde, que no hallaba forma de encauzar, se inició en el contrabando en la zona de Valcarlos, animado por su hermano mayor, ya instalado en el oficio. Ser un peón del riesgo al servicio de otros no iba con él, así que, tras un enfrentamiento con los amos del tinglado, lo dejó para irse voluntario al servicio militar. En esos años de miseria y economía quebrada, el mercado negro que corría por todas partes le dio la oportunidad de hacer algo de dinero. Aprovechando que era el responsable de la cantina del acuartelamiento de Logroño, se dedicó a sacar y a vender material de uniformidad: calcetines, jerséis, botas, camisas... Salían disimulados entre los restos de comida para los cerdos, y se vendían en el exterior. Tras año y medio de servicio, en agosto de 1954 se destapó el montaje y Lucio, dotado de una determinación y una fuerza física fuera de lo común, huyó a Francia con lo puesto y cien pesetas que pidió prestadas.

Llegado a París, se puso a trabar en la construcción como peón de albañil. Allí entabló trato con compañeros anarquistas, y con motivo de aprender el francés en los cursos que ofrecían las Juventudes Libertarias, entró en ellas. En 1957 se alojó en su casa el famoso anarquista Quico Sabaté, quien ejerció una poderosa influencia sobre nuestro personaje, lo introdujo y formó en la lucha clandestina hasta su muerte en 1960. A partir de aquí Lucio tomó en cierto modo el liderazgo que ejercía su maestro en el anarquismo español, organizó atracos, el paso de frontera, el envío de publicaciones y propaganda ilegal, así como la fabricación de documentos de identidad y pasaportes para los compañeros que necesitaban moverse a ambos lados de la frontera. Incluso propuso al Che Guevara inundar el mercado con dólares falsos que había empezado a fabricar a comienzos de los sesenta, oferta que fue rechazada. A diferencia de Malagón y de Kaminsky, Urtubia fue un hombre de acción, por lo que sus actividades de falsificador no estuvieron presididas por el sigilo, y aunque su biografía (Thomas, 2015) no aporta detalles sobre el particular, parece que empleó un sistema mixto de fabricación. Una parte de los trabajos los contrataba con empresas y especialistas de la composición y el grabado, más o menos implicados con los movimientos sociales, y otra parte la ejecutaba personalmente, lo que significó asumir riesgos excesivos en materia penal tan sensible, aunque salió bien parado de sus encuentros con la justicia. Otro aspecto distintivo es que vendía documentos falsos a otras organizaciones e interesados como forma de financiar al movimiento: una parte se destinaba al pago de costes y abogados, otra a los compañeros y otra a la causa anarquista. Lucio Urtubia continuó trabajando en la construcción toda su vida, y las actividades ilegales las hacía por la noche, con enorme esfuerzo, sin obtener nada a cambio, salvo la satisfacción de ayudar a los desfavorecidos.

A medida que adquiría experiencia, aumentó su atrevimiento. Se implicó en el secuestro del director del Banco de Bilbao en París, por lo que fue detenido y juzgado; organizó una red de falsificación muy ingeniosa de cheques de nómina de empresa, que le permitió obtener ingresos para la causa, y finalmente llevó a cabo la acción que le haría célebre internacionalmente. Las décadas de los 70 y 80 fueron especialmente convulsas en todo el mundo: movimientos revolucionarios, grupos terroristas, golpes de Estado y dictaduras militares, movimientos de liberación africanos... Demasiados compañeros a los que ayudar, muchos movimientos sociales con los que implicarse. Entonces idea el plan perfecto para obtener fondos y castigar a la banca internacional, a la que considera actor fundamental de todos los males. Recurriendo una vez más a agentes externos para salvar las dificultades técnicas, se puso a falsificar cheques de viaje, un medio muy utilizado por entonces para obtener efectivo en cualquier país del mundo, ya que operaban en dólares y se cambiaban por moneda nacional. Eligió como víctima del fraude al First National City Bank, uno de los mayores bancos. Repartió y vendió cheques aquí y allá que de inmediato se pusieron al cobro en numerosos países. Cuando el banco se percató, las pérdidas eran cuantiosas y el sistema de crédito viajero estaba en entredicho, por lo que se vio forzado a restringir la conversión a efectivo. Ello tuvo consecuencias desastrosas sobre la credibilidad de la entidad y su cotización, hasta que el exceso de implicados y la avaricia de alguno permitieron a la policía francesa ir desmontando la trama y llegar a la cabeza. Todo transcurrió en unos pocos meses del año 1980, aunque al final todo salió bien para Urtubia, ya que el banco se avino a negociar la entrega del remanente de cheques y de las planchas a cambio de una cantidad de dinero y de retirar los cargos. Así puso punto final a su vida de falsificador, no a la de activista político, donde sus hazañas han hecho correr ríos de tinta e incluso han inspirado una película de cine. Además, hay disponibles en las redes diversos documentales y entrevistas que reproducen estas tres vidas ejemplares.

Como el agua en un cesto

Las tecnologías de la información han introducido cambios significativos en el ámbito de la falsedad documental. Han generado un nuevo y gigantesco entorno de mentiras impulsado por la rapidez, lo inmediato de las redes sociales y de los medios digitales de comunicación, en fin, todo cuanto cabe bajo el paraguas de lo *fake*. Es tanto, tan dinámico y abultado que, recurriendo a una expresión errónea de moda, podríamos hablar de un ecosistema de lo *fake*, donde cada vez es más difícil discernir la verdad de las trolas y estas se diseminan a una velocidad sin límites. ¿Y cómo influyen las tecnologías en la materia de la que estamos hablando, la de la falsedad documental?

La influencia es múltiple, positiva en determinados aspectos, como el haber reforzado la seguridad de los documentos electrónicos frente a la falsificación; negativa en otros, al ofrecer herramientas para la fabricación de falsificaciones sin necesidad de habilidades artesanales, artísticas, ni intelectuales, sino al alcance de cualquiera. Falsificar un documento de identidad en papel o en plástico es complicado, hace falta conseguir un soporte de las mismas características, reproducir las filigranas, las bandas, los sellos, imitar firmas... Manipular cualquier documento una vez digitalizado es bastante sencillo, sea un DNI, un título académico, un certificado.... Su utilidad es otra cosa. Nadie los aceptaría como medio de prueba de la personalidad, del nivel de estudios o de cualquier otra circunstancia acreditada, salvo que en un momento dado se exhiban también los originales. Para moverse en el entorno digital están los documentos electrónicos: los DNI, títulos, certificados elec-

trónicos o digitales, cuyas características, así como las medidas de seguridad que los acompañan, los hacen muy
difíciles de falsificar. Por un lado, cada vez que introducimos un cambio, por nimio que sea, cada vez que copiamos,
cualquier alteración, acceso o uso que hagamos deja un rastro en el propio documento y en el sistema que lo gestiona.
La firma electrónica no es una imagen digitalizada de la
manuscrita, sino un sistema de algoritmos y claves cripto-
gráficas asimétricas; es decir, una clave pública, que será conocida por todas las partes que intervienen en el proceso
de firma. Y una clave privada, única e intransferible, que
solo conoce el firmante y tiene almacenada en su dispositivo electrónico, el certificado electrónico que utilizamos
para acreditar nuestra personalidad. De este modo se generan un sello y registro electrónicos que permiten comprobar la validez de la firma (el firmante es quien dice ser), que
el documento firmado no ha sufrido ninguna alteración
posterior y que no ha habido repudio (el firmante no puede negar haberlo firmado y/o haberlo enviado). Siempre se
puede comprobar la validez recurriendo a lo que se conoce
como Tercera Parte de Confianza, una entidad certificado-
ra pública o privada con capacidad para emitir certificados
y acreditar su validez.

Falsificar un certificado de firma electrónica es algo enormemente complicado, pero robarlo no lo es tanto, tan solo
depende de la prudencia del titular para mantenerlo a buen
recaudo. La fórmula más frecuente para ello es la suplanta-
ción de identidad (*phishing*) para hacerse con los datos a través de avisos o correos que enlazan con páginas web, y documentos en línea con apariencia de verosimilitud donde
introducimos datos que nunca nos pediría la entidad su-

plantada y que permiten a los ladrones hacerse con nuestras claves personales, con el certificado de firma y con cuanto deseen. Es un tipo de delito a la orden del día, pero no entra dentro de la falsedad documental. Es posible que el avance de la inteligencia artificial permita producir documentos electrónicos falsos dentro de esa realidad paralela con la que parece amenazarnos; como también podría ser empleada en evitarlo. Pero es otra historia por venir y de momento lejos de la épica de las grandes falsificaciones de la historia que acabamos de evocar.

Del bit al *byte*

Digital

En 1995 Jeff Rothenberg, renombrado experto en tecnologías de la información, iniciaba uno de sus artículos más populares (Rothenberg, 1995, 42-47) con la siguiente anécdota, un clásico ahora en preservación digital:

Es el año 2045 y mis nietos están explorando el desván de mi casa, cuando encuentran una carta fechada en 1995 y un CD-ROM. En la carta se dice que el disco contiene el documento que proporciona la clave para acceder a mi fortuna. Mis nietos están comprensiblemente emocionados, pero nunca han visto antes un CD —excepto en las películas antiguas— e incluso si pueden encontrar una unidad de disco adecuada ¿cómo se ejecutará el *software* necesario para interpretar la información del disco? ¿Cómo pueden leer mi documento digital obsoleto?

Así ilustraba una preocupación que permanece sin respuesta décadas después. Una cuestión entonces ineludible y hoy perentoria, en la que el transcurso del tiempo es una amenaza.

Desde la aparición de la fotografía hacia 1825, se fueron sucediendo nuevos medios y nuevos soportes documentales que han convivido con el papel (manuscrito o impreso) como vehículo de la información, conformando eso que posteriormente se ha conocido como mundo analógico. En el último cuarto del siglo XX se inició un cambio de tendencia con la irrupción de las Tecnologías de la Información y de las Comunicaciones (TIC), que empezaron a desplazar a los medios analógicos, cuya sustitución por lo digital estamos en vías de concluir. Todos estos sistemas tienen en común la mediación de dispositivos mecánicos para elaborar los documentos —pensemos por ejemplo en una cámara fotográfica, tanto una analógica con película como una digital con tarjeta de memoria— y de dispositivos diferentes o procesos mecánicos para hacerlos visibles al ojo humano, el revelado en el primer caso, y en el segundo un programa informático que permite visualizar las imágenes en pantalla y transmitirlas a otros dispositivos, incluida una impresora para pasarlas a papel. Hasta entonces, la escritura, manuscrita o impresa, era la forma de transmitir información de manera perdurable en el tiempo, a la que el dibujo y la pintura ayudaban con imágenes más o menos realistas o aproximadas; llegados a este punto, se añadieron el sonido, la imagen fija y la imagen en movimiento, producidas mediante máquinas y procedimientos específicos (grabación, fotografía, filmación...) y reproducidas por otros diferentes (tocadiscos, positivado, proyección...). Otro tanto sucedió con la escritura, ya lo hemos visto, con la mediación de la máquina de escribir. Técnicas que se han ido diversificando y perfeccionando con el tiempo hasta que en el cambio de siglo las TIC, los ordenadores, la informática, Internet y todo eso introdujeron un sistema nuevo en el que máquinas versátiles, con capacidad para simultanear procesos diferentes, sirven para producir y reproducir textos, imagen y sonido y para combinarlos todos ellos con un solo sustento, el código binario, a base de ceros y unos, en definitiva, de dígitos.

El mundo se hace digital, la economía se digitaliza, como lo hacen las organizaciones y los individuos. Avanzamos hacia el cercano horizonte de la sociedad digital. Un panorama armonizado en prácticamente todo el mundo que va en camino hacia una segunda globalización, la digital.

Evanescencia: el lado oscuro

La cara de la digitalización se dibuja con un sinfín de ventajas: rapidez, eficiencia, economía, exhaustividad, precisión, en cuantos sectores y actividades se aplique; la cruz, por lo que aquí nos interesa, es, más que una sospecha, una certeza: la desaparición en buena medida de la información, de los documentos de nuestro tiempo, algo que ya viene sucediendo y que se está dando en el corto plazo. Y ello supone también un cambio hacia algo a lo que no estábamos habituados: la caducidad de los documentos, la evanescencia de la información, o de los medios que los soportan, si se prefiere. Es habitual hallar en nuestros archivos históricos documentos con mil años de historia a sus espaldas, documentos en pergamino y papel que, antes de ser debidamente custodiados, han atravesado el tiempo atacados en primer lugar por el abandono, por el polvo, el moho de la humedad, los insectos xilófagos, los roedores, el fuego... y aun así han llegado hasta nosotros en condiciones más que aceptables. ¿Qué porcentaje representan sobre el total de los producidos a lo largo de la historia? No lo sabemos. Muchos fueron destruidos por inservibles según criterios del momento, probablemente la mayoría, al igual que nosotros rompemos y tiramos o borramos todo cuanto tiene una utilidad efímera; otros desaparecieron de resultas de las guerras, incendios, inundaciones y otros desastres, sin obviar el tiempo y el abandono como factores determinantes. A medida que nos remontamos en los siglos el volumen de la producción documental disminuye, es lógico: a menos población, a menos organizaciones, menor actividad y volumen de documentos; también disminuye la posibilidad de conservarlos, por lo que a más tiempo transcurrido, menor será el porcentaje de los que nos han llegado. Pero aun así nos movemos en un rango de siglos.

Ahora, las tecnologías permiten producir, distribuir y reproducir la información sin límite, lo que ya no se restringe al ámbito de las organizaciones y de los individuos con una función social, sino que se extiende a cualquiera con acceso a los medios más elementales: un teléfono y conexión a Internet. En 2020 había cerca de seis mil millones de individuos con móvil y conexión, sobre una población mundial en torno a los siete mil. A lo que se deben añadir los ordenadores y lo sistemas corporativos, además de los dispositivos que actúan autónomamente, el Internet de la Cosas (IoT). Miles de millones de puntos produciendo información, más de 64 *zetabytes* (ZB) en 2020, lo que equivale a 64.000 millones de *terabytes* (TB), y un TB es la capacidad habitual del disco duro de un portátil o de un PC actuales. De todo esto, o de lo que merezca la pena, ¿qué lograremos legar a las generaciones futuras?

La preocupación de los expertos y las primeras voces de alarma surgieron en los inicios de la revolución tecnológica. En 1997, cuando los usuarios de Internet[1] apenas representaban el 2% de la población mundial y las conexiones eran vía módem, Terry Kuny, consultor tecnológico canadiense, acuñó la expresión *Digital Dark Age* (Edad Oscura Digital) en su alocución dirigida a la conferencia de la IFLA, Federación Internacional de Asociaciones Bibliotecarias (Kuny, 1997). En ella sostenía que estábamos —y continuamos— en una era en la que se valoran más el cambio y la velocidad que la conservación y la longevidad.

Transcurrido un cuarto de siglo, una eternidad digital, esta inquietud no ha parado de crecer a medida que se ha constatado la pérdida de cantidades difíciles de precisar de documentos y de fuentes de información. El último en sostener esta línea argumental, Vinton Cerf, uno de los padres de Internet y vicepresidente de Google, con motivo de la Decentralized Web Summit[2] de 2016, se declaraba preocupado porque el contenido digital será cada vez menos accesible, y «si dentro de cien años la imagen digital de nuestra sociedad no es accesible, seremos un enigma en el siglo XXII»[3].

---

1. Frente al 60% del año 2020, según datos del Banco Mundial.
2. http://www.decentralizedweb.net
3. «Father of the Internet Worries Our Digital History Is Disappearing», disponible en http://europe.newsweek.com/fatherinternetworriesourdigitalhistorydisappearing468642?rm=eu [consultado el 16/01/2017]

Este desvanecimiento es consecuencia de la obsolescencia tecnológica, un factor determinante y convertido en lugar común, pero no el único. En efecto, se trata de medios de duración incierta dentro del corto plazo. Por ejemplo, la garantía de los discos duros comerciales es de uno o dos años, y de cinco en el caso de los profesionales[4]; pues tales son los límites a partir de los cuales comienzan a estropearse, y llegados al sexto año, las expectativas de vida se reducen al 65%. Por otra parte, las generaciones tecnológicas se suceden en plazos cada vez más cortos, el *hardware* y los sistemas operativos desaparecen y, con ellos, los programas ejecutados, junto con los documentos producidos. La seguridad es otro de los puntos débiles que se encuentra a la orden del día, y afecta a todas las facetas de la tecnología.

A la obsolescencia y la seguridad se añaden otros factores, como el riesgo de fallos que provocan pérdidas de información (Wright, 2009, 106), en torno al 1 %, y que aumenta con el transcurso del tiempo. ¿Quién no ha perdido imágenes y textos con el mensaje de: «Fatal error. File not found» o similar? Asimismo, las TIC dependen de normas y estándares para su funcionamiento, que se suceden y superponen sin fin (Ruusalep, 2012, 117), propiciando la diversidad y con ello la incompatibilidad entre sistemas. La autenticidad de los documentos (Ross, 2012) es otro de los factores determinantes, teniendo en cuenta que el concepto analógico de original no es aplicable ni los documentos se pueden mantener en el ser y estado en que se crearon; pues la conservación implica el cambio de soporte,

---

4. Véase el informe de la compañía Blackblaze, disponible en: https://www.backblaze.com/blog/how-long-do-disk-drives-last/

de *software*, de formato... y esto afecta a la integridad, a la fiabilidad y a la accesibilidad de los documentos. Características que es posible preservar, pero con incertidumbre, por los riesgos inherentes a las TIC y porque no hay experiencias de largo plazo. Sin olvidar, entre los riesgos, el de la pervivencia de las empresas que dan servicio de alojamiento (nube), pues sobran casos de dominio público en los que los usuarios han visto perdidos sus archivos como consecuencia del cese de actividad de dichas empresas.

La idea misma de nube resulta engañosa, ya que señala lo inmaterial, lo etéreo. Nada más lejos de la realidad. Basta con disipar la apariencia para ver que detrás hay centros de proceso y almacenamiento de datos, con cantidades enormes de servidores informáticos que ocupan hectáreas de terreno. El mayor del mundo pertenece a China Telecom, con una superficie cercana a las 100 hectáreas, equivalente a 223 campos de fútbol. Se calcula que en el mundo hay cerca de 600 centros de proceso de datos (CPD). Además de su construcción y equipamiento, estos centros tienen unos costes de mantenimiento a los que, a la renovación y la sustitución de los elementos tecnológicos, se une un consumo desorbitado de energía eléctrica para la climatización, ya que debe mantenerse toda la infraestructura informática a una temperatura entre los 21 y 23º C. Se estima un consumo total de 200 terawatios/hora, lo que viene a suponer el 1% del consumo mundial. La preservación digital es muy costosa, porque además se trata de conservar bits, de forma comprensible y utilizable, garantizando su accesibilidad en el tiempo con independencia de los cambios en la tecnología (Cruz y Díez, 2015), de los cientos de formatos vigentes y desaparecidos, y de mantener el carácter dinámico de los documentos, con los hiperenlaces actualizados.

Además de costosa, la preservación digital es compleja por la gestión de los derechos de *copyright* de los medios y de la información, incluso cuando esos productos han caducado, pues, más allá de la existencia de las empresas que los han producido, los derechos siguen vigentes. Téngase en cuenta que en el mundo del *software*, de las publicaciones electrónicas, etc., se adquiere el derecho de uso, pero no la propiedad. Aunque se trate de contenidos de libre acceso *(open access)*, hace falta recabar el permiso del propietario. Y aquí está el quid de la cuestión, como señaló Cerf, cómo gestionarlo y pagar por el contenido y el *software* en períodos largos de tiempo. Como consecuencia de la lucha contra la piratería, y del régimen de oligopolio de las publicaciones científicas, el régimen de licencias y de propiedad intelectual es cada vez más restrictivo, y ello hará difícil, si no imposible, preservar información relevante. Por otra parte, si no lo hacen los poderes públicos, las empresas no están interesadas necesariamente, ni obligadas legalmente, a conservar a largo plazo si no obtienen un beneficio de ello.

Por último, además de costosa y compleja, la conservación digital es inabarcable por el ritmo de crecimiento de la información susceptible de ser preservada, que se multiplica constantemente. De modo que hemos pasado de los 0,3 ZB producidos en 2007 a 64 ZB en 2020, y está previsto que en 2025 el universo digital supere los 160 ZB; en cambio, la capacidad de almacenaje no alcanza los 7 ZB. Lógicamente no es necesario conservarlo todo, y todavía buena parte de la información histórica contemporánea está en papel; sin embargo, el volumen de información digital con valor permanente no para de crecer, y estamos lejos de asegurar su conservación.

Fiat lux

En esa carrera contra el tiempo y por la conservación, instituciones y grupos de investigación vienen trabajando desde comienzos de los 90 con tal intensidad en la búsqueda de soluciones a los diferentes retos planteados que ha llegado a acuñarse la expresión «jungla de la preservación digital» (Cruz y Díez, 2015, 73). Una carrera en la que la mayoría de los esfuerzos ha fallecido por caducidad y, sobre todo, por la falta de sostenibilidad de muchos de los proyectos. No obstante, hay realidades sólidas, cuya permanencia parece asegurada.

Internet Archive es probablemente la de mayor impacto social por su ámbito, todo el mundo, y su uso, libre y gratuito. Fue creado en 1996 por Brewster Kahle, un pionero de la microinformática y del desarrollo de la red, que se hizo millonario con sus productos. Su primera sede estuvo en Presidio, un cuartel construido en el siglo XIX para vigilar la bahía de San Francisco, cuyos servidores acumularon en el primer año un volumen de información equivalente al de la Biblioteca del Congreso de Washington. En 2022, superados los veinticinco de vida, ha acumulado cerca de 700.000 millones de páginas web, junto con millones de textos, vídeos, programas de televisión, audio, *software*, imágenes y colecciones[5]. Es una especie de arca de Noé de cuanto contenido libre dis-

---

5. https://archive.org/

curre o ha discurrido por la red y merece ser conservado para la historia: texto, audio, imagen en movimiento, *software* y páginas web. Trabaja para prevenir que Internet y otros materiales digitales desaparezcan, vencer su carácter efímero y construir un repositorio digital que ayude a proteger el derecho a saber y a recordar.

Superar un cuarto de siglo de vida en el entorno digital es toda una hazaña que casi nadie ha igualado, como tampoco su radio de acción. En muchos países del mundo hay iniciativas locales de conservar las páginas web de las instituciones oficiales o de las que responden al dominio del país (.es, .fr, .uk, por ejemplo); en cualquier caso son de alcance local y restringidas en su propósito.

Hay proyectos más recientes y centrados en aspectos concretos. En 2002 se estableció la Digital Preservation Coallition[6] (DPC), una organización no gubernamental centrada en compartir conocimiento y recursos en materia de accesibilidad y preservación a largo plazo de información digital. En 2005, la Alliance for Permanent Access[7] fue creada por un grupo de instituciones europeas de investigación científica para compartir recursos y cooperar en la creación de una infraestructura estable para el acceso permanente a la información científica digital; la Open Planets Foundation (OPF)[8], creada en el año 2010, agrupa a las principales bibliotecas nacionales y de investigación, archivos nacionales, universidades y empresas tecnológicas, para constituir una comunidad de prácticas para la preser-

6. http://www.dpconline.org
7. http://www.alliancepermanentaccess.org/
8. http://www.openplanetsfoundation.org/

vación a largo plazo del contenido digital. Podríamos continuar con una larga sucesión de referencias, que abarca múltiples aspectos del entorno digital como la integridad, la fiabilidad, los costes...

En el terreno estricto de los archivos, las aportaciones más sólidas se dan en el ámbito nacional, con Estados Unidos a la cabeza, además de pionero, pues ya desde los años 60 comprendió la necesidad de garantizar la conservación permanente de los entonces nuevos documentos electrónicos, de modo que el programa ERA (Electronic Records Archive) de NARA (National Archives and Records Administration) constituye la iniciativa más longeva del mundo. Para la Unión Europea se ha desarrollado eArchiving, que proporciona un modelo basado en estándares internacionales y está a disposición de cualquier organización o individuo que necesite poner en pie un sistema de archivo electrónico. También los programas de los National Archives del Reino Unido, como los de Australia, se cuentan entre los mejores ejemplos de compromiso con la configuración de un patrimonio documental nacido digital, del inglés *born digital*, expresión con la que nos referimos a los documentos creados, utilizados y conservados en medios digitales. Otra cosa son los documentos digitalizados, originariamente analógicos y que tras un proceso de captura (por fotografía o por escaneo, habitualmente) se traspasan a un formato digital. También hay interesantes proyectos al respecto. En España, el Ministerio de Cultura puso en marcha el Portal de Archivos Españoles[9] (PARES), que permite el acceso a millones de documentos digitalizados de los

9. https://pares.cultura.gob.es/

más importantes archivos históricos de la nación. O el Portal de Archivos Europeo[10], impulsado también por el Ministerio de Cultura de España, y el European Board of National Archivists, de 2007, para crear un punto único de acceso al patrimonio archivístico europeo.

Producir documentos digitales

Producir documentos exige, desde los orígenes, una serie invariable y concatenada de condiciones: elegir un soporte adecuado (arcilla, papiro, pergamino, papel), poseer un código convenido a base de signos interpretables (escritura), un medio de registro (cálamo, pluma, bolígrafo) y unas normas de redacción y de composición para estructurar adecuadamente el contenido (normas de procedimiento). Emplear una pequeña tablilla de barro para anotar movimientos diarios de productos, y en cambio una de gran formato para redactar un contrato; utilizar la lengua del territorio para escribir un documento administrativo, y en cambio la lengua franca (como el sumerio) para los diplomáticos, no es resultado de la casualidad, sino de la observancia de esas normas. La redacción también cambia en la estructura, el léxico y la apariencia, de modo que un contrato de trabajo, un testamento, una factura, siempre han tenido, y tienen, una estructura, un léxico y una apariencia similares en cada caso y diferentes entre sí, porque se han producido como resultado de actividades y con intencionalidades distintas.

10. https://www.archivesportaleurope.net/

Algo que también ha distinguido a los documentos a lo largo de los siglos es que todos estos elementos (soporte, escritura...) son indisociables, están todos a una, no los podemos separar, y los percibimos a simple vista, sin necesidad de dispositivo alguno. La introducción de documentos electrónicos, digitales, ha traído algunos cambios, y no menores. Necesitan también un soporte sobre el que registrar la información, sea el disco duro de nuestro ordenador, un servidor compartido, una memoria externa... Un medio de registro, que puede ser un impulso eléctrico, magnético, óptico o una combinación. Un sistema de codificación para representar la información, el código binario habitualmente. Un lenguaje de marcado para organizar formalmente la información: tipos de fuente, tamaño, inicio y final del documento, organización espacial de los elementos..., que varía según lo que queramos obtener. Los lenguajes de marcado más utilizados y conocidos son el HTML y el XML, empleados para la publicación en la web y que nos permiten recuperar la información de una manera comprensible (leer), estructurada (ordenada), navegable (pasar de una página a otra, de una sección a otra) y utilizable (copiar, escribir, enlazar, al menos). Una forma sencilla de visualizarlo es acceder a una página web cualquiera en nuestro navegador y con la tecla derecha abrir el menú contextual y elegir la opción «Ver código fuente de la página», con lo que accederemos al código HTML, una serie de etiquetas que describen y estructuran el contenido, algunas de las cuales son metadatos. Un documento se forma a base de metadatos, que permiten conocer la versión, la lengua, el contenido, la estructura, el contexto, las relaciones con otros documentos, las acciones y operaciones realizadas sobre el documento y el formato, entre otros. El formato de archivo sirve para guardar la información en forma binaria (bits), por ejemplo, el formato .doc, .odt, .pdf u otros.

Todos estos elementos son necesarios por igual, pero no están todos a una, sino que se pueden disociar, de modo que podemos separar el contenido y su estructura del soporte, algo tan simple como redactar un documento y grabarlo en el disco duro de nuestro ordenador. Si posteriormente lo pasamos a un servidor o a otro dispositivo externo para conservarlo, es obvio que el soporte ha cambiado, lo que por sí mismo no afecta a la naturaleza del documento, sino que se trata simplemente de un hecho diferencial entre análogico y digital, y no es el único, porque se puede separar y trasladar a cualquier ubicación siendo el mismo a todos los efectos.

Cuando escribimos, o quizá debamos decir escribíamos o rellenábamos un documento en papel, un impreso, por ejemplo, producíamos un original, que podía generar simultáneamente una o más copias, con frecuencia diferenciadas por el color del papel y por la nitidez de lo escrito. Así se hacía hasta no hace tanto tiempo la declaración de la renta (IRPF). Después, pasamos a hacerla con un programa informático en un disquete que lo contenía para producir al final una versión que, impresa en papel, firmábamos manualmente y entregábamos en las delegaciones de la Agencia Tributaria o en las entidades colaboradoras. Esto era así porque el acceso a Internet era minoritario, y los medios para acreditar la personalidad (firma electrónica) eran escasos y arduos, y por eso la legislación no admitía el documento electrónico como medio de prueba, mientras que el papel y la firma manuscrita estaban a la orden del día. Después pasamos a descargarnos un programa al efecto o lo adquiríamos en CD, y actualmente todos hacemos la declaración en línea, porque el acceso a Internet es masivo, los medios de firma electrónica son seguros y disponibles, la Agencia Tributaria proporciona un borrador para confirmar y en todo caso facilita los datos fiscales, que basta con corregir de ser necesario, pues los cálculos los realiza un programa informático. Ahora, la declaración de la Renta está en la nube. Para hacerla ya no hace falta ni descargarse una aplicación, y si alguien no tiene acceso a estos medios, hay oficinas públicas donde hacerlo.

A través de la declaración de la renta podemos seguir la transición del documento analógico al digital. En la primera fase se producían documentos en papel, cuyos datos eran introducidos después en los sistemas informáticos para contrastarlos. En la segunda fase, la Administración obtenía informáticamente los datos de las declaraciones a través de un código de barras que los contenía, aunque estaba obligada a conservar los originales en papel. En la tercera, podemos asegurar que el documento desaparece, al menos en la forma que acostumbrábamos. En la pantalla vemos y recorremos las páginas de lo que parece ser un impreso. Introducimos datos con una apariencia similar a como lo hacíamos manualmente. Al final, lo firmamos con nuestro certificado electrónico y a partir de aquí se genera un código que identifica la declaración y, si queremos, podemos obtener un documento en formato PDF y guardarlo. Ahora, el documento de la declaración solo se genera si lo necesitamos, lo queremos o nos sentimos más seguros guardándolo en un formato legible. En realidad, lo que hemos hecho es validar, corregir e introducir datos en una base de datos, pues las ventanas donde los hemos visto y escrito son lo que se denomina «campos» (primer apellido, segundo apellido, nombre, DNI y así sucesivamente). Todos los datos de cada declarante están relacionados, descritos y clasificados mediante metadatos, y la firma electrónica garantiza que son todos los relativos a un declarante determinado y permanecen unidos. Pero la Administración no necesita convertirlos en documentos, conforme al concepto tradicional, sino mantenerlos en sus bases de datos, lo que le permitirá reutilizarlos en la siguiente campaña del impuesto y explotarlos estadísticamente *(big data)* para obtener conocimiento con múltiples aplicaciones beneficiosas, más allá de aquilatar las figuras impositivas.

Las bases de datos son un nuevo tipo de documento, y probablemente sea el mayoritario en los sistemas digitales. Aunque funcionalmente no son tan nuevos, porque antes hubo documentos que desempeñaron su función. Los libros de registro de entrada y salida de documentos, los censos y padrones de población, los libros de contabilidad, etc., eran tipos documentales a base de campos, filas y columnas, y recogían datos estructurados sobre actividades que en el transcurso de los últimos tiempos se han ido automatizando y documentando en bases de datos.

Conservar, preservar, tal vez curar

¿Qué conservamos y cómo lo hacemos? Además de datos estructurados, también conservamos documentos textuales, gráficos, sonoros, vídeos..., pero no al modo tradicional, porque ya no es papel, ni película de acetato, ni son originales únicos e irrepetibles. El concepto de original ha cambiado.

Veámoslo con un ejemplo sencillo. Cuando nos comunicábamos por carta, había un original, el que metíamos en el sobre y enviábamos a su destinatario; ahora, la enviamos por correo electrónico y ese original podrá estar en nuestro ordenador, en el dispositivo o en el servidor donde guardemos la copia de seguridad, en la bandeja de salida, en los servidores del proveedor del servicio de correo, en la bandeja de entrada del destinatario, que puede descargar en su dispositivo, más la copia de seguridad. La carta única se ha convertido en siete posibles ejemplares o más y, aunque podríamos identificar como original la recibida por el destinatario, ¿cuál merecería tal consideración, la que esté en la bandeja de entrada, la que se haya descargado en su ordenador, tableta, móvil, disco externo...? Original no es un valor digital, su lugar lo ocupa otro adjetivo: «fidedigno».

Un documento fidedigno es aquel en el que se puede confiar, es digno de fe y crédito, para lo que debe cumplir con cuatro condiciones: ser auténtico, fiable, íntegro y accesible. La autenticidad consiste en que podemos acreditar que es cierto, pues tiene la estructura y los requisitos exigibles, como que lo ha hecho quien se presume su autor y se puede comprobar mediante la firma electrónica, o que procede de su productor, lo que podemos comprobar por la sede electrónica (dirección de correo electrónico) o por el Código Seguro de Verificación (CSV) incorporado en los documentos públicos. La fiabilidad es que podemos creer en el documento, que es seguro y podemos confiar en él, comprobarlo por el CSV, y porque su contenido y apariencia son lógicos. Así, una poesía puede contener cualquier métrica y léxico, que solo descubriremos al concluir su lectura, y es así porque la lírica no tiene límites, es fruto de la libre creatividad. Por el contrario, podemos presumir la fiabilidad de un contrato de trabajo porque posee una estructura formal y una información previsible: sabemos que aparecerán identificados un contratante y un contratado, habrá unas cláusulas, citas de normas legales y las firmas de los intervinientes, por lo menos. La falta de alguno de estos elementos nos pondría en guardia. Ello está relacionado con la integridad, otra de las características. Es decir, que lo tiene todo y no le falta nada, la información es completa en su contenido y apariencia. Por último, y no menos importante, la accesibilidad, la capacidad de recuperar, leer y exhibir el documento, y poder hacerlo en cualquier momento. Algo determinante, pues la obsolescencia tecnológica hace que con el curso del tiempo sea más difícil asegurar que están disponibles.

Pues si no conservamos documentos únicos y originales, ¿qué es lo que guardamos? La respuesta a esta pregunta la acabamos de ver: documentos fidedignos, aquellos que son auténticos, íntegros, fiables y accesibles. También podemos conservar copias y versiones, lo que unas veces es inevitable y en la mayoría de las ocasiones, en cambio, innecesario y hasta contraproducente. Producimos mucha más información de la que podemos retener, ya lo hemos comprobado, de modo que la idea de que en la nube, en los ordenadores, hay sitio para todo es equivocada. Hace falta racionalizar el uso del espacio digital, por cuestiones logísticas, porque es caro y porque la mayoría de la información es redundante y efímera.

En el anterior ejemplo de la carta enviada por correo electrónico existen al menos siete versiones que obviamente no es necesario conservar, ni mucho menos. Si la correspondencia es entre dos individuos, usted y yo, por ejemplo, podemos hacer lo que deseemos, sin límite alguno, y cada cual decide si guarda, qué es lo que guarda y cuántas veces lo hace, siempre que sea con nuestros medios, a nuestra costa. Lo habitual es que, si carece de valor, borremos el mensaje y la carta; en otro caso lo normal es conservar ambos (mensaje y carta) en una carpeta de nuestro correo, quizá también la carta por separado en una carpeta de nuestro archivo personal. Las demás versiones, pasado un tiempo, desaparecerán. Siguiendo en el correo, se habrán fijado en que la gratuidad se limita a un volumen de almacenamiento determinado y no más, para todas las aplicaciones asociadas a un usuario. Si pasamos de los individuos a las organizaciones, la dimensión es otra completamente distinta. La decisión de conservar o eliminar ya no depende del criterio de cada cual, ni se improvisa, ya que una acción negligente puede tener consecuencias de distinto alcance económico, legal y social. A nadie se le ocurriría destruir el expediente de la construcción de una carretera, el de un edificio de nueva planta o las facturas del año anterior, porque los dos primeros, aun tras su conclusión, contienen planos, datos y documentos valiosos y que se consultarán durante un largo período de tiempo, en principio indeterminado; en el caso de las facturas, hasta tanto pasen cinco años del ejercicio fiscal, cualquiera está obligado a conservarlas por razones obvias. Qué se conserva, cómo y durante cuánto tiempo es materia de la que se ocupan esencialmente los archiveros, como hemos podido constatar. Aquí, en el mundo digital, el tiempo determina el cómo, y no es un juego de palabras.

La mayor parte de la información se elimina en el corto plazo, en la propia plataforma informática donde se ha producido; en cambio, cuando se trata de conservar a largo plazo, por décadas, ya no digamos durante siglos, la cosa cambia y la incertidumbre aumenta. Las generaciones tecnológicas, las versiones de los sistemas y de los programas se suceden a un ritmo inferior a los tres años; los dispositivos, la cacharrería, van un poco a la zaga, pero raro es que superen los cinco años. Luego, cada poco tiempo, debemos plantearnos una mudanza masiva, total, de la información. Los individuos podemos vernos impelidos a alargar la vida de nuestros dispositivos electrónicos y a retener en ellos por mucho tiempo documentos de versiones desactualizadas; en cambio, las organizaciones acostumbran a cambiar o a actualizar sus medios de manera constante por necesidades operativas y exigencias de la competitividad.

En el pasado analógico, la mudanza se orientaba al traslado físico de los papeles de una ubicación a otra, de los archivos de las oficinas al central o al histórico, por ejemplo. En el presente digital el traslado físico es irrelevante, pues la mudanza se centra en el contenido. Y ello es posible porque los documentos se han liberado del soporte en cierta manera, el contenido es independiente del medio que lo contiene, lo que en el papel es impensable. En este caso la información se estructura a base de párrafos, tipo de letra, signos gráficos, sellos, firmas, de manera inseparable respecto del papel que los recoge. Todo esto, en los electrónicos, se disocia del medio sin afectar a su fiabilidad, porque la estructura, los párrafos, tipo de letra, signos, sellos, firmas, forman un paquete de información que puede saltar literalmente de un sitio a otro y ser siempre el mismo. Solo así es posible conservar la información digital, y por eso nadie se plantea instalar discos duros, cintas y otros medios en las estanterías del archivo, que se hace también y por completo digital.

Aunque tampoco es descabellado el supuesto que acabamos de negar, entraría dentro de una de las estrategias conocida como preservación de la tecnología, que supone conservar el *hardware* y el *software* con los que en el pasado se ha creado la información. Algo difícilmente viable más allá de un plazo corto o medio. Y en cualquier caso imposible para todas las generaciones ya pasadas de tecnologías de las que poco queda disponible y que son las que más lo necesitan. Cuanto más nos alejamos en el tiempo, más difícil resulta recuperar información electrónica, porque se pueden haber conservado los soportes originales (discos, cintas, disquetes...), pero no la maquinaria que los procesaba y leía. Cierto es también que una parte es accesible, porque cuanto más atrás en el tiempo, más habitual era imprimir la información en papel, medio entonces predominante y único admitido como prueba.

Una técnica parecida y complementaria es la emulación de la tecnología, lo que significa tener la capacidad de imitar el funcionamiento de tecnologías caídas en desuso y no disponibles. Requiere un esfuerzo de ingeniería de sistemas y programación, poseer documentación detallada y una inversión considerable. Es recomendable para aquellos casos en los que reproducir la apariencia original de la información sea altamente relevante.

Otra estrategia frecuente es el replicado o *back up*, un volcado frecuente de la información, de toda o de la que se considere crítica, para producir una copia de seguridad que sirva de respaldo en caso de que un fallo, ataque u otra circunstancia comprometa la operativa de una organización o de un individuo. Se hace en ubicaciones (servidores) y sobre dispositivos (cintas de alta densidad, por lo general) diferentes de los nativos, solo se utiliza en caso de pérdida y se superpone regularmente un volcado sobre otro por razones de economía y oportunidad. En paralelo está el refresco o *refreshing*, consistente en cambiar los soportes para evitar pérdidas por el deterioro físico.

La estrategia de preservación digital predominante es la migración, que consiste en traspasar los documentos electrónicos a intervalos regulares, pero en vez de todos los que se producen, solo aquellos que han sido seleccionados para su conservación temporal y permanente, a los que se van añadiendo otros nuevos. La clave está en conservar la información de manera independiente del *hard* y del *soft* con que se creó y superar así la obsolescencia tecnológica. Es la mejor manera, si no la única, de garantizar la capacidad futura de decodificar un conjunto de bits en un fichero. De este modo se asegura siempre la disponibilidad de *software* para decodificarlo. Ello implica la transferencia periódica de la información entre configuraciones y generaciones tecnológicas, de modo que se asegure el acceso. Existen distintas estrategias de migración, como el cambio de medio, la compatibilidad retrospectiva, la interoperabilidad y la conversión a formatos normalizados.

El cambio de medio consiste en transferir la información a medios más estables como el papel (impresión) o el microfilm (COM, Computer Output Microfilm). Es válido cuando lo que importa es el contenido, no el acceso o su forma original.

La compatibilidad retrospectiva se basa en la capacidad de algunas aplicaciones de usuario para reconocer y convertir información creada con versiones anteriores; válida para documentos simples creados con programas comerciales y de conservación a corto plazo. La experimentamos sin darnos cuenta, por ejemplo, cuando abrimos un texto redactado hace tiempo con una versión caducada del mismo programa o de uno compatible. Lo normal es recuperar el original y poder utilizarlo con la nueva versión.

La interoperabilidad deriva de la capacidad de importar recursos digitales creados por aplicaciones distintas, muchas veces rivales, mediante el uso de un formato común de intercambio. No obstante, la interoperabilidad es un concepto mucho más amplio y hace referencia a la capacidad de los sistemas para trabajar en red mediante el uso de estándares que venzan la incompatibilidad y las diferencias tecnológicas.

La conversión a formatos normalizados es una estrategia especialmente pensada para reducir una gran variedad de formatos a uno o unos pocos, de modo que se facilite la conservación gracias a su carácter de estándares. Los hay que son de todos conocidos, como el PDF o JPEG, que se adaptan muy bien a textos y a imágenes respectivamente, pero no son los únicos, ni mucho menos. Hay cientos de formatos, y en función de la naturaleza de la información se pueden elegir unos pocos para simplificar la conservación mediante lo que conoce como conversión de formatos. La elección no es materia baladí, pues muchos de ellos son propietarios, frente a los de código abierto, cuyo mantenimiento y actualización están garantizados por una comunidad de interesados. Así, la Biblioteca Vaticana optó por el formato FITS (Flexible Image Transport System) desarrollado por la NASA y sostenido por las agencias aeroespaciales y los astrónomos, donde más se utiliza, ya que garantiza su libre disponibilidad dentro de décadas, lo que en términos digitales es una eternidad. En otros, en cambio, optan por conservar la información en el original y desarrollan herramientas para su reconocimiento e interoperabilidad con los sistemas de archivo.

De todas ellas, la migración es la estrategia preferida para el largo plazo por ser la más factible técnica y económicamente. Algo sobre lo que existe un consenso generalizado y sostenido en el tiempo.

La preservación digital no termina aquí, hace falta disponer de un archivo electrónico que asegure el ciclo de vida de los documentos digitales. Un viejo refrán dice que nos acordamos de santa Bárbara cuando truena, y por ahí anda el origen del modelo de archivo electrónico. En los años 70 la NASA envió a Marte la expedición Viking, dos sondas sucesivas; la primera orbitó el planeta y la segunda descendió a la superficie, pero ambas enviaron información valiosa sobre el planeta rojo. Los datos y las imágenes se grabaron en cintas magnéticas que, con el paso del tiempo, descuidadas, se fueron deshidratando y agrietando, un proceso de deterioro conocido como craquelado. Cuando en los 90 quisieron utilizarlas, se dieron cuenta del problema y las transfirieron con gran coste y despliegue tecnológico a CD, pero el *software* para visualizar las imágenes se había desarrollado específicamente para la misión, y no se habían preocupado de su mantenimiento. Recuperar alrededor de 3.000 imágenes de un total de más de 56.000 llevó dos años y un gasto considerable. Este y otros llamémosles incidentes equiparables llevaron a la NASA, junto con las demás agencias espaciales del mundo, a desarrollar un modelo de archivo electrónico para la conservación de los documentos, que con el tiempo se había de convertir en una norma internacional, la ISO 14721, que contiene el modelo de referencia OAIS (Open Archival Information System. Sistema Abierto de Información de Archivo). El modelo contempla el ciclo de vida de los documentos electrónicos desde que son transferidos por los productores (oficinas, organismos, departamentos), su ingreso en función de su origen, formato, etc., y asegurando que estén libres de virus y código malicioso *(malware);* su instalación en los servidores del archivo, su tratamiento técnico y su puesta a disposición de los usuarios. El modelo, y otras normas internacionales, buenas prácticas asumidas por la comunidad implicada, han logrado en conjunto proporcionar una respuesta razonable al difícil reto de asegurar la conservación de la información digital en el futuro.

Como el caso anterior, las soluciones han surgido mayoritariamente de instituciones públicas, responsables de la conservación de la ciencia, del conocimiento y del patrimonio histórico, y están sostenidas con fondos públicos; pocas son las iniciativas participadas, siquiera, por empresas con intereses comerciales en el sector. Parece que la preservación digital no se percibe, por el momento, como una responsabilidad ni como un negocio rentable.

Lo que aún resta por alcanzar es lo más difícil: la solución a la caducidad, a la denominada «obsolescencia digital», lograr soportes y programas que permanezcan estables y así mantener accesible la información en el tiempo. En laboratorio, se han ensayado y continúan probando diferentes soluciones; desde hace décadas se viene trabajando con el cristal de cuarzo como soporte de alta densidad, estable y legible a través de microscopio electrónico. Últimamente se investiga el ADN, por su capacidad de transmisión demostrada en restos óseos de animales de hace cientos de miles de años, cuyo código genético se ha podido descifrar; pero el ADN es muy inestable en condiciones normales de humedad y temperatura, necesita ser encapsulado en un medio estable como el cristal (cuarzo, sílice...) y la grabación de datos es costosa, pues se debe pasar del código binario al genético, que es cuaternario, de modo que estamos lejos de ese añorado soporte permanente a un precio asumible.

Hay proyectos como OLIVE[11] para la conservación de contenido ejecutable (juegos, programas...), el cual depende de la disponibilidad de sistemas operativos, códigos fuente y arquitecturas, de conservarlos junto con información del contexto de uso, y de derechos de propiedad intelectual.

Software Heritage[12] es un proyecto que trata de archivar todo el *software* de código abierto del mundo, que cuenta con más de 12.000 millones de archivos pertenecientes a 183 millones de proyectos. El objetivo es crear una colección de todo el código disponible para que se siga pudiendo acceder a él a largo plazo. Que cualquiera pueda tener acceso al mayor repositorio de código fuente de proyectos *open source* del mundo, y no sólo para investigar y analizar, sino para buscar vulnerabilidades o crear aplicaciones aún mejores basadas en las existentes.

En fin, existen soluciones teóricamente impecables, pero que no es posible llevar a efecto, y otras que funcionan en laboratorio, pero no son aplicables en un entorno sostenible, mucho menos rentable y competitivo.

11. De la Carnegie Mellon Univesity e IBM (https://olivearchive.org/).
12. https://www.softwareheritage.org/.

Aun y todo, conviene ser realistas al comparar la conservación digital con la analógica que hemos heredado hasta ahora. Siempre se hace referencia a los soportes estables del pasado, pero olvidamos que, junto con la piedra y las tablillas de barro, muchos documentos solemnes se hicieron sobre tejidos (lino, seda...), que junto con los jeroglíficos murales, se usó el papiro, que junto con el pergamino se utilizó la corteza de árboles, la madera, la pizarra y sobre todo la cera para escribir, y no queda casi nada, sin olvidar los soportes metálicos (bronce, cobre y metales preciosos) reutilizados. Junto con los libros impresos y los códices encuadernados, la mayoría de la producción fue a base de documentos sueltos, hojas impresas..., mucho más fáciles de perder y destruir.

Incluso podemos encontrar ventajas en el medio digital frente al analógico. Es muy fácil leer una carta o un documento cualquiera en papel, pensar que carece de trascendencia, hacerlo trizas y tirarlo a la basura. Más lo es borrar un mensaje o un documento electrónico. Pero si caemos en la cuenta de que es importante y lo necesitamos, la diferencia estriba en que mientras que el primero solo es recuperable, aunque fragmentado, durante unas horas, hasta que acabe en el camión de la basura o en el contenedor de reciclado, el segundo permanecerá en la papelera durante un tiempo, treinta días de media. Y aún más, ya que un documento digital no desaparece por completo hasta tanto reescribimos las pistas del disco donde se encuentra o lo destruimos. De no hacerlo, el borrado implica quitar el vínculo entre el dispositivo y el soporte que lo contiene, pero es fácil de recuperar con algo de pericia informática.

La continuidad de las organizaciones y de sus actividades en el tiempo es también una cierta garantía de conservación. En términos históricos nos movemos en el corto y medio plazo, pues es un problema de los últimos treinta o cuarenta años, tiempo durante el cual las principales y mayores organizaciones siguen activas, continúan sus actividades, y los datos y documentos resultantes se han ido pasando de una generación a otra de tecnología, dado que los cambios de *hardware* y de *software* no implican la lobotomía organizacional, sino la reutilización de la información, de modo que una parte importante se ha ido transmitiendo y, por ende, conservando. Pero tampoco podemos aseverarlo, carecemos de datos cuantificables. Al menos por ahora, la conservación digital permanente plantea más incógnitas que certezas, o, como lo expresó Jeff Rothenberg (1999), el autor con el que hemos abierto este capítulo: «Digital documents last forever–or five years, wichever comes first» (Los documentos digitales duran para siempre o cinco años, lo primero que suceda).

La verdad os hará libres

Reserva

La reserva, como la define el DLE en su quinta acepción, es la «acción de destinar un lugar o una cosa, de un modo exclusivo, para un uso o una persona determinados». Y este es el principio que ha regido en los archivos desde la noche de los tiempos, constituirse en lugar de uso exclusivo para una persona, física o jurídica. Poco sabemos de los primeros Estados mesopotámicos respecto del acceso a los documentos, mas por lo que hemos tenido ocasión de conocer, se puede afirmar que se caracterizaron por el principio que encabeza este apartado. Los archivos institucionales se situaban en las instalaciones del poder, tan cerca de quien lo ejercía como bajo el suelo del salón del trono, sobre el que el monarca impartía justicia y ejercía sus potestades; los comerciantes los tenían a recaudo tras gruesas puertas selladas, y traspasarlas en ausencia del titular solo era posible con causa justificada y exigía seguir un estricto protocolo que garantizaba la seguridad de lo que allí se custodiaba. Con variaciones formales, más que de otro tipo, y escasas excepciones, la reserva ha sido el principio que ha regido la custodia de los documentos en los archivos hasta el siglo XX.

La antigua Atenas fue una de esas excepciones, o al menos así se la considera, por cuanto los ciudadanos, es decir, aquellos hombres libres mayores de 21 años y de padres atenienses, poseían el derecho a la información y, al parecer, la capacidad de consultar los documentos custodiados en el archivo de la ciudad, y precisamente el hecho de estar sometidos al escrutinio les confería autenticidad. En realidad, se trata de una cuestión carente de bases muy firmes y en todo caso fue una excepción. En Roma, como en cualquier otra época, se daba publicidad a información inocua de carácter ceremonial, político, de acontecimientos...; pero en caso alguno se extendía al acceso a los documentos, y si en algún caso se producía, lo era por medio de los escribanos, de los archiveros, que copiaban o extractaban la información requerida y, en ocasiones, la falsificaban. La Edad Media se manifestó como un buen continuador de estas costumbres, que no variaron un ápice, y de hacerlo en algún sentido, fue restrictivo, en tanto que el concepto de ciudadanía estaba ausente en el orden feudal.

La instrucción para el gobierno del Archivo de Simancas, prototipo de la Edad Moderna, establecía entre otras cuestiones que el acceso físico a los documentos estaba reservado al archivero y al personal a su mando, y la consulta o la obtención de copias y extractos requería obtener primero permiso mediante cédula real de Su Majestad. Fue en el siglo XVI cuando se introdujo la expresión *arcana imperii*, recuperando la fórmula empleada por primera vez por Tácito en el siglo I para referirse a los secretos de Estado, a la razón de Estado. Y tal es el motivo por el que los documentos permanecen ocultos, ajenos incluso a la investigación, salvo mediando los pasos indicados.

Tiempo después asistimos a una nueva excepcionalidad, la real ordenanza sueca de libertad de escritura y de prensa (1766), que incluía el acceso a los documentos públicos. Excepcional por su naturaleza y porque estuvo vigente unos pocos años. No olvidemos que el XVIII fue el siglo de la Ilustración, como también del despotismo ilustrado, una evolución del absolutismo. No transcurriría mucho tiempo para que la Revolución Francesa acabara con el Antiguo Régimen y, en sus primeros compases, adoptara medidas archivísticas para recoger los fondos documentales de las instituciones suprimidas, así como de los bienes incautados a la Iglesia y a los emigrados, con los que se crearon los Archives Nationales. La ley del 7 de mesidor del año II, en el cómputo republicano (25 de junio de 1794), estableció la concentración de los archivos de la nación, la necesidad de crear una red archivística nacional, lo que poco después serán los archivos departamentales, y el libre acceso de los ciudadanos a sus fondos. Los documentos que hasta entonces habían sido fuente de derecho, sustento del poder real y de sus instituciones son convertidos de un plumazo en instrumentos para la investigación histórica. En el siglo XIX el ejemplo fue seguido en otros muchos países, en cuanto a crear archivos históricos y abrirlos a la investigación. En España, la *Gazeta de Madrid* publicaba la real orden de 20 de abril de 1844, por la que se disponía la libre consulta de «Los depósitos puramente lite-

rarios que existen en los archivos del reino y otros estableci-
mientos análogos», siempre que fueran anteriores a 1700 y
superaran bastantes restricciones, que detalla el texto normativo. Un avance que continuará perfeccionándose a lo largo del siglo, pero alejado en todos los países del acceso a la
información en sentido amplio. La creación y apertura de los
archivos nacionales tenía por finalidad poner a disposición
de los investigadores las fuentes para la elaboración de la historia nacional, dando raíz y sustrato al nuevo constructo del
Estado-nación.

El derecho a la información

El derecho a la información forma parte de la tercera generación de los derechos humanos, que surge tras la eclosión
de los derechos cívicos y políticos y de los derechos económicos y sociales, cuya configuración en la legislación de
los diferentes países se ha ido desarrollando a partir de los
años 40 del siglo XX.

El surgimiento de la historia económica a finales del XIX
y de la École des Annales, una corriente historiográfica re-
novadora y pronto predominante, interesada por nuevos
temas más allá de los acontecimientos y de las biografías, y
por épocas más cercanas en el tiempo, ejercerá presión sobre el avance de la función social de los archivos y el acor-
tamiento de los plazos de acceso. Sin embargo, será tras el
final de la Segunda Guerra Mundial cuando se marque un
punto de inflexión, por cuanto la averiguación de los crímenes contra la humanidad, de las responsabilidades individuales y la reparación de las víctimas del nazismo condu-

cirá a la apertura a la investigación de los archivos del III
Reich y, en consecuencia, a reconocer el valor de los documentos contemporáneos para saber la verdad y restituir en
sus derechos a la ciudadanía víctima del nazismo. La derrota
de las potencias del Eje (Alemania-Italia-Japón) tuvo como
consecuencia la expansión de la democracia y del Estado
de derecho como modelo de organización política y el pro-
greso paulatino de la transparencia como principio inspira-
dor del modo de actuar de las administraciones. Así, el control público mediante el acceso a la información introducirá
un cambio de primer orden en el valor de los documentos
y en el de su consulta, más allá del interés histórico, sino
como medios para el ejercicio de un derecho nuevo.

Finlandia fue el primer país en legislar en materia de
transparencia y acceso a los documentos públicos en
1951, y Estados Unidos iniciará en 1966 uno de los modelos más completos e inspiradores, aprobando la *Freedom
of Information Act* (Ley de Libertad de Información), conocida por su acrónimo FOIA, que garantiza el acceso de
los ciudadanos a los documentos en poder de los organismos públicos, con el solo requisito de individualizar con
una breve descripción los que resulten de su interés. Esta
exigencia implica que los organismos están obligados a
publicar dicha descripción, es decir, a tener organizados
y accesibles sus documentos. Establece una serie de excepciones, cautelas generales presentes en las leyes por
venir en otros países, en las que la información queda fuera de acceso. Se rige por el principio de presunción de
apertura *(Presumption of Openness),* por el que la autoridad está obligada a demostrar, a motivar, por qué no es
legalmente comunicable. En caso de denegación, el ciuda-

dano puede solicitar a los enlaces que hay en cada agencia que revisen el caso. Como última opción en la vía administrativa puede solicitar los servicios de mediación de la Office of Government Information Services de los Archivos Nacionales (NARA); finalmente al solicitante le queda el recurso a los tribunales, que están obligados a dictar sentencia con urgencia y prioridad sobre cualesquiera otros asuntos (Cruz, 2019, 303 y ss.).

A raíz del escándalo *Watergate* la ley fue reformada en 1974 para mejorar la respuesta de los organismos federales y frenar las prácticas dilatorias, y de nuevo en 1996 para introducir la información electrónica en el ámbito del derecho. El modelo norteamericano se caracteriza por un alto nivel de información y transparencia respecto del ejercicio de este derecho —hay un sitio web que concentra la información necesaria (foia.gov)— y por el papel que concede a los Archivos Nacionales, sede de la Oficina de los Servicios de Información del Gobierno (OGIS, Office of Government Information Services), cuya función es revisar las políticas, los procedimientos y el cumplimiento de la FOIA por parte de las agencias federales e identificar oportunidades de mejora. Tiene también la misión de resolver disputas entre agencias federales y solicitantes. Además, existe el National Security Archive, un instituto de investigación independiente, no gubernamental, creado en 1985, que opera en la George Wasington University desde 1994 (https://nsarchive.gwu.edu/), publica documentos desclasificados, más de 100.000 están en línea, y ayuda a los ciudadanos en sus demandas de información. Ha conseguido por su cuenta éxitos sonados, como la publicidad de los documentos del escándalo Irán-Contra, una trama que durante el mandato del presidente Reagan financió a la insurgencia nicaragüense, La Contra, vendiendo armas al Irán de Jomeini que había asaltado su embajada en Teherán y hecho rehenes a su personal, incumpliendo así sus propias leyes; ha salvado de la destrucción los correos electrónicos de la Casa Blanca, ha desvelado casos de guerra sucia en Centroamérica y el Cono Sur... y tiene una gran cantidad de proyectos en los que está trabajando.

En los años 70 Suecia, Dinamarca, Noruega, Países Bajos y Francia se fueron añadiendo. La ley sueca (1976) desarrolla exhaustivamente este derecho por cuanto declara la publicidad de los documentos oficiales y el libre acceso a ellos, con las cautelas habituales; si bien, tanto el gobierno como el Parlamento pueden autorizar la comunicación de uno reservado. La holandesa y la francesa, ambas de 1978, se centran en los documentos de los órganos administrativos, bajo el principio de libre acceso, cuyo ejercicio queda respaldado en el caso francés por la CADA (Commission d'acces aux documents administratifs). Desde los 80 hasta hoy se ha ido uniendo cerca de un centenar de países. Entre los de nuestro entorno cabe citar a Italia (1990), en cuya normativa de procedimiento administrativo regula el derecho de acceso a los documentos. Es destacable que obliga a publicar la relación de los excluidos de la consulta y a motivarlo para evitar la discrecionalidad. Además de que existe una comisión específica sobre el acceso, las garantías se ven reforzadas porque en caso de denegación, los tribunales y el propio Consejo de Estado deben resolver los recursos con premura. Merece también mención aparte el caso del Reino Unido, que en el año 2000 aprobó la *Freedom of Information Act*, a partir de la cual se estableció un sistema garante de las libertades ciudadanas en la materia en el que los archivos, en especial los National Archives, desempeñan un papel relevante en el proceso de ejercicio efectivo de los derechos amparados por la ley. Es más, fue a raíz de su aprobación cuando se crearon los Archivos Nacionales, a los que se encomendó la implementación del acceso a los documentos. Un modelo interesante es el de México, con la Ley Federal de Transparencia y Acceso a la Información Pública Gubernamental (2002), que afecta a los tres poderes y confiere a los archivos un papel protagonista en la puesta de la información a disposición del público, dando un enorme impulso a la creación de este servicio en las instituciones públicas que carecieran de él.

En el ámbito de la Unión Europea, aparte de la reglamentación específica de las instituciones comunitarias, en 2003 se aprobó una directiva sobre acceso a la información en materia de medio ambiente, y otra sobre reutilización de información del sector público, que se han ido trasponiendo a las legislaciones nacionales. La primera tiene el propósito de armonizar el acceso a la información relevante sobre la materia medioambiental, y la segunda, sobre el uso por parte de personas físicas o jurídicas de los datos generados y custodiados por los organismos del sector público, con fines comerciales o no. La reutilización no implica necesariamente la apertura en cuanto al acceso, sino el uso que puede hacerse de la información publicada y publicable, y en este sentido tiene sus detractores por cuanto hay empresas que elaboran productos comerciales, fundamentalmente bases de datos de pago, sin que el proveedor de la información –el sector público– obtenga compensación alguna. Aclaremos que las directivas son actos legislativos con objetivos que todos los países de la UE deben cumplir, y corresponde a cada uno elaborar sus propias leyes para alcanzar dichos objetivos.

Sobre la materia que nos ocupa, en 2009 se aprobó el Convenio del Consejo de Europa sobre el Acceso a los Documentos Públicos, conocido como Convenio de Tromsø; pero no se trata de una directiva de la UE, sino de un convenio del Consejo de Europa. El Consejo es una organización intergubernamental regional integrada por cuarenta y seis países miembros constituido en torno a la defensa de los derechos humanos. Sus convenios son acuerdos jurídicamente vinculantes para los Estados miembros una vez que los han firmado y ratificado. El de acceso a los documentos lo han ratificado quince Estados a finales de 2023, fecha en que lo hizo España. Pero este convenio no ha conocido la fortuna de otros, que con el tiempo se convirtieron en directivas de la Unión Europea. Aunque sí hay algo que parece trascendental, y es que el acceso a los documentos se ha incardinado por esta vía en los derechos fundamentales.

España es diferente

La Constitución Española incluye el derecho a la información entre los fundamentales. En el Título I De los Derechos y Deberes Fundamentales, Capítulo segundo, Sección 1.ª, artículo 20.1.d) y 2 dice: «A comunicar o recibir libremente información veraz por cualquier medio de difusión. La ley regulará el derecho a la cláusula de conciencia y al secreto profesional en el ejercicio de estas libertades. 2.

El ejercicio de estos derechos no puede restringirse mediante ningún tipo de censura previa».

Es obvio que la Carta Magna se refiere a la libertad de prensa y de los medios de comunicación. Hay otro artículo, en el sentido que nos interesa, en el Título IV Del Gobierno y de la Administración, el 105 b), cuyo literal es que la ley regulará: «El acceso de los ciudadanos a los archivos y registros administrativos, salvo en lo que afecte a la seguridad y defensa del Estado, la averiguación de los delitos y la intimidad de las personas». La expresión «archivos y registros administrativos» puede equipararse a información en manos de los poderes públicos sin excepción, y las leyes que han incorporado y desarrollado parcialmente el artículo así lo contemplan. ¿Y cómo es que algunas leyes desarrollan parcialmente este derecho constitucional? Por ausencia de una que lo desarrolle en su integridad y porque no pueden dejar de hacerlo hasta entonces.

La Ley 16/1985 del Patrimonio Histórico Español resulta relevante porque necesitaba regular el acceso al patrimonio documental y establecer una fórmula que permitiera la consulta de los que por las cautelas de la ley resultaran inaccesibles. En lo relativo a los archivos, daba un plazo de un año para la publicación del reglamento que desarrollara la materia, pero los sucesivos gobiernos fueron incapaces de sacar adelante una norma de rango menor hasta pasado un cuarto de siglo, cuando a finales de 2011 se aprobaba el Real Decreto del Sistema Español de Archivos, el cual establece un procedimiento objetivo, sencillo y claro para acceder a los documentos, pero limitado a los archivos intermedios e históricos, dejando fuera los de los archivos administrativos de gestión, es decir, los documentos de mayor interés desde el punto de vista del escrutinio público.

El desarrollo reglamentario no ha sido el único problema: el texto de la ley dejó uno en herencia que se ha erigido en el escollo fundamental para el libre acceso a documentos pura y simplemente históricos. Al establecer qué documentos forman parte del patrimonio documental, el artículo 49 señaló un plazo de cien años de antigüedad para los documentos de particulares, cuarenta para los de las entidades, fundaciones y asociaciones de carácter político, sindical, religioso, cultural y educativo de carácter privado. ¿Y para los del sector público? Todos, absolutamente todos «... los documentos de cualquier época generados, conservados o reunidos en el ejercicio de su función...». Una decisión poco afortunada por irreal y además restrictiva para el acceso y disfrute del patrimonio documental, porque al no estar acotado cronológicamente, obliga a establecer limitaciones de otro tipo. Lo lógico hubiera sido señalar una referencia. En los demás países va de los veinte a los treinta años, de modo que todo documento anterior es histórico y de libre acceso, salvo que incurra en alguna de las salvedades de la ley, pero de otra ley, no de una de patrimonio histórico, que por su aparente generosidad impuso límites sin relación alguna con la protección material de dicho patrimonio.

El artículo 57 se refiere a la consulta de los documentos, una vez concluida su tramitación, depositados y registrados en los archivos centrales (intermedios), siempre que no estén bajo la Ley de Secretos Oficiales (1968) y afecten a la seguridad y la defensa del Estado o la averiguación de los delitos. Este artículo introdujo una novedad, por la que quedan fuera de consulta los documentos que contengan datos personales que puedan afectar a la seguridad de las personas, a su honor, a la intimidad de su vida privada y familiar y a su propia imagen, salvo que medie el consentimiento expreso de los afectados o hayan transcurrido veinticinco años desde su muerte, si es conocida, o cincuenta a partir de la fecha de los documentos. Es cierto que entonces no había una ley de protección de datos de carácter personal, y cuando ha llegado, a partir de 1992, el tiempo no ha sido nunca un criterio, sino la naturaleza de la información. En los casi cuarenta años de vigencia de esta ley, el tema de los plazos ha dado lugar a diferentes interpretaciones, casi siempre restrictivas y abusivas por demás, por la tendencia a vedar la mera citación de individuos, con independencia del motivo de tal presencia. No es lo mismo ser mencionado en un documento como fiscal o como miembro de una agrupación legal que como titular de los datos de una historia clínica o de una ficha policial. Otra cosa, y ajena a la intimidad, buen nombre y fama, es que alguien se arrepienta o le parezca poco honroso haber formado parte de un tribunal represor o haberse destacado, incluso con presencia en los medios y reconocimientos oficiales, en organizaciones políticas que puedan causar sonrojo o provoquen el rechazo general, o que dichos reparos los experimenten sus sucesores. Aquí, por mucho que se quiera forzar la interpretación del derecho, no cabe invocar ninguna de las excepcionalidades señaladas; en cambio sí quien haya podido ser, por ejemplo, detenido y fichado, incluso procesado en aplicación de la Ley de Vagos y Maleantes y tachado con alguna de sus figuras delictivas, pues fueran ciertas o no, carecen del carácter de punibles y la víctima tiene derecho a que se respete su intimidad. Asimismo, la picaresca ha dado lugar a situaciones dilatorias, como añadir diligencias cada cierto tiempo, lo que retrasa el plazo de los cincuenta años que rige para todo el conjunto del expediente; tal es el caso de procesos de tribunales militares y especiales. La consecuencia ha sido dificultar la investigación histórica desde el siglo XX a nuestros días, porque donde no llega el plazo temporal, alcanza la Ley de Secretos Oficiales; asimismo, todas las leyes posteriores que de algún modo tocan en la materia han incorporado la salvedad de los cincuenta años. En vez de guiarse por los criterios de la Ley de Protección de Datos, se ha seguido el camino más fácil y pernicioso para la libertad de información, y así, en lugar de establecer motivos apreciables, se ha optado por un plazo genérico y generoso que lo ampara todo.

En 2013, la excepcionalidad española se confirmó al aprobarse la Ley de Transparencia, Acceso a la Información y Buen Gobierno, una norma como mínimo curiosa porque su denominación atiende a tres materias y el texto se divide en tres títulos, que no siguen dichas materias, sino que transparencia y acceso van en el mismo. No es un asunto baladí: el modelo de transparencia se basa en la publicidad activa, que obliga a las instituciones a difundir de oficio información relevante, actual y en formatos reutilizables. En cuanto al acceso, reconoce el derecho de los ciudadanos a solicitar y a obtener información, salvo que suponga un perjuicio para un amplio catálogo de materias en las que el derecho queda restringido. Unir publicidad activa y acceso a la información, como lo hace esta ley, casa mal, porque la primera implica producir, elaborar un producto, en definitiva, es información cocinada, mientras que acceder a la información implica hacerlo a la materia prima. En nuestra opinión existe la misma distancia que entre un restaurante y un supermercado.

Para velar por el cumplimiento de la ley y atender las reclamaciones se creó el Consejo de Transparencia y Buen Gobierno, un organismo público independiente cuya memoria de actividades de 2021 ponía sobre la mesa algunos aspectos relevantes: la falta endémica de recursos, el retraso generalizado, el incumplimiento de los plazos para contestar las solicitudes de acceso (uno o dos meses, en función de la materia), una tasa de denegación que supera el 40%, más de doscientas resoluciones del propio Consejo incumplidas (el 15%), y un régimen sancionador que debe aplicar quien no cumple, la propia Administración.

Por último, la ley creó el Portal de Transparencia como punto de acceso a la publicidad activa de la información que el sector público esté obligado a proveer, así como la solicitada con mayor frecuencia por la ciudadanía. Esta herramienta no depende del Consejo, como parecería lógico, sino del Ministerio de la Presidencia.

Se trata, en conclusión, de un modelo que distorsiona el principio de acceso a la información y lo mezcla con el secular derecho a adquirir publicaciones, sea por vía onerosa o gratuita; pues eso son en definitiva los datos que ofrece el Portal, datos públicos y en general previamente publicados en otros formatos y lugares, como el Boletín Oficial del Estado, el Instituto Nacional de Estadística o la Agencia Estatal de Meteorología, entre otros. Así que, reconocido el derecho a conocer lo que la Administración tenga a bien publicar, ¿en qué queda el derecho de acceso a la información? Pues bastante mal parado, porque se limita en doce materias tan amplias como: la seguridad nacional, la defensa, las relaciones exteriores, la seguridad pública... y hasta la protección del medio ambiente, que ya posee una directiva europea y una ley nacional anteriores en el tiempo referidas a esa materia; en fin, entrarían dentro de las cautelas habituales de todos los países si tuvieran una redacción precisa y si establecieran un procedimiento garantista que delimitara los supuestos. Lejos de ello, la ley deja paso a la discrecionalidad al establecer que la «aplicación de los límites será justificada y proporcionada a su objeto y finalidad de protección y atenderá a las circunstancias del caso concreto, especialmente a la concurrencia de un interés público o privado superior que justifique el acceso». Lo que equivale a no decir nada o dar lugar a poder sostener una cosa y su contraria, y sobre todo porque no regula quién y cómo justifica, o cuáles son los límites. Y el reglamento que debería desarrollarlo, diez años después, aún no se ha aprobado.

La Ley de Procedimiento Administrativo (Ley 39/2015) reconoce en su preámbulo respecto del acceso a la información que la regulación de esta materia adolece «de un problema de dispersión normativa y superposición de distintos regímenes jurídicos no siempre coherentes entre sí, de lo que es muestra la sucesiva aprobación de normas con incidencia en la materia...». Vaya esto por si alguien pudiera atribuir a pasión personal cuanto venimos diciendo en estas páginas. Y como es una ley de procedimiento administrativo, esta se une al coro de voces dispersas que actúan en su materia, y reconoce en el artículo 13, entre los derechos de las personas en sus relaciones con las administraciones públicas: «Al acceso a la información pública, archivos y registros, de acuerdo con lo previsto en la Ley 19/2013, de 9 de diciembre, de Transparencia, Acceso a la Información Pública y Buen Gobierno y el resto del Ordenamiento Jurídico». Y siendo tanto y tan disperso el ordenamiento, no trae paz a los espíritus ciudadanos, salvo cuando tienen la condición de interesados, o sea, promueven o participan en el procedimiento o se ven afectados, en cuyo caso «también tendrán derecho a acceder y a obtener copia de los documentos contenidos en los citados procedimientos».

En el ámbito digital, la Ley de Protección de Datos Personales (Ley 3/2018) es una trasposición de la regulación europea, que armoniza acerca del acceso y el control de los individuos sobre los datos personales en manos de terceros, públicos y privados, obliga a recabar el consentimiento y reconoce el derecho a rectificar y a suprimir datos, el derecho al olvido en las redes sociales y, en general, a la protección efectiva de la intimidad. Desde el punto de vista de la información, el tratamiento automatizado de datos personales presenta singularidades que escapan del tema que tratamos. Los datos tomados individualmente son unidades básicas poco significativas: edad, sexo, estatura, peso, pero combinados en gran cantidad y por campos: identificativos, temporales, circunstanciales, y unidos a los de miles, millones de individuos, con un adecuado tratamiento matemático, pueden ofrecer información novedosa a partir de la cual constatar hechos, elaborar conocimiento, que de otro modo no sería posible adquirir. De ahí que el ejercicio individual de los derechos reconocidos en la ley tenga un efecto marginal sobre la globalidad, y las consecuencias del acceso no vayan mucho más allá desde el punto de vista del escrutinio público, que sí lo posee cuando se ejerce sobre la totalidad de los datos, la intencionalidad de su recogida y el destino de su tratamiento. Es en el plano colectivo donde el derecho de acceso a los datos y a su manejo alcanza su plenitud, y el que la materia regulada sea de carácter personal en nada impide que la acción pueda ejercerse de forma colectiva por medio de asociaciones y de organismos públicos, de manera señalada las agencias de protección de datos (una nacional y las respectivas autonómicas), que lo hacen en sus ámbitos y tienen además potestad sancionadora. Del otro lado están las administraciones, a las que se supone cumplidoras, y las grandes corporaciones tecnológicas, poderosas, con patrimonios superiores al PIB de algunos países y capacidad para saltar entre regulaciones para construir espacios favorables donde operar. Pero esto ya es otra historia, un tema de enorme interés que se separa un tanto de la línea argumental de estas páginas.

El miedo a la libertad

El título de la famosa obra del filósofo Erich Fromm viene como anillo al dedo para definir la actitud española respecto del acceso a la información; tanto da el signo político de los gobiernos y de las bancadas de la oposición: todos los partidos coinciden en esquivar el tema. Se diría que solo es objeto de preocupación académica, o cosa de asociaciones de consumidores y usuarios. En apoyo del aserto viene la nebulosa normativa que denota un gusto muy nacional por la masa, esa mezcla que según el DLE proviene de la incorporación de un líquido a una materia pulverizada, de la

cual resulta un todo espeso, blando y consistente. Un amasi-
jo informe, que se adhiere a las manos en prueba del ama-
samiento. Admítase la licencia, pero es condición humana
y, dentro del género, muy española el gusto por andar con
las manos metidas en la masa. Y tocando en licenciosos,
podemos recurrir a la autoridad de otra figura. Cuentan
que en cierta ocasión Franco confesó a su interlocutor que
en la mesa de su despacho los papeles se disponían en dos
montones: el de los asuntos que se resolvían por sí mismos
y el de los que resolvería la historia; tal parece que el principio continúa activo entre nuestros gobernantes y que el
tema del acceso se resolverá *ad calendas graecas*.

La historia contemporánea de España es una sucesión
llena de períodos de gran interés para la investigación: la II
República (1931-1939), la Guerra Civil (1936-1939), el franquismo (1939-1975), la Transición (1975-1978), la España
constitucional (d. 1978). Y en ellos encontramos temas sobre los que hace falta arrojar luz: la financiación del bando
sublevado, la resistencia interior (maquis), la organización
de la represión, las divisiones internas del régimen, las relaciones exteriores, la descolonización de Guinea, Ifni y el
Sahara occidental, el espionaje, los planes nucleares... En
esto no somos muy diferentes de los demás, por ejemplo,
Francia con la guerra de Argelia, Reino Unido y la guerra
de las Malvinas, Estados Unidos en Vietnam... En lo que
nos distinguimos es en la posibilidad de investigar dichos
temas en sus fuentes documentales. En esos países, como
en muchos otros, existe una legislación que favorece el acceso a la información; cuando esta ha sido clasificada, se ponen límites temporales razonables; así en el Reino Unido son
veinte años, y diez en Estados Unidos para desclasificarlos.

A veces se toman decisiones al respecto, como la del presidente francés Emmanuel Macron cuando declaró la desclasificación de los documentos de Defensa con más de cincuenta años, lo que incluía los relativos a la guerra de Argelia y a la descolonización francesa de África. El propio Vaticano, que hasta el papado de Francisco denominaba «secreto» a su archivo, ha publicado los más de 170 legajos del papa Pío XII (1939-1958), sobre cuyo pontificado cayó la sombra de la duda por su actitud frente al holocausto y el fascismo. En España, en cambio, llevamos a nuestras espaldas un siglo de secreto; en nuestros archivos históricos hay expedientes clasificados, en ocasiones cosidos o grapados alrededor; también expedientes y documentos con cerca de cien años de antigüedad depositados en archivos administrativos para hurtarlos a la investigación. En España hay grandes cantidades de documentos de cualquier época, y especialmente los contemporáneos, sin organizar, sin describir y por lo tanto sin que se pueda saber de su contenido e interés, que podrían desaparecer sin dejar huella. Y sí, en España una parte nada desdeñable de los fondos documentales públicos de mandatarios de diferente nivel están en manos privadas.

Por todo ello, la historia contemporánea de España tiene que investigarse en el extranjero. Los National Archives de Estados Unidos constituyen una fuente fundamental y la más generosa en cuanto a la amplitud cronológica de los fondos consultables. Otro tanto cabe decir de los archivos del Quai d'Orsay (Asuntos Exteriores) y del Service Historique de la Défense en Francia, los National Archives de Gran Bretaña, los archivos vaticanos, italianos, alemanes e, incluso, los rusos hasta el cierre decretado por el presidente Putin. Además de la historia científica, la recreación documental de episodios como el accidente de Palomares (1966), los intentos por dotarnos de una fuerza nuclear disuasoria (años 60-70) y otros han tenido que buscar informes, imágenes y testimonios en el extranjero. Es una situación escandalosa, tras la cual hay un miedo infundado a lo que los historiadores puedan revelarnos, a vernos reflejados en el espejo tal cual hemos sido y superar de una vez por todas lo que es pura fantasmagoría.

La excepcionalidad española tiene un fondo de tradición, de ignorancia y de inseguridad. Cuando los países pioneros empezaron a regular el acceso a la información, nosotros estábamos metidos en una dictadura retrógrada con un modelo social decimonónico y secretista; a medida que se iban sumando más, nosotros transitábamos hacia la democracia con un miedo inveterado a los fantasmas del pasado, que ejerció un efecto paralizante sobre el desarrollo de este derecho, y cuando los últimos se incorporaban al club de la libertad en el cambio de siglo, España se quedó atrás instalada en la comodidad del secretismo aprovechando la ausencia de compromiso con la libertad de información, al menos, de los principales actores políticos. También hay un trasfondo de ignorancia, porque esto no va de la Guerra Civil y del franquismo, ni tampoco de los secretos oficiales, es mucho más amplio y afecta al control eficaz de nuestras instituciones públicas; y un fondo de inseguridad hacia los efectos que pueda producir la libertad de acceso a la información, como resultado de ese paternalismo a que tan aficionados son nuestros gobernantes, por esa tendencia a tomarnos por menores de edad, cuando somos una población adulta en su mayoría y hasta envejecida (la media supera los 44 años).

Es urgente una ley de libertad de acceso a la información que parta del reconocimiento de ese derecho universal, señale su ámbito de aplicación, cómo se ejerce, cuáles son los límites, quién los establece y durante cuánto tiempo, y que posibilidades existen de sortearlos mediante un acceso parcial, e instituya un organismo especializado con medios, autoridad y capacidad de actuar. No hay excusa, todos los que se lo han propuesto lo han logrado; incluso un país tan conservador como el Reino Unido, que pasaba por ser uno de los más secretistas, lo hizo en el año 2000. Sí, se puede. Y si se puede, ¿por qué no se hace?

Fundamentalmente porque es más cómodo conducirse sin tener que dar mayores explicaciones, ocultar, denegar información cuando no interese a quien la posee, aunque no le pertenezca, en fin, la primacía de la irresponsabilidad, barrer bajo la alfombra. Por eso mismo se ha elegido el camino por el que vamos, a saber, las leyes de memoria democrática y la de secretos oficiales. La primera, en lo que se refiere a los archivos y los documentos, es, cuando menos, un ejercicio de cinismo o un insulto a la inteligencia, porque pretende resolverlo de manera restrictiva (los que afecten a la memoria democrática), porque no obliga a las instituciones implicadas a describir y hacer efectivamente accesibles los documentos, para lo cual hace falta organización, medios técnicos, archiveros y dinero, una línea presupuestaria específica, porque los archivos públicos están infradotados de todo cuanto necesitan para cumplir su función. Conocer la cantidad al peso no sirve de nada, seguimos sin saber qué contienen los documentos, lo que los hace inutilizables. Además de medios, hace falta planificación, no las desideratas del texto de la ley, sino planes elaborados. Y, en fin, nada de esto puede abordarlo el organismo que ocupa el vagón de cola de la organización del gobierno, responsable de los archivos, con la interposición de una Secretaría de Estado, un Consejo y cuatro comisiones. Esta ley no resuelve en nada el tema de los archivos, porque no se pueden disociar por cortes temporales, y muy poco la investigación histórica, porque los centros siguen perdiendo personal y el servicio público se deteriora a ojos vista.

En punto a los secretos oficiales, resulta difícil de alcanzar a entender por qué se regula en negativo y no en positivo. En vez de centrar los esfuerzos y de reclamar el interés de la ciudadanía por ver cómo recortamos el derecho de acceso a la información, sería mejor, más lógico, saludable y productivo legislar el derecho, pues a partir de ahí es mucho más fácil delimitarlo con garantías. La actual Ley de Secretos Oficiales es de 1968 y preconstitucional, aunque se retocó en 1978, antes de proclamarse la Carta Magna. Su reforma no es tan urgente como legislar el derecho de acceso a la información, porque no se trata, insistimos, del franquismo ni de la Guerra Civil; se trata de que cuando se pretende conocer cómo se negocia el precio de los medicamentos con las farmacéuticas, el Ministerio de Sanidad se ampare en el secreto y nos impida conocer una cuestión fundamental: cómo se llega al precio que paga el Sistema Nacional de Salud, por ejemplo, por el tratamiento más caro, que cuesta 1.340.000 euros por dosis, según datos de la plataforma CIVIO[1]; parece claro que es materia de interés público. Se trata de conocer con exactitud el comercio de armas, el des-

1. https://civio.es/

vío de los presupuestos de obra pública...; incluso de que los concejales tengan información completa y en plazo sobre los asuntos sometidos a decisión. La defensa del Estado y la seguridad nacional son genéricas y dan pie a la discrecionalidad, y los tribunales rara vez recurren a ellas en sus sentencias, sino que constatan lo evidente, la falta de soporte legal bastante para el ejercicio de un derecho no plenamente reconocido. Por lo que hace a los fondos históricos clasificados, la solución es más fácil y a punto estuvo de adoptarse cuando la ministra de Defensa, Carmen Chacón, propuso al Consejo de Ministros a finales de 2011 la desclasificación de miles de documentos anteriores a 1968 obrantes en los archivos militares y que resultaban inocuos para la seguridad nacional. No se llevó a efecto. Por fortuna, en la práctica, los archiveros de Defensa tienden a interpretar que los documentos anteriores a 1968 no están afectados retroactivamente por la ley y son de libre acceso.

La reforma de los secretos oficiales no impedirá que se sigan adoptando, lógico, ni que se adopten en secreto, no tan lógico, y se repita lo sucedido en 2010. El Consejo de Ministros en su sesión de 15 de octubre, a propuesta del ministro de Exteriores, Miguel Ángel Moratinos, adoptó el acuerdo de ampliar el secreto y la reserva sobre diecisiete materias «cuyo conocimiento suponga un perjuicio para el crédito de España en sus relaciones internacionales y puedan afectar a sus relaciones con terceros países». Todo fue tan secreto que ni siquiera se informó del acuerdo y a día de hoy en la referencia del Consejo de Ministros de esa fecha que está en la página web de La Moncloa no aparece nada al respecto. Se supo tiempo después, cuando dos historiadores pidieron consultar en los fondos del archivo ministerial los documentos relativos a las relaciones de España con China, Japón y Filipinas de 1975 a 1982 y las relaciones hispano-alemanas entre 1970 y 1982. Solicitudes que fueron denegadas por incurrir en el secreto recientemente acordado. Sólo dos años después, tras la queja de uno de los investigadores, el departamento le contestó adjuntando el acuerdo con los diecisiete puntos (Malalana y Moreno, 2017, 683-686). Para entonces, los fondos del archivo histórico de Exteriores habían sido dispersados, repartidos entre el Archivo Histórico Nacional y el General de la Administración.

Hay salida

Muchos son los países que la han encontrado sin mayores dificultades a partir del modelo norteamericano, probablemente el más garantista. La solución se basa en dos normas: una ley de libertad de acceso a la información y otra de archivos, que estructure un sistema de archivos nacionales, garante en el ejercicio del derecho, ya que le compete organizar los documentos y hacerlos accesibles durante toda su vida, desde que se crean hasta que se eliminan o se conservan permanentemente. Los archivos se ocupan de conservar el patrimonio documental, lo que ya hacen, y de armonizar la gestión de los documentos en los organismos del sector público sin excepciones, para asegurar su organización y transferencia tan pronto cumplan los plazos que la ley de acceso les asigne para ser comunicables. Debe asegurarse de que los documentos de los cargos públicos: presidentes del gobierno, ministros, etc., no se pierdan, destruyan, ni se los lleven consigo, ya que son documentos públicos y constituyen una parte importante del patrimonio histórico, pues contienen las huellas de la alta dirección nacional, las grandes decisiones, los temas de Estado. España no es una república presidencialista como Estados Unidos, muchos países no lo son, y no tendría sentido trasponer el modelo de las *Presidential Libraries*; pero sí deberíamos asegurarnos de que dichos documentos se custodien en nuestros archivos nacionales y no estén en manos de fundaciones privadas o de sus antiguos titulares. Entre finales de 2022 y comienzos de 2023 se produjo cierto revuelo en los medios de comunicación acerca de documentos presidenciales aparecidos en las residencias privadas de exmandatarios (Trump y Carter) y del propio presidente Biden, y que habían escapado de algún modo al control de NARA. La legislación es clara y los Archivos Nacionales se han hecho con ellos sin dilación, con la colaboración de la policía y la apertura de sus correspondientes investigaciones por parte de la fiscalía.

Es importante que los archivos nacionales sean un organismo autónomo, sometido a la ley y a las normas de funcionamiento de las administraciones públicas, y con la independencia suficiente para ejercer sus competencias sin cortapisas. De este modo no nos encontraríamos con que el archivo de un jefe del Estado (Franco) o el de un presidente del Gobierno (González) estén en manos de sus respectivas fundaciones. Aunque en honor a la verdad, y conocida la posición marginal que ocupan los archivos en la estructura de lo público, al menos permanecen localizados, íntegros y razonablemente en uso. Pues desafortunadamente son mayoría aquellos de los que se ignora todo, si están en manos de sus herederos, han sido vendidos o destruidos. Llevarse los documentos oficiales consigo tras el cese en el cargo es una práctica común en otros niveles de la política, lo que incluye documentos no solo secretos, sino de los servicios de inteligencia, con intención de hacer uso de ellos; de modo que hemos asistido al escandaloso comportamiento de algún exministro que ha lanzado amenazas de revelar secretos que se ha llevado indebidamente consigo.

Y esto nos pone ante una cuestión fundamental, aunque por lo general pasa inadvertida. ¿A qué tienen miedo nuestros representantes parlamentarios y gobernantes en punto al acceso a la información? ¿A que se revelen con pelos y señales los abusos e irregularidades en el ejercicio del poder? ¿A que se vea en peligro la seguridad del Estado, la intimidad de las personas o la averiguación de los delitos? Ilusión, figuración vana, fantasmagoría. En los países donde el ejercicio de este derecho está resuelto y garantizado, se producen los mismos abusos, arbitrariedades, corruptelas y corrupciones por parte de quienes ostentan el poder; es impensable que el presidente del país más poderoso del mundo se sienta constreñido por el acceso a la información. No gobiernan con las manos atadas, ni mucho menos, les quedan recursos y los emplean. Uno de ellos es la clasificación negligente, siquiera con carácter temporal hasta que los órganos inspectores lo detectan. Se dice hasta la saciedad que la información es poder, pero la información que produce ventaja, la que sustenta la posición privilegiada del poderoso, se sigue transmitiendo desde la noche de los tiempos de boca en boca, y para cuando se redacta ha perdido un parte considerable de su valor. Así, el famoso programa de espionaje Pegasus que ha traído de cabeza a tantos en todo el mundo, y particularmente en nuestro país, es ideal para los dispositivos móviles, donde transcurren las conversaciones y los mensajes de texto que las sustituyen y complementan.

Desde la publicación de los Papeles del Pentágono, primero por el *New York Times* y después por el *Washington Post* en los años 60 del siglo pasado, y que estuvo en los orígenes también de la FOIA, y fue resultado del ejercicio del derecho a saber y a la libertad de prensa, desde entonces ninguna revelación de secretos ha representado amenaza alguna a la seguridad del Estado, como tampoco lo fue aquella. Las amenazas y los perjuicios en tal sentido provienen siempre de la custodia negligente de sus guardianes y, sobre todo, de la infidencia de quienes los manejan. WikiLeaks se alimentó a base de filtraciones; Edward Snowden fue empleado de la CIA y de la NSA (National Security Agency), Bradley Manning (luego Chelsea) y Jack Teixeira eran analistas de inteligencia del ejército de los Estados Unidos, y han sido los protagonistas de los casos más llamativos de develación de secretos de los últimos tiempos. Nunca se ha puesto en peligro la seguridad del Estado de resultas del acceso a la información. El espionaje y el robo de datos no se ocultan tras las consultas, sino que acechan tras los responsables descuidados en el uso de sus claves y protocolos de seguridad.

Otro tanto cabe decir en punto a la averiguación de los delitos. Cuesta encontrar ejemplos en los que el acceso a la información los haya puesto en peligro; lo habitual es lo contrario, y la investigación periodística es el mejor ejemplo de que la información revela delitos ocultos, no interfiere. Una vez más, el peligro procede de algunos responsables de su persecución, como se constata con más frecuencia de la deseable en un terreno con espacios de ambigüedad difíciles de evitar.

La intimidad de las personas se ve invadida a diario, de forma ininterrumpida, con nuestro consentimiento consciente y sin él. Las grandes tecnológicas, los servicios secretos y de inteligencia, al menos, tienen capacidad de hacerse con datos sin límite y a demanda. Una vez más, el acceso a la información no es la causa, además de que la normativa de protección de datos, los órganos de control y los procedimientos de uso son garantistas al respecto. A veces la intimidad se confunde con la resistencia a aceptar la realidad, a afrontar la responsabilidad, sobre todo de actividades públicas en el pasado.

El peligro no está en los historiadores, ni en los periodistas, ni en las organizaciones de la sociedad civil, ni en los ciudadanos; el peligro cae del lado de algunos de los obligados a proteger la cosa pública, y la libertad de acceso a la información es el mejor contrapeso.

El día, esperemos cercano, en que se apruebe una ley homologable de libertad de acceso a la información, nuestros miedos se irán como el famoso verso final del poema que dedicó Cervantes al túmulo de Felipe II en la catedral de Sevilla: «Y luego, in continente, caló el chapeo, reclamó la espada, miró al soslayo, fuese y no hubo nada».

Bibliografía

ALBERCH FUGUERAS, R.; PONCE ALMEIDA, R. (2021). *Archivos y archiveros en la literatura y el cine*. Gijón: Trea.

ASENJO, M.; RAMOS, V. (1999). *Malagón. Autobiografía de un falsificador*. Barcelona: El Viejo Topo.

ALEJANDRE, J. A. (1972). «Estudio histórico del delito de falsedad documental», *Anuario de Historia del Derecho Español*, 42, 117-188.

ARCHI, A. (2003). «Archival Record-Keeping at Ebla 2400-2350 BC», en M. Brosius (ed.). *Ancient Archives and Archival Tradition. Concepts of Record-Keeping in the Ancient World*. Oxford [etc.]: Oxford University Press, 17-36.

BAEZ, F. (2013). *Nueva Historia universal de la destrucción de libros: de las tablillas sumerias a la era digital*. Barcelona: Destino.

BAKER, H. D. (2003). «Record-Keeping Practices as Revealed by the Neo-Babilonian Private Archival Documents», en M. Brosius, (ed.). *Ancient Archives and Archival Tradition. Concepts of Record-Keeping in the Ancient World*. Oxford [etc.]: Oxford University Press, 241-263.

BATS, M. (1994). «Les débuts de l'information politique officielle à Rome au premier siècle avant J.C.», en Ségolène Demougin, (dir.). *La mémoire perdue. À la recherche des archives oubliées, publiques et privées, de la Rome Antique*. París: Éditions de la Sorbonne, 30-51.

BAUTIER, R. H. (1961). «La phase cruciale de l'histoire des archives: la constitution des dépots d'archives et la naisance de l'archivistique (XVIe. – début XIX siècle)», *Archivum. Revue International des archives*, XVIII, 139-149.

BIOSCA, A.; SEVILLANO, F. (eds.) (2011). *Lorenzo Valla. Refutación de la donación de Constantino*. Madrid: Akal.

BROSIUS, M. (2003). «Ancient Archives and Concept of Record-Keeping: An Introduction», en M. Brosius (ed.). *Ancient Archives and Archival Tradition. Concepts of Record-Keeping in the Ancient World.* Oxford [etc.]: Oxford University Press, 1-16.

BURCKHARDT, J. (1996). *Del paganismo al cristianismo. Constantino el Grande*. México: Fondo de Cultura Económica.

CANELLAS LÓPEZ, A. (1979). «De diplomática hispano-visigoda: colección documental», *Cuadernos de Historia Jerónimo Zurita*, 33-34, 251-418.

CARO BAROJA, J. (1992). *Las falsificaciones de la Historia (en relación con la de España)*. Barcelona: Seix Barral.

CASTILLO GÓMEZ, A. (2016). «The New Culture of Archives in Early Modern Spain», *European History Quarterly*, 46(3), 545-567.

CHAMPY, J. A.; HAMMER, M. (1993). *Reengineering the Corporation: A Manifesto for Business Revolution.* Nueva York: Harper Collins.

CIVIL, M. (2017). «Studies in Sumerian civilization. Selected writings of Miguel Civil», *Barcino. Monographica Orientalia*, 7.

CONDE Y DELGADO DE MOLINA, R. (1998). «Archivos y archiveros en la Edad Media Peninsular», en J. J. Generelo, Moreno, A. (Coords.) *Historia de los archivos y de la archivística en España.* Valladolid: Universidad de Valladolid, 13-28.

COTARELO Y MORI, E. (1916). *Diccionario biográfico y bibliográfico de calígrafos españoles.* Madrid: Imprenta de la revista de Archivos, bibliotecas y museos.

Coudry, M. (1994). «Sénatus-consultes et *acta senatus*: rédaction, conservation et archivage des documents émanant du senat, de l'époque de César à celle des Sévères», en Ségolène Demougin (dir.). *La mémoire perdue. À la recherche des archives oubliées, publiques et privées, de la Rome Antique.* París: Éditions de la Sorbonne, 67-95.

Cruz Mundet, J. R. (2010). *Qué es un archivero.* Gijón: Trea.

— (2019). *Archivística. Gestión de documentos y administración de archivos.* Madrid: Alianza Editorial.

— (2020). *Una historia infame. Los Protocolos de los Sabios de Sión.* Madrid: Marcial Pons.

Cruz Mundet, J. R.; Díez Carrera, C. (2015). *Los costes de la preservación digital permanente.* Gijón: Trea.

D'Agostino, F. (2010). «Entre Ebla y la Mesopotamia. Historia, administración, cultura escrita», *Rivista degli studi orientali*, 83, 153-162.

Davies, J. K. (2003). «Greek Archives: from Record to Monument», en M. Brosius (ed). *Ancient Archives and Archival Tradition. Concepts of Record-Keeping in the Ancient World.* Oxford [etc.]: Oxford University Press, 323-343.

Dávila Oliveda, A. (2010). *Los archivos del Estado. Qué son y cómo se tratan.* Gijón: Trea.

De la Cruz Herranz, L. M. (2016). «El archivo monástico. Entre la gestión de su administración y la gestión de su memoria histórica», en R. Baldaquí Escandell (ed.): *Lugares de escritura: el monasterio.* Alicante: Publicacions de la Universitat d'Alacant, 177-230.

Domínguez Guerrero, M. L. (2015). «El poder del rey ausente: la proclamación de Felipe II en Cuzco en 1557», *Anuario de Estudios Americanos*, 72, 2, 605-629.

Duranti, L. (2007). «Archives as a Place», *Archives & Social Studies: A Journal of Interdisciplinary Research*, 1, 445-466.

Eco, U. (1992). *Los límites de la interpretación*. Barcelona: Lumen.

Escalona Monje, J. (2014). «Épica y falsificaciones documentales en la Castilla medieval», en I. Velázquez y J. Martínez (eds.). *Realidad, ficción y autenticidad en el mundo antiguo: la investigación ante documentos sospechosos*. Murcia: Universidad de Murcia, 223-242.

Fournet, J. L. (2018). «Archives and Libraries in Greco-Roman Egypt», en A. Bausi et al. *Manuscripts and Archives. Comparative Views on Record-Keeping*. Berlín: De Gruyter, 171-199.

Friedrich, M. (2018). «Epilogue: Archives and Archiving across Cultures Towards a Matrix of Analysis», en A. Bausi, et al. *Manuscripts and Archives. Comparative Views on Record-Keeping*. Berlín: De Gruyter, 421-445.

García Torresano, C. (2021). «Los archivos en el Imperio romano», *Boletín de ANABAD*, 4, 191- 213.

González García, P. (1995). «El Archivo General de Indias: de la Ilustración al siglo XXI», en P. González (coord.). *Archivo General de Indias*. Madrid: Ministerio de Cultura, 11-32.

González Redondo, F. A.; Martín-Loeches, M.; Silván Pobes, E. (2010). «Prehistoria de la matemática y mente moderna: pensamiento matemático y recursividad en el Paleolítico franco-cantábrico», *Dynamis*, 30, 167-195.

Green, M. (1998). «La escritura cuneiforme temprana», en W. M. Senner, *Los orígenes de la escritura*. Madrid: Siglo XXI, 42-60.

Grünbart, M. (2007). «Securing and Preserving Written Documents in Byzantium», en A. Bausi et al. *Studies in Manuscript Cultures. Comparative views on Record Keeping*, 319-338.

Hagen, F. (2018). «Archives in Ancient Egypt, 2500-1000 BCE», en A. Bausi et al. (eds.). *Manuscripts and Archives.*

Comparative Views on Record-Keeping. Studies in Manuscript Cultures, vol 11. Berlín: De Gruyter 71-170.

HENKELMAN, W. F. M. (2008). *The Other Gods Who Are: Studies in Elamite-Iranian Acculturation based on the Persepolis Fortification Texts.* Leiden: Nederlands Instituut voor het Nabije Oosten.

HENKELMAN, W. F. M. (2010). «Xerxes, Atossa and the Persepolis Fortification Archive», en *Annual Report, 2010* • Netherlands Institute for the Near East, Leiden • Netherlands Institute in Turkey. Istanbul, 26-33.

HERRIN, J. (2022). *Rávena. Capital de imperio, crisol de Europa.* Barcelona: Debate.

INTERNULLO, D. (2019). «Du papyrus au parchemin. Les origines médiévales de la mémoire archivistique en Europe occidentale», *Annales, histoire, sciences sociales,* 74, 523-557.

KAMISNKY, S. (2011). *Adolfo Kaminsky el falsificador.* Madrid: Clave Intelectual.

KENISTON, H. (1980). *Francisco de los Cobos, secretario de Carlos V.* Madrid: Castalia.

KRAMER, S. N. (2022). *La historia empieza en Sumer.* Madrid: Alianza Editorial.

KUNY, TERRY (1997). «A Digital Dark Ages? Challenges in the Preservation of Electronic Information», en: *63th. IFLA Council and General Conference. Workshop: Audiovisual and Multimedia joint with Preservation and Conservation, Information Technology, Library Buildings and Equipment, and the PAC Core Programme.*

LE GOFF, J. (1991). *El orden de la memoria. El tiempo imaginario.* Barcelona: Paidós.

LEÓN, M. (2018). «El hueso de Ishango», *Madri+d blogs. Matemáticas y sus fronteras,* 19 de junio de 2018.

López Rodríguez, C. (2007). «Orígenes del Archivo de la Corona de Aragón, (en tiempos, Archivo Real de Barcelona)», *Hispania. Revista Española de Historia*, 226, 413-454.

Malalana Ureña, A.; Moreno Pérez, Lorena (2017). «Investigar la Historia Contemporánea en España: a la sombra de la Ley de Secretos Oficiales», *Historia contemporánea*, 55, 669-702.

Matthiae, P. (1986). «The Archives of the Royal Palace G of Ebla Distribution and Arrangement of the Tablets According to the Archaeological Evidence», en K. R. Veenhof (ed.). *Cuneiform Archives and Libraries: Papers read at the 30e Rencontre Assyriologique Internationale Leiden, 4-8 July 1983*. Leiden: Nederlands Historisch-Archaeologisch Instituut te Istanbul, 53-71.

Michel, C. (2018). «Constitution, Contents, Filing and Use of Private Archives: The Case of Old Assyrian Archives (nineteenth century BCE)», en A. Bausi et al. (eds.). *Manuscripts and Archives. Comparative Views on Record-Keeping. Studies in Manuscript Cultures,* vol 11. Berlín: De Gruyter, 43-70.

Mocella, V.; et al. (2015). «Revealing letters in rolled Herculaneum papyri by X-ray phase-contrast imaging», *Nature Communications*.

Moreau, Ph. (1994). «La mémoire fragile: falsification et destruction des documents publics au Ier s. av. J.C.», en Ségolène Demoulin (dir.). *La mémoire perdue. À la recherche des archives oubliées, publiques et privées, de la Rome Antique*. París: Éditions de la Sorbonne, 111-134.

Muñiz Coello, J. (1997). «Elaboración, conservación y custodia de las fuentes documentales escritas en la antigua Roma. Los archivos (I)», *Hispania Antiqua*, XXI, 403-429.

— (1998). «Elaboración, conservación y custodia de las fuentes documentales escritas en la antigua Roma. Los archivos (II)», *Hispania Antiqua*, XXII, 371-400.

NÚÑEZ CONTRERAS, L. (1994). *Manual de paleografía. Fundamentos e historia de la escritura latina hasta el siglo viii*. Madrid: Cátedra.

OPPENHEIM, A. M. (1967). *Letters from Mesopotamia*. Chicago: The University of Chicago Press.

ORLANDIS ROVIRA, J. (1980). «Los laicos en los Concilios visigodos», *Anuario de Historia del Derecho Español*, 50, 177-188.

PAGÉ-PERRON, E.; et al. (2017). «Machine Translation and Automated Analysis», *Joint SIGHUM Workshop on Computational Linguistics for Cultural Heritage, Social Sciences, Humanities and Literature Proceedings*. Vancouver (BC): Association for Computational Linguistics

PANIAGUA AGUILAR, D. (2011). *Estudio crítico. Concilios hispánicos de época visigótica y mozárabe*. Madrid: DIGIBIS.

POSNER, E. (2003). *Archives in the Ancient World*. Chicago: Society of American Archivists

POSTGATE, J. N.; (2013). *Bronze Age Bureaucracy: Writing and the Practice of Government in Assyria*. Cambridge: Cambridge University Press.

RICKS, A. (1979). «Records Management as an Archival Function», *Archivum*, XXVI, 29-36.

RODRÍGUEZ, M. (2008). *El exilio invisible. Los falsificadores del PCE*. S. L.: Hamaikabide

RODRÍGUEZ DE DIEGO, J. L. (1998). *Instrucción para el gobierno del Archivo de Simancas*. Madrid: Ministerio de Cultura.

RODRÍGUEZ NEILA, J. F. (2014). «Corrupción y fraude documental en la administración municipal romana», en F. Marco Simón, F. Pina Polo, J. Remesal Rodríguez, *Fraude, men-*

tiras y engaños en el mundo antiguo. Barcelona: Publicacions i edicions de la Universitat de Barcelona, 153-186

ROMERO TALLAFIGO, M. (1995). «La fundación del Archivo General de Indias», en P. González (coord.). *Archivo General de Indias*. Madrid: Ministerio de Cultura, 33-52.

— (2009). «Las ceremonias de recepción del Documento Real en los cabildos municipales del antiguo régimen», en M. C. García Bernal y S. Olivero Guidobono (coord.). *El municipio indiano: relaciones interétnicas, económicas y sociales: homenaje a Luis Navarro García*. Sevilla: Universidad de Sevilla, 445-460.

ROSS, S. (2012). «Digital Preservation, Archival Science and Methodological Foundations for Digital Libraries», *New Review of Information Networking*, 17, 43-68.

ROTHENBERG, J. (1995). «Ensuring the Longevity of Digital Information», *Scientific American*, 272, 1, 42-47.

— (1999). *Avoiding technological Quicksand: Finding a Viable Technological Foundation for Digital Preservation. A Report to the Council on Library and Information Resources*. Washington DC: CLIR.

RUIZ GARCÍA, E. (2002). *Introducción a la Codicología*. Madrid: Fundación Germán Sánchez Ruipérez.

RUUSALEP, R.; et al. (2012). «Standards Alignment», en N. Y. McGovern y K. Skinner (eds.). *Aligning National Approaches to Digital Preservation*. Atlanta (GA): Educopia Institute.

SANTIAGO MEDINA, B. (2012). «Daniel von Papenbroeck y la Diplomática europea en el siglo XVII», en J. C. Galende Díaz y S. Cabezas Fontanilla (dirs.). *De documentación y documentos madrileños*. Madrid: CERSA, 309-338.

SCHMANDT-BESSERAT, D. (1977). «An Archaic Recording System and the Origin of Writing», *Syro Mesopotamian Studies,* 1/2.

— (1978). «El primer antecedente de la escritura», *Investigación y Ciencia*, 23, 6-16.

— (1979). «Reckoning Before Writing», *Archaeology*, 32, 22-31.

— (1982). «The Emergence of Recording», *American Anthropologist* 84 (4), 871-878.

— (1992). *Before Writing, Volume I: From Counting to Cuneiform. Austin*: Texas University Press.

— (1996). *How Writing Came About?* Austin: Texas University Press.

— (1998). «Dos precusores de la escritura: cuentas simples y complejas», en W. N. Senner. *Los orígenes de la escritura.* Madrid: Siglo XXI, 34-46.

— (2002). «Signs of life. Over thousands of Years Mesopotamians developed a written script out of an ingenious counting system», *Odyssey*, 6, 7, 63.

SERNA SERNA, S.; ESCALONA MONJE, J. (2022). «Falsificaciones y procesos judiciales. Contexto de producción y utilización de un supuesto original del monasterio de San Pedro de Cardeña», *Anuario de Estudios Medievales*, 82, 2, 887-916.

SICKINGER, J. (1999). «Literacy, Documents, and Archives in the Ancient Athenian Democracy», *The American Archivist*, 62, 229-246.

SILVESTRI, A. (2016). «Archives of the Mediterranean: Governance and Record-Keeping in the Crown of Aragon in the Long Fifteenth Century», *European History Quarterly*, 46(3), 435-457.

SOLA, J. (1961). «San Isidoro y la ciencia diplomática», *Helmantica: Revista de Filología Clásica y Hebrea*, 37-39, 301-342.

STILLE, A. (2006). «Are We Losing Our Memory? Or the Museum of Obsolete Technology», *Lost Magazine*, 3, 2006, http://www.group47.com/LOST Magazine-AreWeLosingOurMemory.pdf.

THOMAS, B. (2015). *Lucio Urtubia. El anarquista irreductible.* Tafalla: Txalaparta.

TINNEY, S. (1998). «Texts, Tablets and Teaching. Scribal Education in Nippur and Ur», *Expedition*, 40, 2, 40-50.

TOMÁS FACI, G.; MARTÍN IGLESIAS, J. C. (2017). «Cuatro documentos inéditos del monasterio visigodo de San Martín de Asán (522-586)», *Mittellateinisches Jahrbuch. Internationale Zeitschrift für Mediävistik und Humanismusforschung*, 52, 261- 286.

VEENHOF, K. R. (1986). «Cuneiform Archives. An Introduction», en K. R. Veenhof (ed.). *Cuneiform Archives and Libraries: Papers read at the 30e Rencontre Assyriologique Internationale Leiden, 4-8 July 1983.* Leiden: Nederlands Historisch-Archaeologisch Instituut te Istanbul, 1-36.

VELÁZQUEZ SORIANO, I. (1989). «Las pizarras visigodas: edición crítica y estudio», *Antigüedad y Crsitianismo. Monografías históricas sobre la antigüedad tardía* VI, 1-829.

WRIGHT, R.; MILLER, A.; ADDIS, M. (2009). «The significance of Storage in the Cost of Risk of Digital Preservation», *The International Journal of Digital Curation*, 3, 4, 104-122.

ZABALZA DUQUE, M. (1998). *Colección diplomática de los condes de Castilla.* Salamanca: Junta de Castilla y León.

ZOUHAR, J. (2010). «De Re Diplomatica libri sex, by Jean Mabillon in outline», *Listy Filologické*, CXXXIII, 3-4, 357-388.